"A pesquisa em liderança está clara: os líderes   direcionadas às tarefas à excelência pessoal, interpessoal e estratégica para obter sucesso. *Liderança Autêntica*, de Cashman, oferece a você práticas profundas e pragmáticas para ajudá-lo a fazer esta transição de liderança fundamental."

Kenneth R. Brousseau, PhD, CEO da Decision Dynamics LLC.

"Kevin Cashman sabe que as pessoas podem mudar, mas para realmente aperfeiçoar seu exterior, toda pessoa necessita compreender o que está em seu interior. Este livro o conduz a um processo passo a passo de autoconhecimento. Quem é crítico sobre desenvolvimento pessoal deve contemplar as questões aqui apresentadas."

Joseph Folkman, coautor de *The Extraordinary Leader*.

"A mensagem de resiliência de Kevin Cashman é criticamente relevante no mercado altamente estressante e em mudanças. *Liderança Autêntica* oferece um conjunto de ferramentas para gerenciar a energia e o engajamento pessoal, decisivos para se manter no jogo da liderança e da vida."

Jim Loehr, CEO no Human Performance Institute e coautor de *The Power of Full* Engagement.

"Como líderes, necessitamos transformar nossas capacidades técnico-funcionais em excelência pessoal-interpessoal. *Liderança Autêntica* mostra-nos maneiras impactantes para transformar essa jornada em integridade e respeito a todos aqueles que servimos."

Juergen Brokatzky-Geiger, PhD, diretor de Recursos Humanos da Novartis International AG.

"Não importa o espaço profissional – o autoconhecimento e a confiança da equipe são a chave para o sucesso duradouro. *Liderança Autêntica* apresenta o melhor de nossa equipe, mostra como nossos talentos, valores e experiências de longo alcance estimulam diretamente a performance."

Mark Cohon, Commissioner, Canadian Football League.

"*Liderança Autêntica* apresenta algo para todo líder: valor a longo prazo. O livro de Cashman provocou mudanças positivas e experiências em líderes de todos os gêneros há anos. Este trabalho aborda os princípios intemporais introduzidos inicialmente há dez anos e os transporta para a vida da próxima geração de líderes por meio de novos exemplos, novas pesquisas e novos significados."

Jack Covert, presidente e fundador da 800-CEO-READ.

"*Liderança Autêntica* torna a pesquisa mais recente o melhor modelo de desenvolvimento e práticas de liderança mais inteligíveis para a liderança eficaz de impacto positivo e pragmático. É a base há décadas do *coaching* eficaz e de mudança de vida pelos executivos do mundo todo."

Dee Gaeddert, PhD, presidente da Lominger International, uma empresa da Korn/Ferry.

"*Liderança Autêntica* é um dos clássicos de liderança. Enquanto esteve na lista dos primeiros livros de negócios por ressaltar a ligação fundamental entre crescimento pessoal e desenvolvimento de liderança, hoje, ele é muito relevante como foi décadas atrás."

Kevin Wilde, Chief Learning Officer da General Mills, Inc.

"*Liderança Autêntica* serve como uma importante chamada para aqueles que estão prontos a desencadear o poder de uma autêntica liderança."

Ken Melrose, St. Thomas University Holloran Endowed Chair in the Practice of Management, Presidente e CEO da The Toro Company; e autor de *Making the Grass Greener on Your Side: A CEO's Journey to Leading by Serving*.

"A verdadeira aventura sempre envolve a exploração de um espírito mais profundo. *Liderança Autêntica* é a bússola que o ajudará a navegar nesse domínio oculto como meio de acessar a capacidade completa de liderança com honestidade e energia renovada."

Ann Bancroft, exploradora polar (primeira mulher a atingir os polos Norte e Sul) e fundadora da Ann Bancroft Foundation.

"A liderança autêntica está na intersecção de nossos valores espirituais mais profundos e nossos maiores dons pessoais. *Liderança Autêntica,* de Cashman, o convida a viver suas importantes escolhas cultivando hábitos e habilidades necessários para enriquecer sua vida profissional enquanto favorece oportunidades para enriquecer e satisfazer seu desenvolvimento pessoal."

Brother Dietrich Reinhart, OSB, presidente da Saint John's University, Collegeville, Minnesota.

"As descobertas em neurociência e a maleabilidade do cérebro conectam diretamente os princípios e o modelo de *coaching* de *Liderança Autêntica.* Este livro oferece-nos as ferramentas necessárias ao desenvolvimento e aperfeiçoamento de líderes."

Marcelo Montero, presidente da Health and Nutrition, Cargill, Inc.

"Autenticidade é a qualidade mais importante de liderança. Em *Liderança Autêntica,* Cashman não somente ressalta a essência dirigida ao interior, a liderança intencional, mas também oferece aos líderes experientes e aos emergentes um roteiro para navegar pelos desafios do desenvolvimento pessoal e profissional."

Bob Kidder, presidente e CEO da 3Stone Advisors LLC; ex-CEO da Borden Capital; e ex-CEO da Duracell.

"*Liderança Autêntica* é uma inspiração para liderar com um profundo conhecimento do propósito essencial do homem, agregando valor com verdadeira autenticidade."

Deborah Dunsire, MD, CEO e presidente da Millennium Pharmaceuticals.

LIDERANÇA AUTÊNTICA
DE DENTRO DE SI PARA FORA

Como Liderar a partir de seus Valores Pessoais

KEVIN CASHMAN

M.Books do Brasil Editora Ltda.

Rua Jorge Americano, 61 - Alto da Lapa
05083-130 - São Paulo - SP - Telefones: (11) 3645-0409/(11) 3645-0410
Fax: (11) 3832-0335 - e-mail: vendas@mbooks.com.br
www.mbooks.com.br

Dados de Catalogação na Publicação

Cashman, Kevin.
Liderança Autêntica de Dentro de Si para Fora. Como Liderar
a partir de seus Valores Pessoais/ Kevin Cashman.

2011 – São Paulo – M.Books do Brasil Editora Ltda.

1. Liderança   2. Recursos Humanos   3. Administração   4. Negócios

ISBN: 978-85-7680-101-6

Do original: Leadership from the inside out. Becoming a leader for life.
© 2008 by Kevin Cashman.

Publicado originalmente por Berrett-Koehler Publishers, Inc.

ISBN original 978-1-57675-599-0

Editor
Milton Mira de Assumpção Filho

Tradução
Telma Salviati

Produção Editorial
Lucimara Leal

Coordenação Gráfica
Silas Camargo

Editoração e Capa
Crontec

2011

Direitos exclusivos cedidos à M.Books do Brasil Editora Ltda.

Proibida a reprodução total ou parcial.

Os infratores serão punidos na forma da lei.

*Este livro é dedicado aos líderes que agregam valor
por meio da coragem de se submeter
à transformação pessoal
autêntica e da paixão de servir ao
mundo ao seu redor.*

SUMÁRIO

Prefácio: Como Usar este Livro... *de Dentro para Fora*. *13*

Introdução: O Início da Jornada *15*

Capítulo Um: Domínio Pessoal **31**

    Liderando com Consciência e Autenticidade *31*

  Integrando Todas as Experiências de Vida em um Contexto Significativo *33*

  A Autenticidade Profunda para a Liderança Sustentável. *34*

  Explorando Crenças *37*

  Sete Dicas que Trazem Crenças Sombrias à Luz *42*

  Liderando com Caráter... Liderando por Competição. *45*

  Qualidades de Caráter e de Competição *47*

  Compreendendo Nosso Manual do Proprietário. *53*

  Oito Pontos para o Domínio Pessoal. *56*

Capítulo Dois: Domínio do Propósito **63**

    Liderando com Propósito *63*

  Descobrindo o Ponto Crucial. *64*

  Identificando Talentos Principais. *65*

  Reconhecendo os Valores Principais *67*

  Revelando o Propósito Principal *69*

  "Movendo-se para Cima" Para o Nosso Propósito *72*

  Mergulhando Abaixo da Superfície do Nosso Propósito *73*

  O Propósito é Maior e Mais Profundo do que Nossos Objetivos *74*

  Conectando o Interior com o Exterior: Propósito, Autenticidade e
Congruência. *75*

  Revelando o Fio Condutor do Propósito. *76*

  Seis Mil Dias. *77*

  Oito Pontos para o Domínio do Propósito. *79*

10   LIDERANÇA AUTÊNTICA

CAPÍTULO TRÊS: DOMÍNIO INTERPESSOAL 85

Liderando por meio de Sinergia e Serviço *85*

Dois Fluxos Principais de Desenvolvimento de Liderança 86

Construindo as Pontes de Relacionamentos...........................89

Equilibrando o Poder Pessoal com o Poder da Sinergia e o Poder
da Contribuição...92

Reduzindo o Intervalo Entre Intenção-Percepção 95

Além do *Feedback* 360º ao *Feedback* 720º 96

A Conexão Íntima do Domínio Pessoal e do Domínio Interpessoal 98

Abrindo Possibilidades 99

O Poder da Presença Potencialmente Transformador 100

Mudando o Líder em Abertura 101

Confiando e Engajando-se em Conflitos Construtivos 102

Seis Pontos para o Domínio Interpessoal Autêntico 104

CAPÍTULO QUATRO: DOMÍNIO DA MUDANÇA 115

Liderando com Agilidade *115*

Descobrindo o Aprendizado e o Crescimento Contidos na Mudança 116

Quebrando Antigos Padrões e Abrindo para a Mudança 120

Desenvolvendo a Consciência do Momento Presente para Lidar Eficazmente
com a Mudança 123

Interligando o Paradoxo do Foco Imediato e a Ampla Consciência para
Liderar Durante Períodos Turbulentos 126

Aprendendo a Confiar em Nós Mesmos na Mudança Dinâmica 127

O Desenvolvimento de Liderança como Medida de Nossa Habilidade
Para se Adaptar 128

Desenvolvendo a Resiliência para Prosperar na Mudança.................129

Iniciativas de Mudança Raramente Bem-sucedidas.....................130

Sete Alterações do Domínio da Mudança.............................132

Medindo Nossa Habilidade para Lidar com a Mudança 135

Oito Pontos de Consciência para Liderar com Agilidade 136

CAPÍTULO CINCO: DOMÍNIO DA RESILIÊNCIA 141

Liderando com Energia..*141*

Desafios de Resiliência para Executivos..............................143

O Que Aconteceu com o Lazer?....................................144

Movendo do Tempo e Eficácia para Energia e Resiliência................146

O Que as Pessoas de 100 Anos de Idade Saudáveis e Produtivas...........148

Resiliência é um Processo Dinâmico................................149

Dez Sinais do Domínio da Resiliência...............................150

Dez Sinais da Falta de Resiliência..................................150

Resiliência na Natureza: Descanso e Atividade........................151

Os Onze Pontos para o Domínio da Resiliência.......................152

CAPÍTULO SEIS: DOMÍNIO DO SER..................................165

Liderando com Presença.......................................*165*

A Jornada Pessoal do Ser...165

Acessando Outro Nível para Resolver os Desafios da Liderança...........167

Realizando Coisas pelo Não Fazer..................................170

A Procura por Algo a Mais..170

Não Coloque "Descartes" Antes "da Origem".........................172

Técnicas Para Revelar o Ser.......................................173

Conectando-se ao Nosso Eu Interior................................177

O Ser e a Presença Executiva......................................181

Benefícios do Ser à Liderança.....................................182

Quatro Pontos de Consciência para Liderar com Presença...............183

CAPÍTULO SETE: DOMÍNIO DA AÇÃO................................187

Liderando por meio do Coaching.................................*187*

Mesclando Três Passos Inter-Relacionados do Domínio da Ação..........191

Passo Um do Domínio da Ação: Construir Consciência.................193

Passo Dois do Domínio da Ação: Construir Compromisso 195

Passo Três do Domínio da Ação: Construir Prática....................197

A Arte de Realizar o *Coaching* aos Outros...........................201

Realizando o *Coaching* aos Outros para Construir Consciência 206

Construindo Consciência com os Outros 206

Realizando o *Coaching* aos Outros para Construir Compromisso 208

Realizando o *Coaching* aos Outros para Construir Prática 210

Pensamentos Finais para sua Jornada Adiante 212

Conclusão: A Jornada Continua 215

Bibliografia 219

Agradecimentos. 227

Sobre o Autor 231

Índice Remissivo 233

PREFÁCIO

Como Usar este Livro

... de Dentro para Fora

Liderança Autêntica guia você a uma jornada reflexiva para crescer como uma pessoa íntegra a fim de se tornar um líder íntegro. Não analisaremos, simplesmente, o *ato externo* de liderança, desmembrando-o em uma fórmula simplista de "10 dicas fáceis a seguir". Entretanto, você ganhará alguns *insights* profundos e práticas para aprimorar sua eficácia como um líder para a vida.

Você não precisa apressar-se. Como um assunto de fato, eu o encorajo a que folheie as páginas. Em vez disso, quando um pensamento ou sentimento superficial vier, dê uma pausa. Feche o livro, levante os pés e explore o *insight*. Se você quiser avançar, registre rapidamente no espaço disponível ou em seu próprio notebook. Em vez de ler o livro, experimente-o, sintetize-o e integre-o em sua vida.

Você já deve ter lido muitos livros de desenvolvimento pessoal e profissional anteriormente; trate este livro de maneira diferente. Aproveite-o como uma caminhada calma com seu velho amigo em uma tarde ensolarada. Não é necessário apressar-se, antecipar-se ou chegar ao fim de sua jornada. Pelo contrário, seu verdadeiro prêmio é dar pausas frequentemente e aproveitar a própria experiência.

Nos dias em que você fizer uma breve caminhada, apenas repasse as indicações. Você encontrará uma ou duas que lhe informam suas necessidades daquele dia.

Se você estiver pronto para começar, vamos pegar os atalhos para caminhar juntos com o intuito de dominar a *Liderança Autêntica*.

INTRODUÇÃO

O INÍCIO DA JORNADA

É uma tarde mágica – uma das tardes raras de inverno quando o frio e o entusiasmo se misturam justamente para cobrir tudo com grandes, macios e cristalinos flocos de neve. Tudo parece perfeito; tudo está silencioso. Assim como a neve cai, fica o silêncio na atmosfera. Eu poderia visualizar esta cena hipnótica de inverno em um chalé na Suíça, mas não estou lá. Estou parado no trânsito em uma estrada de Minneapolis, e curiosamente estou me divertindo a cada minuto.

Estar em um carro na hora do *rush* pode ser uma prisão ou um retiro monástico. Tudo depende de sua perspectiva. Isso realmente importa se eu estiver atrasado? Mesmo que eu me sinta estressado, não importa. Eu posso usar este tempo para ouvir as mensagens e atender o telefone. Em vez disso, eu me permito a oportunidade de estar quieto e refletir. Como se eu entrasse em um estado meditativo, começo a pensar em meu dia e o que este dia foi – uma mistura rica de propósito, paixão, emoção e aprendizado concentrado.

Nossa equipe de *coaching* terminou de orientar um executivo senior de uma grande empresa por meio do nosso programa *Executive to Leader Institute*®. Foram três dias intensivos e recompensadores. Ajudamos o cliente a desenvolver um plano de liderança de carreira e de vida, integrando um modo abrangente em sua vida pessoal e profissional. Dessa forma, o ajudamos a voltar alguns passos e observar a si mesmo, assim como eu estava observando a neve caindo – clara, objetiva e consideravelmente. No final da última sessão, ele disse: "Você sabe, estou com todos os tipos de programas de avaliação, *coaching* e desenvolvimento. Essa é a primeira vez que as coisas realmente têm sentido para mim. Eu tinha peças do quebra-cabeça antes, mas nunca o quadro inteiro. Compreendo claramente onde estou, para aonde estou indo e o que preciso fazer para melhorar realmente minha eficácia. Como seria minha empresa se uma grande parte dos líderes dominasse o mesmo senso de convicção pessoal e clareza que eu tenho agora?"

Ajudar as pessoas a conectar seus potenciais resolutos ocasionalmente é gratificante. Mas para treinar milhares de líderes, equipes e empresas por quase 30 anos e executar uma função em ajudar pessoas e empresas a realizar seus potenciais é profundamente recompensador. Eu me sinto muito abençoado quando de repente me pego pensativo e dou uma olhada no relógio. Estou uma hora atrasado!

Minha grande satisfação vai além de desempenhar um papel de crescimento e desenvolvimento de líderes, equipes e empresas. Eu aprendi muito ao longo do caminho. Tive a oportunidade de observar a dinâmica humana apoiando o sucesso sustentável, a realização e a eficácia. Aprendi também que esses princípios não são reservados a alguns líderes excepcionais. Eles são *insights* fundamentais disponíveis para guiar e inspirar a todos nós.

> *Que a alma interior seja bela; e o homem exterior e interior seja um só.*
>
> Sócrates

Enquanto estiver lendo este livro você pode pensar: "Este livro trata de liderança ou de desenvolvimento pessoal?" Trata de ambos. Assim como tentamos separar o líder da pessoa, os dois são totalmente inseparáveis. Infelizmente, muitas pessoas tendem a separar o *ato de liderança* da pessoa, equipe ou empresa. Tendemos a visualizar a liderança como um evento externo. Nós apenas a vemos como algo que as pessoas *fazem*. A visão deste livro é diferente. A liderança não é simplesmente algo que fazemos. Ela vem de uma realidade profunda

> *Qualquer pessoa pode liderar e não há um único líder: há o problema de se acostumar com a ideia de único chefe, mas com o passar do tempo isso será atenuado.*
>
> Robert Greenleaf

dentro de nós; ela vem de nossos valores, princípios, experiências de vida e essência. A liderança é um processo, uma expressão íntima de quem somos. É a nossa integridade em ação. Corey Seitz, vice-presidente do Global Talent Management da Johnson & Johnson, compartilhou essa perspectiva comigo: "A essência de liderança e de desenvolvimento executivo é crescer como

O INÍCIO DA JORNADA

uma pessoa íntegra para crescer como um líder íntegro. Isso significa ajudar pessoas-chave a conectar seus valores e talentos mais relevantes às suas empresas, aos seus clientes e às suas vidas. Se os programas de liderança fizerem isso, então a performance sustentável pode ser atingida pelos líderes e pelas empresas, nas quais eles trabalham".

Nós lideramos por meio de nossas virtudes. Algumas pessoas, lendo este livro, poderão avançar e, então, liderar suas próprias vidas de modo mais eficaz. Outros desenvolver-se-ão e liderarão apaixonadamente em grandes empresas em novas dimensões. Se estivermos em um estágio adiantado em nossa carreira, um gerente em nível intermediário ou um executivo senior, seremos todos CEOs de nossas próprias vidas. A única diferença é o domínio da influência. O processo é o mesmo; lideramos a partir de quem somos. O líder e a pessoa são únicos. Assim que aprendermos a dominar nosso crescimento como pessoa, seremos o caminho para dominar a *Liderança Autêntica.*

O que o *domínio* de liderança significa para você? Para muitas pessoas é o domínio de algo; domínio da habilidade de ser um palestrante público dinâmico, domínio do planejamento estratégico e da visão, domínio das realizações e resultados consistentes. Em vez de ser visto como um processo contínuo de crescimento interno, o domínio é visto geralmente como algo externo a nós mesmos. Quando você pensar sobre isso, não é de se admirar que nossas ideias sobre domínio e liderança se dirigem a ser exteriorizadas. Nosso treinamento, desenvolvimento e sistemas de educação enfocam o aprendizado sobre *coisas*. Aprendemos *o que* pensar, mas não *como* pensar; aprendemos *o que* fazer, mas não *como* ser; aprendemos *o que* atingir, não *como* atingir; aprendemos sobre *coisas*, não sobre a *natureza das coisas*. Tendemos a preencher o conteúdo do conhecimento, mas raramente consideramos compreendê-lo, expandi-lo ou usá-lo de maneira mais eficaz. Em empresas, esse padrão externo continua. Como líderes de empresas e comunidades, recebemos reconhecimento por nosso domínio externo. Nosso sucesso é medido pelo grau que temos dominado nosso ambiente externo. Receita, lucro, lançamento de novos produtos, redução de custos e participação de mercado são algumas medidas de nossas competências externas. Poucos questionariam o valor de atingir e medir os resultados externos. Isso não é o problema real. As questões principais são: De onde vêm os resultados externos? A fonte de maior realização está focando na conquista externa? Pode ser que nosso único foco nos resultados externos esteja causando a perda da dinâmica fundamental em apoiar a alta performance sustentável? Malcom Forbes disse: "Somente poucas empresas compreendem que todas as operações comerciais bem-sucedidas provêm de três princípios básicos: pessoas, produto e lucro. Sem pessoas no topo, você não pode fazer muito com as outras".

Nossas definições de liderança também tendem a ser exteriorizadas. A maioria das descrições de liderança enfoca *manifestações externas* de liderança (por exemplo, visão, inovação, resultados, empenho etc.), em vez de obter o fundamental, a *essência da liderança*. Há anos, muitas empresas chegaram até nós com seus belos modelos de liderança. Um dia, tive uma reunião com os representantes de uma dessas empresas. Quando eles foram ao meu escritório, notei que carregavam um documento imponente e maciço, que deixaram cair em minha mesa. Quando perguntei a eles o que era aquilo, eles disseram com muito orgulho: "Este é o nosso modelo de competência de liderança". Um pouco surpreso com seu tamanho, eu disse: "Nossa, isso parece imenso. Quantas competências estão aqui?" Eles disseram com confiança: "84". Incerto de como responder, mas querendo provocar seus pensamentos, perguntei: "Vocês já encontraram alguma?" A convicção desapareceu de seus olhos. Seus rostos se retorceram em perplexidade, e perguntaram: "O que você quer dizer?" Eu expliquei: "Em toda a história da civilização, vocês já encontraram alguém que tenha sempre essas qualidades e em todas as circunstâncias? Em sua empresa, vocês já encontraram alguém com todas essas qualidades?" Eles disseram que não tinham visto, e então pressionei ainda mais: "Mas vocês querem que todas as pessoas tenham as 84 competências o tempo todo, certo?" Voltamos e seguimos adiante até que finalmente eu fui direto ao ponto. As empresas criam mitos de perfeição sobre o que elas querem ou esperam dos líderes. Embora seja nobre aspirar a todas essas competências, seria também ilusório encontrar todas elas incorporadas em uma pessoa real.

> *A essência da liderança não é alcançar coisas ou propor visões. É oferecer o entusiasmo a si e a alguém.*
>
> Lee Bolman e Terrance Deal

O INÍCIO DA JORNADA

Não estamos dizendo que não apoiamos os modelos de competência. De fato, ajudamos as empresas mundiais a construir modelos de competência de liderança diretamente correlacionados às estratégias de negócios. Porém, quando os modelos de competência são perfeccionistas, míticos e desconectados às necessidades de negócios, eles são contraproducentes.

Como resultado em ver muitos modelos míticos de competência, decidimos voltar e observar os clientes mais eficazes que havíamos treinado na LeaderSource nos últimos 30 anos. Após revisar milhares de avaliações de personalidade e avaliações 360°, desafiamos a nós mesmos com a seguinte questão: "o que é fundamental para os líderes mais eficazes, orientados a resultados que mantêm suas várias competências ou estilos?" Três padrões se tornam claros:

1. **Autenticidade**: autoconsciência bem desenvolvida que enfrenta abertamente as forças, as vulnerabilidades e os desafios de desenvolvimento.
2. **Influência**: comunicação significativa que se conecta com as pessoas, lembrando de si mesmas e dos outros, o que é verdadeiramente importante.
3. **Agregação de valores**: paixão e aspiração para atender a múltiplos aspectos – a si mesmo, equipe, organização, mundo, família, comunidade – para manter a performance e a colaboração a longo prazo.

Continuando a avaliar e testar esses princípios emergentes por mais de 18 meses, obtivemos a definição essencial de liderança pessoal:

Liderança é a influência autêntica que agrega valores.

As implicações dessas definições são potencialmente de ampla magnitude. A partir dessa nova perspectiva, a liderança não é vista como hierárquica; ela existe em todos os lugares nas empresas. Os papéis de liderança mudam, mas o processo principal é o mesmo. Qualquer pessoa que esteja influenciando autenticamente para agregar valor está liderando. Alguns podem influenciar e agregar valor por meio de ideias, outros por meio de sistemas, outros ainda por meio de pessoas, mas a essência é a mesma. Da premissa fundamental, os líderes trazem seus talentos, conectam-se aos outros e atendem a vários aspectos.

20   LIDERANÇA AUTÊNTICA

Reagindo a esta definição de liderança, John Hetterick, ex-presidente da Tonka e CEO da Rollerblade, me disse: "Esta definição de liderança significa muito para mim. O único grande desafio de performance que as empresas enfrentam é inspirar a liderança em todos os níveis".

Usando essa definição, reconhecemos que há infinitas maneiras de manifestar a liderança. Há muitos estilos de liderança assim como há muitos líderes. Para visualizar a liderança a partir desta vantagem, vamos explorar três questões essenciais para melhorar nossa eficácia de liderança:

- Como podemos melhorar nossa *autenticidade* como líderes?
- Como podemos ampliar a *influência* que temos?
- Como podemos agregar mais *valor*?

Liderança Autêntica é a nossa jornada contínua para descobrir e desenvolver nossas capacidades internas importantes para tornar a contribuição mais positiva ao mundo em nosso redor. Bill George, ex-presidente e CEO da Medtronic, compartilha essa visão: "Como líderes, quanto mais desencadearmos nossas capacidades íntegras – mente, corpo, espírito –, maior valor poderemos agregar dentro e fora de nossas empresas".

O domínio da *Liderança Autêntica* não é meramente uma função em alcançar coisas. É principalmente alcançar uma coisa – fazer a diferença de modo consciente, aplicando mais de nosso potencial. Isso não significa que lideramos apenas de dentro para fora. Pelo contrário, lideramos justamente– e algumas vezes mais – de fora para dentro. A liderança envolve uma dinâmica constante entre o interior e o exterior. Enfatizamos a dinâmica de dentro para fora porque ela é ignorada muito frequentemente. Costumamos focar muito o exterior. Estamos em um fluxo contínuo, um relacionamento dinâmico conosco e com nossos colaboradores – o mercado, nossos clientes, nossos funcionários e nossos relacionamentos pessoais. Basicamente, queremos um equilíbrio de liderança de dentro para fora e de fora para dentro. Nossas decisões e ações estão em um *loop* dinâmico a partir de nós mesmos aos outros e vice-versa. Para praticar a liderança em um nível mais alto, necessitamos ter responsabilidade – pessoal e social, além de ser igualmente vigilantes sobre o "eu" e o "nós" da liderança eficaz. O trabalho de Daniel Goleman sobre inteligência emocional identificou precisamente

O INÍCIO DA JORNADA

essa dinâmica de dentro para fora e de fora para dentro como duas qualidades interativas de inteligência emocional: avaliação de si mesmo e avaliação dos outros.

O propósito deste livro é ajudar você a dominar sete maneiras de liderar de forma mais eficaz. Farei isso compartilhando nossos[1] insights refinados por meio do trabalho com milhares de líderes. Embora os capítulos subsequentes sejam bem elaborados, há poucos temas essenciais, que evidenciam consistentemente como ajudamos as pessoas a dominar sua eficácia de liderança:

> *Não há outra causa para o fracasso humano senão a falta de fé do homem em seu verdadeiro ser.*
>
> William James

- Assim como uma pessoa cresce, um líder cresce. O elemento ausente na maioria dos programas de desenvolvimento de liderança é realmente a "Competência Mestre" em *crescer como pessoa íntegra para crescer como um líder íntegro.*
- Mais definições de liderança precisam ser equilibradas de dentro para fora, movendo-se da visualização de liderança de suas manifestações externas até enxergá-las com seus recursos internos. Para equilibrar a liderança de dentro para fora e de fora para dentro é necessário obter a essência verdadeira do desenvolvimento de liderança.
- Ajudar os líderes a se conectar com seus talentos, valores e crenças primordiais é o foco central para o desenvolvimento da liderança eficaz.
- Os líderes que aprendem a trazer seus talentos, valores e propósitos primordiais à dramática experiência de avaliação consciente, aumentam suas proporções em energia e eficácia.
- Os líderes que integram o poder pessoal e o poder de resultados com o poder relacional aceleram a eficácia de sua liderança.

---

[1] Por meio de muitos trabalhos que realizamos na LeaderSource e no Executive to Leader Institute, as equipes integradas de *coaches* trabalham juntas para impactar a eficácia individual e organizacional, e eu não poderia deixar de escrever sem dizer "nosso" e "nós" e assim por diante.

- Os líderes que trabalham para atingir congruência – alinhamento de seus valores reais e suas ações – são mais ativos, resilientes, eficazes e conectados interpessoalmente.
- Transformar os programas de desenvolvimento de liderança a partir de uma série de eventos fragmentados e direcionados ao conteúdo até um processo integrado de crescimento de dentro para fora e de fora para dentro aumenta imensamente a excelência de liderança, equipe e organização.

Kevin Wilde, Chief Learning Officer da General Mills, que foi nomeado "CLO do Ano" pela revista *Chief Learning Officer*, diz assim: "Basicamente, o desenvolvimento de liderança integra a profundidade do trabalho interno de autoavaliação com abertura e complexidade do mercado externo e dinâmica cultural. O desenvolvimento de liderança duradoura une as realidades internas e externas".

Liderança Autêntica esclarece nossa identidade, propósito e visão interna de modo que nossas vidas, daí em diante, são dedicadas a uma maneira mais consciente e intencional de viver e liderar. Esse domínio interno direciona nossas várias intenções e aspirações a um foco decidido em que a eficácia é o resultado natural. Assim que avançamos de uma maneira mais ativa em viver e liderar, o foco no propósito substitui nosso foco resoluto em sucesso externo. Entretanto, nosso propósito não pode ficar "lotado" por dentro; sentimo-nos compelidos a expressar isto. Essa intenção resoluta e a ação servem como base energética e inspirada para a melhoria da eficácia de liderança e sua realização. Infelizmente, perdi a conta de quantos CEOs, empresários ou executivos de corporações haviam perdido a conexão com seus conceitos internos de sucesso.

Um empresário chamado John se aproximou de mim há algum tempo. Por todas as medições externas, ele era um grande sucesso e tinha um negócio próspero. Havia construído recentemente novas instalações para suas operações de expansão. Porém, algo se perdeu. Quando ele se reuniu comigo, falou imediatamente: "Você sabe, todos pensam que eu sou um grande sucesso. Meus vizinhos pensam que eu sou próspero; meus amigos pensam que eu sou bem-sucedido; minha família pensa que eu sou muito bom; meus funcionários ao redor do mundo pensam que eu sou tudo isso. Mas, na verdade,

O INÍCIO DA JORNADA

eu me sinto muito mal. Estou infeliz com o que estou fazendo. *Em toda a minha vida apenas reagi com sucesso às circunstâncias.* Eu me formei e conquistei meu primeiro trabalho, depois conquistei meu segundo trabalho, e assim por diante. E antes que eu soubesse que tinha este negócio, uma família, uma hipoteca. Recentemente eu 'acordei' e disse para mim mesmo: 'Sou eu? Esta é minha vida, ou apenas uma série de circunstâncias em que eu reagi com sucesso?' Eu não tenho certeza do que fazer, mas tenho esse senso de urgência de que preciso trazer de volta minha vida".

Sob a perspectiva de desenvolvimento, muitos líderes atuais de empresas são como John. Somos como atletas dotados naturalmente, nos tornamos mestres em nossas capacidades externas de performance, mas negligenciamos as forças internas de nosso sucesso e realização. O que acontece com os atletas que se tornam *treinadores?* Eles quase sempre têm uma imensa dificuldade e um período frustrante. Por quê? Frequentemente é porque eles não compreenderam de dentro para fora como se tornaram os melhores. Como resultado, é desafiador orientar outras pessoas à excelência, e igualmente desafiador estar ciente de replicar seu próprio sucesso no futuro. Este é o motivo pelo qual o crescimento significativo e o desenvolvimento precisam começar com liderança e domínio de si mesmo.

Quando definimos nossa identidade e propósito somente com base resultados externos, as circunstâncias de nossa vida nos definem. Neste estado de identidade direcionada externamente, a vida fica frágil, vulnerável e arriscada. Tudo o que acontece para nós define quem somos. Nós somos sucesso. Nós somos fracasso. Somos nós e nossas circunstâncias. A vida nos define. Nossa identidade e o propósito essencial ficam obscuros pelos eventos de nossas vidas. O sucesso pode até estar presente, mas o seu domínio nos escapa. Involuntariamente escolhemos "a maior" das "menores" coisas da vida. Podemos liderar quando não enxergamos além das circunstâncias externas que nos rodeiam?

> *Procure ser um homem de valor em vez de ser um homem de sucesso.*
>
> Albert Einstein

Bill, um executivo senior de uma empresa multinacional europeia, foi pego em sua armadilha externa, porém ele não sabia. Sua ascensão profissional foi rápida e consistente. Ele tinha o "nível correto", sua experiência anterior

> *A verdadeira viagem do homem é para encontrar a si mesmo. Se não conseguir isso, não importa o que mais encontre.*
>
> James Michener

foi em "empresas corretas" e seus resultados foram sempre extraordinários. Entretanto, sua obstinada busca por sucesso teve grandes custos. Sem pretender, ele esqueceu uma gama de pessoas em seu caminho para o sucesso. Como resultado, ele selecionou poucas oportunidades e o moral da equipe ficou baixo. Nos estágios iniciais de sua carreira, isso não foi o problema, mas, à medida que ele avançou, se tornou um problema maior. Um dia seu chefe se aproximou dele e falou: "Bill, seus resultados são extraordinários, mas precisamos mais que isso. A maneira como estamos obtendo os resultados está começando a diminuir nossa eficácia". Bill entrou em choque. Um turbilhão de pensamentos veio à sua mente: "O que significa meus resultados não serem suficientes? Desde quando meu estilo de liderança está em questão?" Estou perdendo algo aqui?" O golpe de sucesso construído externamente foi questionado pelo chefe de Bill e por ele próprio. Esse choque foi exatamente o que ele precisava para promover seu desenvolvimento ao próximo nível.

Após alguns dias, Bill chegou ao meu escritório para o *coaching* de liderança. O choque do comentário de seu chefe e sua necessidade de se reconciliar com sua limitada autocompreensão tinham o colocado em um estado reflexivo. "Eu estava evitando isso. Se eu for honesto comigo mesmo, eu sei que tenho de fazer algo. Não o tipo de trabalho que estava acostumado a fazer, mas trabalhar comigo. Porém, estou totalmente perdido. Minha vida toda eu tive como foco atingir metas a qualquer custo: obter notas na escola, ganhar nos esportes, obter resultados nos negócios. Quando fui confrontado com as mudanças, fazer coisas diferentes, crescer... qualquer coisa que seja, notei que estava perdido. Preciso saber o que é realmente importante para mim. Minha vida foi investida em obter resultados. Agora, não é suficiente? O que eu faço?"

Após alguns meses de intenso trabalho, Bill começou a mudar sua vida de dentro para fora. Ele começou a escolher o que era realmente importante para ele e começou a liderar mais com seus valores internos. Construiu um relacionamento maior com as pessoas. Começou a dominar a força interior de liderança intencional. Sua equipe respondeu ao seu mais novo sentimen-

O INÍCIO DA JORNADA

to de trabalho. Seu chefe, colaboradores, amigos e família sentiram que algo significativo, algo realmente substancial havia acontecido.

É importante notar que não tentamos mudar Bill por meio de algum tipo de "encanto". Nós o ajudamos a despertar. Ele acordou para a sua identidade e para a influência que estava tendo com as pessoas. Ele acordou para seus valores e propósito, para sua visão e para como as pessoas o percebiam. Este domínio de dentro para fora e de fora para dentro o reconectou autenticamente às pessoas e ao mundo em seu redor. Estava lá o tempo todo, mas ele precisava conectar-se a isso. Como Bill, entramos em um estado de inércia às vezes. Raramente, questionamos aonde estamos indo e por que, vamos aos nossos negócios e relacionamentos dia após dia. Infelizmente, isso com frequência leva a um evento traumático – uma morte, um rompimento, um divórcio, uma doença ou até uma crise global – para nos trazer à essência de nosso sono profundo. Porém, por que esperar por uma chamada de alerta chocante? Por que não fazemos agora uma escolha mais consciente em estimular nossas novas potencialidades?

REFLEXÃO
CHAMADO DE ALERTA CONSCIENTE

Sente-se em seu lugar predileto, fique confortável, feche seus olhos, mas não se deite (lembre-se: isso é um exercício para despertar, então nosso objetivo é acordar, não dormir!). Ouça seu diálogo interno e sussurre: "Isso é um exercício ridículo!", "Por que eu comprei este livro?", "Estou com fome", "Estou cansado", "Estou preocupado com...". Observe o diálogo sem fazer julgamentos. Não se importe com seus pensamentos e sentimentos; deixe-os somente vir e passar. Deixe seus pensamentos acalmarem. Isso acontecerá naturalmente em seu estado de não-julgamento.

Comece a ouvir. Ouça sua voz interior, não aquela de sua mente com os diálogos e pensamentos. Ouça a voz de sua alma, o impulso que fala com você por meio dos sentimentos, inspirações, intuições e possibilidades.

A partir de então, pergunte e ouça: "O que é realmente importante para mim? É esta vida que eu quero viver? Como eu realmente quero viver minha vida? Qual a paixão, o significado e o propósito para minha vida? Como eu posso fazer cada vez mais a diferença? Como eu posso viver conectado a estes valores internos?". Pare profundamente e deixe que as questões e respostas venham até você de maneira tranquila e espontânea.

Algumas pessoas preferem fazer isso quando ouvem uma música suave, outros, quando caminham; há muitas maneiras de se abrir a este estado. Use qualquer maneira que funcione para você e pratique-a regularmente. Há infinitos níveis a explorar. Se você estiver um pouco desconfortável ou constrangido a princípio, não se preocupe. Ao longo do tempo, você se organizará e seu desconforto passará.

O INÍCIO DA JORNADA

Quando foi a última vez que você acordou pela manhã se sentindo agradecido, realizado e feliz de estar vivo? Nesses dias, o sol pareceu estar mais brilhante, seu autossenso mais forte, seu propósito de vida mais claro e sua energia mental e física mais abundante. Esses momentos não aconteceram por acaso. Vários aspectos de sua vida "vieram juntos". Seu autorreconhecimento, senso de propósito, relacionamentos, carreira, saúde e estilo de vida estavam todos "mais vivos" nesses momentos. Como resultado, você se encontrou pensando, sentindo, liderando e atingindo uma maneira mais positiva e energizante.

Por um breve período de tempo, cada um de nós experimenta esses momentos habilidosos. Como podemos experimentá-los em uma base mais consistente? Infelizmente, não há uma resposta simples. Não há programas de solução rápida em desenvolvimento de liderança. Programas que tomam atalhos podem obter resultados imediatos por mascarar temporariamente sintomas agudos, mas a situação crônica permanece. Ao passar do tempo, a pessoa retorna a uma condição até mais difícil. Soluções rápidas podem ser rápidas, mas não solucionam nada. As pessoas com quem eu trabalhei estão procurando por algo mais há anos – o domínio de excelência a longo prazo.

As pessoas não estão interessadas em ficar "empolgadas" com um apresentador motivacional; elas estão interessadas em substâncias, resultados, processos e soluções baseados em pesquisa. Elas querem atingir um nível mais abrangente e profundo em dominar suas vidas como um todo.

Consciente ou inconscientemente, tentamos dominar as situações pessoais e profissionais de acordo como *interpretamos* nossas experiências. Filtramos nossas experiências por meio de nosso único sistema de crenças e criamos nossa realidade pessoal. Por exemplo, se estivéssemos em uma sala totalmente escura, poderíamos tentar ganhar domínio interpretando de várias maneiras:

- nós poderíamos blasfemar a escuridão e nos tornar muito eficazes culpando isso por todos os nossos problemas;
- nós poderíamos nos esforçar e nos empenhar, retirando a escuridão da sala;
- nós poderíamos aceitar a escuridão como parte natural de nossa existência e até criar um sistema de crenças elaborado e inserido à nossa experiência particular sobre escuridão;

- nós poderíamos fingir que a escuridão não existe e talvez até nos convencer de que aquela sala esteja realmente repleta de luz;
- ou poderíamos obter o conselho de pessoas que estiveram nessa sala anteriormente: "Acenda a luz e dissipe a escuridão".

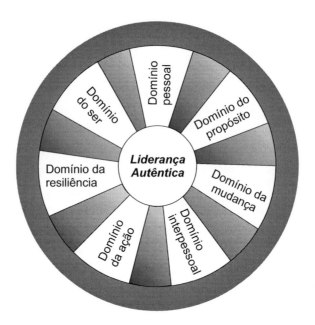

Liderança Autêntica é iluminar os caminhos para o nosso crescimento e desenvolvimento. Não é ignorar a negatividade, convencer-nos de que isso não existe ou fingir que as coisas estão bem quando não estão. Joseph Campbell, em *O Poder do Mito*, descreveu como as pessoas heroicas e eficazes conheciam e enfrentavam a escuridão e a luz. Elas aprenderam a reconhecer as duas realidades como partes do todo. Porém, como Campbell enfatizou, "Embora haja um ponto neutro entre a escuridão e a luz, elas sempre tendem à luz". *Liderança Autêntica* ajudará você a enfrentar seus desafios mais difíceis e a aproximar-se da luz.

> *O dia apenas amanhece, e já estamos despertos.*
>
> Henry David Thoreau

O INÍCIO DA JORNADA

Após anos ajudando os líderes e equipes a melhorar a eficácia na carreira, na vida e na empresa, identificamos sete práticas para o domínio da *Liderança Autêntica*. Essas práticas não são estágios de desenvolvimento organizados em uma ordem sequencial ou hierárquica. Em vez disso, elas são um processo contínuo de crescimento inter-relacionado em que uma ilumina a outra. Quando organizadas juntas, podemos pensar como um todo integrado, com cada prática sustentando o progresso em direção a um destino recompensador: fazer a diferença duradoura a partir de dentro.

Agora é hora de começar nossa jornada. Cada um dos capítulos seguintes oferece a você tochas pragmáticas para iluminar seus caminhos à *Liderança Autêntica*.

CAPÍTULO UM

DOMÍNIO PESSOAL

Liderando com Consciência e Autenticidade

Certa vez ouvi uma história comovente sobre um padre que foi confrontado por um soldado enquanto estava caminhando em uma estrada na pré-revolucionária Rússia. O soldado, apontando seu rifle ao padre, indagou: "Quem é você? Onde está indo? Por que você está aqui?" Imperturbável, o padre calmamente replicou: "Quanto eles pagam a você?" Um tanto surpreso, o soldado respondeu: "25 kopecks[1] por mês". O padre fez uma pausa, e de um modo profundamente amável disse: "Eu tenho uma proposta para você. Eu pagarei a você 50 kopecks por mês se você me parar aqui todos os dias e me desafiar a responder aquelas mesmas três questões".

Quantos de nós temos um "soldado" nos confrontando com as questões difíceis da vida, nos impelindo a dar uma pausa, a examinar e a nos desenvolver mais cuidadosamente? Se o "caráter é o nosso destino", como Heráclito escreveu, nós voltamos o suficiente à questão e afirmamos a nós mesmos a fim de revelar nosso caráter? Como lidamos com os outros e com nós mesmos em períodos difíceis, nós nos baseamos em recursos internos de nosso caráter ou nos perdemos nas pressões das situações?

QUEBRANDO PADRÕES DE AUTOLIMITAÇÃO

Joe Cavanaugh, fundador e CEO da Youth Frontiers, em um de seus exemplos poderosos de desenvolvimento de caráter, conta uma história de mudança sobre Peter, um estudante do ensino fundamental que sofreu queimaduras em 90% de seu corpo. Mesmo depois de resistir a um ano de reabilitações e dores intensas, o espírito de Peter estava intacto. Qual foi a primeira coisa

---

[1] A moeda da Rússia é o rublo, e cada rublo é dividido em cem kopecks. (N. T.)

que ele fez quando pôde caminhar? Ele ajudou a consolar todos os outros pacientes dizendo a eles que ficariam bem, que eles deveriam passar por isso. Seu corpo foi queimado horrivelmente, mas sua força de caráter estava íntegra.

Peter teve de começar o ensino médio em uma escola onde ninguém o conhecia. Imagine-se indo até uma escola nova naquela idade e estar absolutamente desfigurado. Imagine-se o que as outras crianças diriam e como elas reagiriam. Em seu primeiro dia na cantina todos o evitaram. Eles o olhavam com horror e cochichavam uns com outros. As crianças levantavam-se e saíam das mesas próximas a ele. Uma estudante, Laura, teve a coragem de se aproximar dele e se apresentou. Enquanto conversavam e comiam, ela olhou nos olhos de Peter e percebeu a pessoa além da aparência da cicatriz. Lendo seus pensamentos, Peter disse: "Todos estão me evitando porque eles não me conhecem ainda. Quando eles me conhecerem, se lembrarão de mim. Quando eles conhecerem minha realidade interior, serão meus amigos". Peter estava certo. Seu caráter era tão forte que as pessoas o viram além da aparência. As pessoas amavam seu espírito e queriam ser seus amigos.

> *Coragem é a escada por onde todas as outras virtudes sobem.*
>
> Claire Booth Luce

Quando considerei a situação de Peter, não estava certo de que eu seria capaz de superar tais experiências com a mesma coragem. Porém, isso é a beleza do *domínio pessoal*. Peter foi desafiado a despertar sua força extraordinária e trilhar seu caminho particular. Seu próprio caminho para obter domínio, não o seu, nem o meu. De algum modo sua vida o preparou para trilhar o caminho com dignidade. Embora geralmente sob condições menos dramáticas do que as de Peter, cada um de nós é desafiado a dominar nossas próprias e únicas circunstâncias. *Cada um de nós é chamado a liderar autenticamente conectando nossas próprias experiências de vida, valores e talentos às circunstâncias especiais que enfrentamos.* Nossa habilidade de enfrentar o desafio depende da compreensão de nossos dons, assim quão preparados estamos para seguir a jornada com graça e contribuição.

INTEGRANDO TODAS AS EXPERIÊNCIAS DE VIDA EM UM CONTEXTO SIGNIFICATIVO

O domínio pessoal não é um processo simplista que afirma meramente nossas forças enquanto ignoramos nossas fraquezas. Isto é, como Carl Jung explicaria, "crescer para a totalidade". É reconhecer nossos talentos e forças enquanto enfrentamos nosso lado sombrio, oculto e subdesenvolvido. É encarar e reconciliar honestamente todas as facetas do eu. O domínio pessoal envolve apreciar a rica combinação de nossas experiências de vida e como elas formam dinamicamente nossa única existência. Peter Senge, em *The Fifth Discipline*, escreveu: "As pessoas com um alto nível de domínio pessoal são intensamente conscientes de sua ignorância, de sua incompetência, de suas áreas de crescimento, e são profundamente autoconfiantes. Paradoxal? Somente para aquelas que não vêm que a jornada é a recompensa".

> *Não há nobreza em ser superior ao homem, a verdadeira nobreza é ser superior a si mesmo.*
>
> Lao Tzu

Uma pesquisa realizada pela Lominger International, uma empresa da Korn/Ferry Company, indica que a defensiva, a arrogância, a excessiva dependência sobre uma única habilidade, as deficiências de capacidades-chave, a falta de compostura e a indisposição para adaptar-se às diferenças estão entre as "dez mais das carreiras problemáticas e travadas". Um estudo da pesquisa de Kenneth Brousseau, CEO da Decision Dynamics, Gary Hourithan, presidente da divisão de consultoria da Korn/Ferry, e outros, publicado na edição de fevereiro de 2006 da *Harvard Business Review*, conecta o significado do crescimento pessoal – uma tomada de decisão envolvida e o estilo de liderança – ao avanço de carreira e de liderança. Esta pesquisa global, com seu alto grau extraordinário de credibilidade estatística, em que usou a ferramenta de avaliação *Styleview*[sm] *Decision Styles* em 180.000 indivíduos em cinco níveis de gerenciamento desde a base até o topo, mostra que se as pessoas não se desenvolverem, elas não avançarão.

A AUTENTICIDADE PROFUNDA PARA A LIDERANÇA SUSTENTÁVEL

De todos os princípios essenciais a liderança sustentável, a autenticidade pode ser o mais importante e pode ser também o mais desafiador. A maioria das pessoas nunca percebe que esta é uma área de sua vida que necessita de atenção. Em quase três décadas de interação com milhares de líderes, eu ainda encontro executivos que vêm ao *coaching* se lamentando comigo: "Eu tenho um problema real em ser autêntico". Se a autenticidade é tão importante, por que não a reconhecemos como um problema? A resposta é simples e profunda: *Nós somos sempre autênticos ao nosso estado presente de desenvolvimento*. Todos nós nos comportamos em perfeito alinhamento ao nosso atual nível emocional, psicológico e de evolução espiritual. Todas as nossas ações e relacionamentos, bem como a qualidade e o poder de nossa liderança, expressam precisamente a pessoa que nos tornamos. Portanto, concluímos que somos "autênticos", porque estamos fazendo o melhor que podemos com a informação e a experiência que temos neste momento.

Há um grande impedimento, entretanto. Enquanto somos verdadeiros e autênticos ao nosso estado atual de desenvolvimento, *nós somos inautênticos ao nosso estado potencial de desenvolvimento*. Assim como Shakespeare escreveu tão eloquente em *Hamlet*, "Nós conhecemos o que somos, mas não o que podemos ser", como humanos e líderes, temos uma habilidade infinita para crescer, ser e nos tornar melhores. Nossos horizontes são ilimitados. Se houver um ponto final para crescer em autenticidade, eu certamente ainda não vi. Em *The Developing Mind: How Relationships and the Brain Interact to Shape Who We Are*, Daniel J. Siegel explica que a mente é formada continuamente por toda a vida pela conexão entre os processos neurofisiológicos do cérebro e os relacionamentos interpessoais. "Quando examinamos como a mente se desenvolve, podemos obter importantes *insights* de modo que as pessoas possam continuar a crescer por toda a vida". Ele ainda diz: "Nós podemos usar o conhecimento do impacto da experiência na mente para apro-

> *Escava dentro de ti. É lá que está a fonte do bem, e esta pode jorrar continuamente, se a escavares sempre.*
>
> Marco Aurélio

DOMÍNIO PESSOAL

fundar nosso domínio de como o passado continua a formar a experiência presente e a influenciar as ações futuras".

Aprofundar a autenticidade, cultivar a liderança de dentro para fora demanda tempo e atenção. No mundo atual, a quantidade de distrações e ocupações que todos nós experimentamos nos compromete a uma jornada interna e a uma reflexão silenciosa requisitada para tornarmos seres humanos mais autênticos. Na meia idade, a maioria de nós é considerada fugitiva de nós mesmos. John Gardener escreve:

> Os seres humanos têm sempre empregado uma enorme variedade de dispositivos inteligentes para fugir de si mesmos. Podemos manter-nos ocupados, preencher nossas vidas com muitas diversões, outras atividades que exigem muito conhecimento, envolver-nos com muitas pessoas e descobrir que nunca tivemos tempo para investigar um mundo interior temeroso e poderoso.

Para permear a comoção e a distração de nossas vidas, explorar as profundezas de nós mesmos é o prerrequisito para a autoconsciência e autenticidade. Então, o que é autenticidade? Baseado em nossa experiência em treinar líderes há anos, definimos autenticidade como o processo contínuo de construção da autoconsciência de nossa personalidade total – forças e limitações. Como resultado dessa consciência, as crenças, os valores, os princípios e o comportamento da pessoa autêntica tendem a se alinhar. Comumente referida como "prosseguir a conversa", a autenticidade também significa fazer seu diálogo em um nível muito profundo.

Outra característica proeminente de indivíduos altamente autênticos é a abertura. Se eles se tornam autênticos naturalmente ou trabalham arduamente para alcançar a autenticidade, a maioria das pessoas sinceras, verdadeiras e reais tende a conhecer suas capacidades e vulnerabilidades. Elas têm uma consciência interior sobre suas forças e limitações. Elas sabem quem são e não se desculpam por suas incapacidades. Elas não tentam encobrir suas fraquezas nem esconder o seu brilho. Elas evitam a armadilha que Malcolm Forbes elucida: "Muitas pessoas supervalorizam o que elas não são e desvalorizam o que são". A autocompaixão, estar aberto e receptivo às nossas vulnerabilidades, é um aspecto importante de autenticidade. Ao conhecer nossas próprias vulnerabilidades e apreciar a nós mesmos, podemos ser verdadeiramente compassivos com os outros. Como David Whyte, poeta e autor de *The Heart Aroused*, escreveu, "Nós precisamos aprender a amar aquela parte hesitante de nós mesmos".

Em *Good to Great: Why Some Companies Make the Leap... and Others Don't*, a pesquisa de Jim Collins apontou uma dualidade interessante em "Líderes Nível 5", que são: modesto e arrogante, humilde e corajoso, vulnerável e forte, conectados interpessoalmente e focados – na verdade, os líderes diriam, "cresça por inteiro" e com autenticidade. Sua "modéstia persuasiva", como Collins coloca, sua autenticidade leva as pessoas a se unirem para atingir algo.

As pessoas autênticas – aquelas no caminho do domínio pessoal – valorizam quem são. A consciência dual de suas próprias forças e vulnerabilidades permite que os líderes autênticos enfoquem a equipe, empresa e mercados, e não eles mesmos. O domínio pessoal nos permite transcender nossos egos e direcionar ao trabalho autêntico e à contribuição autêntica. Como Collins explica, "Líderes Nível 5 descartam seu próprio ego e trazem um objetivo maior de construção de uma grande empresa. Não é que os Líderes Nível 5 não considerem o ego ou o autointeresse. De fato, eles são incrivelmente ambiciosos, mas sua ambição é primordial para a contribuição, não para si mesmos". Os Líderes Nível 5 – líderes autênticos – mostram seu propósito além de seu eu limitado como instrumentos estimulantes de trabalho e contribuição. Os líderes autênticos compreendem que se nossa vida não significasse algo valioso do que nós mesmos, nossa liderança perde o propósito. Deepak Chopra escreve:

> Para ser autêntico, você deve ser tudo o que você é, não omitindo nada. Dentro de qualquer pessoa há luz e sombra, bondade e maldade, amor e ódio. O jogo desses opostos é o que move constantemente a vida para a frente; o rio da vida expressa por si mesmo todas suas mudanças de um lado a outro. Assim que descobrirmos e aceitarmos esses opostos dentro de nós mesmos, seremos mais autênticos.

Na pesquisa extensiva de Daniel Goleman sobre inteligência emocional no mercado, Goleman cita a autoconsciência: "atenção à experiência ou consciência da própria pessoa", como a competência primária em sua estrutura para gerenciar a si mesmo, um prerrequisito para gerenciar os outros.

DOMÍNIO PESSOAL   37

Em *Primal Leadership: Learning to Lead with Emotional Intelligence,* ele e seus
coautores, Richard Boyatzis e Annie McKee, declaram que "a autoconsciência de um líder e a habilidade para perceber exatamente sua performance
são tão importantes quanto o *feedback* que ele recebe dos outros". O fluxo da
informação essencial vem de dentro para fora e de fora para dentro.

Embora o mundo possa ser dirigido a
um momento em que a liderança autoritária,
topdown, estiver ultrapassada, eu vejo líderes
autoritários com autenticidade substancial que
superam os líderes que se esforçam a ser coope-
rativos, ainda que falte autenticidade. Eu vejo
líderes com baixo carisma e brilho em frente a
um grupo ou a um deslize à sua volta, mas sua
autenticidade pessoal e substancial foram tão

> *O que você traz de valioso
> interiormente o salvará. O
> que você não traz de valioso
> interiormente o destruirá.*
>
> S. Tomás de Aquilo

estabelecidas que inspiraram os membros do grupo a se moverem a um novo
nível de excelência. Tais líderes poderiam beneficiar-se em trabalhar com seu
estilo de apresentação? Certamente. Mas quanto realmente isso importa,
comparado com sua autenticidade de inspiração verdadeira? "O indivíduo
que não personificar suas mensagens será eventualmente descoberto", avisa
Howard Gardner em *Leading Minds.* "Mesmo que o indivíduo inarticulado
lidere a vida exemplar, isso pode eventualmente vir a ser apreciado".

EXPLORANDO CRENÇAS
Uma das maneiras mais eficazes para levar essa jornada a uma compreensão
mais completa e integrada de nós mesmos é explorar profundamente nosso
sistema de crença pessoal. Poucas dinâmicas psicológicas são tão fundamentais quanto nossas crenças. As crenças literalmente criam nossa realidade;
elas são as lentes ou filtros por meio dos quais interpretamos o mundo. Algumas dessas "lentes" focalizam e abrem novos horizontes; outras escurecem
nossa visão e limitam possibilidades. As crenças são transformadoras. Toda
crença que temos transforma nossa vida em riqueza ou limitação.

Um dos exemplos mais dramáticos do poder transformador de crenças
vem do lutador de peso-pesado George Foreman. Nos anos 1970, Foreman
foi famoso por ser um dos seres humanos mais repugnantes e durões do pla-

neta. Bravo e antissocial, ele frequentemente era uma pessoa resistente, difícil e incomunicável, absolutamente o oposto da pessoa que é hoje. Ele não era conhecido como uma pessoa social, autoconsciente ou sorridente. Logo após a sua surpreendente derrota por Jimmy Young, em Porto Rico, George foi ao vestiário, deitou-se em uma mesa de treinamento e teve supostamente uma experiência espiritual muito poderosa. Após aquela experiência, George se transformou. Ele mudou sua vida inteira, tudo: sua personalidade, seus relacionamentos, seu propósito de vida. Ele se transformou na direção da afirmação de vida.

George retirou as máscaras de sua personalidade, e o prazer, o humor e a simplicidade aconteceram. O mais importante aqui não é se George Foreman realmente teve uma revelação espiritual. Muitos médicos disseram que ele sofreu de exaustão severa do coração, e que isso foi o que causou essa "experiência". Esse não é o problema. O princípio essencial é que George Foreman acreditou que ele teve uma transformação espiritual e essa crença mudou sua vida. O que nós acreditamos, nós o fazemos.

Por meio da minha experiência em realizar o *coaching* com as pessoas, observei consistentemente dois tipos de sistemas de crença operando nelas: *crenças conscientes* e *crenças sombrias*. As crenças conscientes são explícitas, conhecidas como crenças que temos. Quando solicitadas essas crenças sobre nós mesmos, sobre outras pessoas, ou sobre a vida em geral, podemos articular muitas delas. Mesmo que isso possa exigir esforço para acessar e esclarecer algumas dessas crenças, elas são acessíveis para nós no cotidiano. Exemplos de crenças conscientes que alguém possa ter são: "Eu acredito em tratar as pessoas com respeito; eu temo tentar novas coisas; eu sou criativo e resiliente; muitas pessoas são falsas; trabalho árduo traz resultados". Embora possamos acessar essas crenças em um nível consciente, isso não significa que estamos sempre cientes delas. Nós podemos, entretanto, tornar mais cientes as crenças conscientes e vivermos sim ou não de acordo com essas crenças.

Recentemente, orientamos ao presidente do conselho de uma empresa pública de rápido crescimento o processo de trazer suas crenças em uma percepção consciente. Como resultado, o presidente de 60 anos de idade comentou: "A maioria das pessoas, provavelmente, pensa que eu descobri tudo.

DOMÍNIO PESSOAL

O que eu descobri é que minhas crenças estavam atuando, mas não conscientemente o suficiente. Após 30 anos de regras de liderança, eu compreendi que sem intenção eu tinha retido aspectos fundamentais de mim mesmo, críticos para a continuidade do sucesso de liderança. Quando vi em meu trabalho, foi fácil enxergar que eu estava fazendo a mesma coisa em casa com a minha família".

Elena era executiva de uma empresa global de serviços no Reino Unido. Sua inteligência, ética profissional, orientação a resultados, e excelentes habilidades de relacionamento a apoiavam em seu padrão de sucesso. Ela se orgulhava de si mesma de como se relacionava com as pessoas de sua equipe, consigo mesma e com os outros. Em reuniões, os membros da equipe eram conduzidos com respeito e raramente entravam em conflito. Um dia, durante uma reunião, Elena foi surpreendida quando seu chefe disse: "Elena, você faz parte da equipe até agora, e você nunca discordou de mim. Eu realmente não sei se você se envolveu em todas essas mudanças que estamos fazendo, ou se você apenas as acompanhou. Você é ótima! Eu preciso de você para avançar com mais força e me desafiar". Arraigado em Elena desde jovem o medo de rejeição, que atuava com a crença de ser admirada e aceita, era a única maneira de relacionar-se realmente com as pessoas. O chefe de Elena a encorajou a enxergar que aquele discurso, sendo mais aberto, não era somente mais respeitável, mas também mais autêntico. Após trabalhar com Elena por um tempo, fomos capazes de ajudá-la a quebrar as crenças sombrias sobre a rejeição e fazê-la enxergar que criar discussões mais abertas, mesmo com

> *Para deixar para trás nosso comportamento de autodefesa, devemos usar nossa mente consciente e minar o destrutivo, mas as crenças inconscientes nos causam nossas próprias defesas.*
>
> Milton Cudney e
> Robert Hardy

conflito construtivo, trazia não somente questões implícitas, mas também inovações. O que acreditamos é o que devemos liderar.

Embora tenhamos acesso às crenças conscientes de modo fácil, as crenças sombrias são mais sutis e muito mais desafiadoras para descobrir. Fazê-lo, no entanto, é crucial para alta performance. Baseado em um conceito junguiano de sombra, as crenças sombrias são aquelas que são manifestações da dinâmica psicológica não resolvida, inexplorada e oculta. A crença sombria é usada quando não queremos negociar algo. Quando mantemos um tipo de "segredo", uma falta de consciência, nós mantemos uma crença sombria conosco.

Todos nós temos crenças sombrias. Se não pensamos o que estamos fazendo, então a sombra está provavelmente atuando naquele exato momento em escurecer uma parte de nós mesmos. Jeffrey Patnaude, em seu trabalho *Leading from the Maze*, escreveu: "O líder deve estar acordado e muito alerta. Como um viajante noturno atento a cada som na floresta, o líder deve estar consciente de todas as possibilidades de emboscadas nas sombras. Não podemos desafiar nem transformar o que não podemos ver".

> *A personalidade pode abrir portas. Somente o caráter pode mantê-las abertas.*
>
> Elmer Letterman

Em nível pessoal, algumas de minhas crenças sombrias devem surgir excepcionalmente em alto padrão para os outros e para mim. Na juventude, eu me avaliei pelo lado exterior, frequentemente crítico, preparado para julgamento. Como resultado, desenvolvi uma série de crenças sombrias: "Eu nunca serei bom o suficiente; eu tenho de trabalhar tão arduamente para ser valorizado; se algo não for excepcional, não tem valor; eu tenho medo de falhar". Como você pode ver, essas crenças têm algum valor. Elas têm seguido um caminho a atingir algo. Por outro lado, algumas dessas mesmas crenças lançam sombra em meu comportamento e relacionamentos às vezes. Entretanto, quando estou realmente comprometido a fomentar minha consciência dessas sombras, eu sou capaz de iluminá-las e esperançosamente minimizar sua influência limitadora aos outros e em mim.

Transformar as crenças sombrias em crenças conscientes é crucial ao domínio pessoal. Isso não quer dizer que não lutamos continuamente contra elas. Nós lutamos. A diferença é que nos engajamos conscientemente com elas *versus* sermos dirigidos inconscientemente por elas. O que acontece conosco se não negociamos com as crenças sombrias? Pagamos um preço alto. Comportamentos viciados, dificuldade em relacionamentos, realização ul-

DOMÍNIO PESSOAL

trapassada, estilos de vida em desequilíbrio e problemas de saúde podem ser custosos associados a elas. As crenças sombrias não são assustadoras; não negociar com elas que é assustador.

Enquanto eu realizava o *coaching* ao Steven, presidente de uma empresa multibilionária localizada na América Latina, uma crença sombria que estava o limitando veio à tona. Deixe-me introduzir essa história explicando que Steven não foi indicado para nós porque ele tinha um "problema". Ele era amplamente bem-sucedido em sua função atual. Sua empresa de produtos de consumo era a número 1 em receita e participação de mercado globalmente por quatro anos consecutivos. Na verdade, seu sucesso é que começou a ser problema para ele. Steven tinha uma ansiedade perturbadora – "Eu posso continuar no topo com as realizações do passado?". Cada vez que explorávamos planos futuros, ele evocava todos os tipos de cenários desastrosos. Quanto mais o conhecia, mais compreendia que ele tinha internalizado uma crença oculta que não importava quão árduo ele trabalhasse ou o que ele atingisse, tudo poderia escapar amanhã. Quando essa crença sombria o servia bem; ela o fornecia o caminho para atingir muitos objetivos. Entretanto, ele não estava ciente disso, seu medo de falhar estava o inibindo realmente de arriscar novas experiências e novos aprendizados. Isso também estava pressionando sua vida para longe de sua equipe, que estava totalmente inconsistente com seus valores e intenções. Finalmente, eu perguntei a ele: "Você não fez isso, fez?" Surpreso, ele me olhou e disse: "Fez o quê?" Eu respondi, "Steven, olhe para você. Você é bem-sucedido em todas as áreas de sua vida; sua carreira, sua família, seus relacionamentos. Qual evidência você tem de que vai falhar em seu próximo empreendimento?" Foi o momento definitivo para Steven. Ele viu a sombra e a transformou em luz. Ele mudou da confiança em seu medo para a confiança em suas contribuições. Ele transformou a crença sombria em crença consciente. Antes daquele momento, ele não estava ciente de sua presença. Ela o controlava e agora ele estava começando a controlá-la. Poucos meses depois, ele descreveu sua experiência, "Este *insight* abriu as portas para mim. Isso me trouxe a paz da mente para confiar em mim mesmo e liderar como eu sou. Agora, eu sei que não importa o que eu tentar, eu serei um sucesso, e se não for, eu me adaptarei, aprenderei, e de certo modo isto funcionará".

REFLEXÃO
CRENÇAS CONSCIENTES

Reserve poucos minutos para explorar algumas de suas crenças conscientes – o nosso diálogo interior que revela o que acreditamos ser verdade, importante e de valor.

- O que você acredita sobre si mesmo?

- O que você acredita sobre as outras pessoas?

- O que você acredita sobre sua equipe?

- O que você acredita sobre sua vida?

- O que você acredita é o seu impacto ou influência sobre os outros?

- O que você acredita sobre liderança?

SETE DICAS QUE TRAZEM CRENÇAS SOMBRIAS À LUZ

Você já ouviu a expressão "uma força superdesenvolvida pode tornar-se uma fraqueza"? Embora seja verdade esta declaração, há também uma dinâmica oculta mais profunda. Por que algumas forças se transformam em fraquezas? Geralmente, porque alguma crença sombria está atuando. Os líderes tanto iluminam quanto lançam sombra em tudo o que fazem. Quanto mais cientes da autoconsciência, os líderes trazem mais luz.

> *O ideal está em ti mesmo; o impedimento, também está em ti mesmo.*
>
> Thomas Carlyle

Quanto mais limitado o autoconhecimento, maior a sombra que o líder lança. Vamos dizer que temos uma crença sombria que "somente temos valor se estivermos fazendo e atingindo". Se não estivermos conscientes dessa crença sombria, nosso caminho e determinação se transformarão brevemente em

DOMÍNIO PESSOAL

vício ao trabalho e falta de intimidade, com profundas implicações negativas para nossa saúde e relacionamentos. Vamos dizer que temos inteligência e autoconfiança como forças combinadas com uma crença sombria que "sempre temos de estar corretos". Sem uma consciência suficiente, nossa autoconfiança se transformará em arrogância, aspereza e autojustiça. Aqui estão alguns exemplos de como as sombras podem transformar potencialmente as forças em fraquezas:

FORÇA	+	CRENÇA SOMBRIA	=	FRAQUEZA
Energia		"Eu nunca posso desistir."		Mania
Charme		"Eu devo ser bem-sucedido não importa como."		Manipulação
Conscientização		"Eu sempre posso fazer melhor."		Compulsividade
Foco		"Eu devo saber todos os detalhes para me sentir confortável."		Rigidez / Falta de Confiança
Coragem		"Eu devo sempre alcançar mais."		Medo
Presença		"Eu devo sempre ser visto como excepcional."		Narcisismo / Foco em si mesmo

Se nossas sombras estiverem extremamente ocultas em nossa própria visão, como podemos trazê-las à luz? Ao longo dos anos, desenvolvemos sete dicas para indicar se uma sombra pode estar atuando:

- *Dica 1:* se outras pessoas frequentemente nos dão *feedbacks* inconsistentes de como vemos a nós mesmos, uma sombra está presente.
- *Dica 2:* quando nos sentimos presos ou bloqueados com uma perda real do que fazer a seguir, uma sombra está nos detendo.
- *Dica 3:* como as forças se tornam contraproducentes, algumas dinâmicas ocultas necessitam vir à tona.
- *Dica 4:* quando não estamos abertos ao novo conhecimento, novo aprendizado ou ao ponto de vista das outras pessoas, uma sombra está nos limitando.

44 LIDERANÇA AUTÊNTICA

- *Dica 5:* se reagimos às circunstâncias com respostas emocionais dese-quilibrando a situação, estamos certos do alvo de uma crença sombria.
- *Dica 6:* quando nos encontramos forçosamente reagindo às limita-ções dos outros de um modo crítico e com julgamento, estamos fre-quentemente projetando nossa sombra nos outros.
- *Dica 7:* se experimentamos frequentemente a dor, trauma ou des-conforto em nosso corpo, uma sombra pode estar tentando aparecer e buscar reconciliação. Ouça a sabedoria de seu corpo para tentar descobrir as crenças sombrias.

Craig, um executivo com quem trabalhei, foi vítima da síndrome do executivo de ter tudo ao mesmo tempo. Ele temia que se revelasse qualquer de suas limitações, porque isso resultaria na percepção dos outros como fraco ou inadequação. Ele também acreditava honestamente que os ou-tros não compreendiam seu lado a ser desenvolvido. Após compartilhar com ele uma avaliação 360º revelando como os outros viam suas limita-ções muito mais claramente do que ele, o processo de *coaching* iniciou. Felizmente, após ter experimentado vários meses de *coaching*, uma grande crise empresarial veio à tona. Essa foi a oportunidade perfeita para Craig praticar o que havia aprendido. Claramente, ele havia cometido alguns erros que o conduziram à crise. Em vez de continuar com o padrão antigo, ele enfrentou o medo, reconheceu seus erros e pediu apoio. Seus colaborado-res ficaram muito surpresos e compreensivelmente hesitantes no primeiro momento, porém admiraram sua coragem e seguiram adiante para resolver a crise. Comentando sua experiência, ele me disse: "Eu pensei que meu poder era estar *correto*. Agora, compreendo que meu poder é ser *real*". O domínio pessoal tinha começado.

O que acontece conosco quando estamos ao redor de pessoas que são reais e abertas con-sigo mesmas? Confiamos nelas. Sua autentici-dade, vulnerabilidade e domínio pessoal fazem delas pessoas confiáveis, e nós desejamos ficar ao seu lado. Quando questionado por Charlie Rose sobre qual é a qualidade mais importante atualmente para a liderança, Howard Schultz, CEO da Starbucks, respon-deu: "Mostrar vulnerabilidade". Em seu livro *Pour Your Heart into It*, Schultz

> *Nada na vida deve ser temido, somente compreendido.*
>
> Marie Curie

DOMÍNIO PESSOAL

diz: "Embora eles possam contratar executivos com muitos talentos e habilidades, muitos CEOs descobrem que o que lhes falta é uma equipe atenta e confiável, pois não querem mostrar vulnerabilidade para aqueles que se reportam a eles". Schultz aconselha: "Não tenha medo de expor suas vulnerabilidades. Admita que você não sabe o que não sabe. Quando reconhecer suas fraquezas e pedir conselho, você ficará surpreso como os outros o ajudarão".

Vulnerabilidade, nas palavras de Terry Kellogs e Marvel Harrison, é "o presente que dou para aqueles em que confio, quando confio em mim mesmo". A autenticidade do líder é enraizada e cresce em um campo de autoconfiança.

LIDERANDO COM CARÁTER... LIDERANDO POR COMPETIÇÃO

Se *Liderança Autêntica* é a influência que agrega valor, como vamos nos expressar com mais autenticidade? Já que a palavra *autenticidade* vem da mesma raiz grega da palavra *autor*, eu tenho certeza de que ninguém ficaria surpreso que a autoria de sua própria vida não tenha "dez passos fáceis". A autenticidade requer um compromisso para toda a vida em autodescoberta e auto-observação. Entretanto, no processo de *coaching* de líderes para desenvolver dimensões mais autênticas de si mesmos, temos encontrado algumas práticas para recuperar a essência de quem somos. Quando um líder aborda a questão "quão autêntico eu sou?", é útil perguntar também: "De onde vem a minha liderança? De onde vêm as minhas crenças e valores?". Precisamos considerar constantemente a origem de nossa liderança em várias circunstâncias. Nossas ações se originam dentro de nós mesmos, ou elas vêm de algo mais superficial, limitado? Nossa liderança serve somente a nós mesmos, a nossa carreira e ao sucesso, ou também serve a nossa equipe e empresa? Nossa liderança surge de nosso *caráter*, da essência de quem somos? Ou é derivada de um padrão de *competição*, em que tendemos a reagir às circunstâncias para extrair um resultado imediato?

> *O caráter é como uma árvore e a reputação; sua sombra. A sombra é o que pensamos dela; a árvore é uma coisa real.*
>
> Abraham Lincoln

Algumas abordagens de liderança são reativas, consomem energia e produzem resultados insustentáveis ou indesejáveis. Outras abordagens são transformadoras, adicionam energia ao empreendimento e agregam valor a curto e longo prazos. As abordagens mais recentes derivam de qualidades de caráter.

O caráter é a essência ou o cerne do líder. Ele é mais profundo e complexo do que qualquer ação ou conquista; ele brota da essência natural da pessoa. Refletindo sobre esse princípio, Ralph Waldo Emerson diz: "Isso é o que chamamos caráter, uma força reservada que atua diretamente como presença, e sem significados".

O caráter funciona para transformar e criar possibilidades e potencialidades. Quando estamos liderando a partir de nosso caráter, exibimos qualidades de autenticidade, propósito, abertura, confiança, coragem, congruência e compaixão. Temos a habilidade para transformar as circunstâncias, criar possibilidades e valores duradouros para nós mesmos e para os outros.

A competição nos protege e nos ajuda a passar pelas circunstâncias desafiadoras. Nesse sentido, isso tem valor e, se usada com parcimônia e apropriadamente, servirá às nossas necessidades. A competição funciona como um músculo. Precisamos usá-lo às vezes, mas se o usarmos excessivamente o músculo entrará em colapso. As qualidades de competição incluem preocupar-se com a imagem, segurança, proteção, conforto ou controle. O líder competitivo pode obter resultados, mas também exibe defensiva, medo, afastamento ou um desejo de ganhar a todo custo. Ele pode excluir certas pessoas ou alguma informação.

Ambos abordam a liderança – liderar com caráter e liderar por competição – e podem obter resultados. É importante notar que a competição não é de todo ruim e pode ser necessária em determinadas situações. Para a liderança, entretanto, o caráter é um mestre ideal, e a competição é um servo muito melhor. Por exemplo, a imagem pode ser um componente de liderança, que pode criar influência e valor quando está alinhada com as mensagens carregadas de valores mais profundos do líder. Por outro lado, a imagem pode ser usada para manipular as mensagens em uma tentativa de compensar a insegurança do líder e isso pode conduzir a resultados devastadores.

DOMÍNIO PESSOAL

Tanto o caráter quanto a competição estão presentes na maioria das situações de liderança. Entretanto, precisamos perguntar a nós mesmos: "qual é o meu mestre e qual é o meu servo?". Quando tornamos o caráter o mestre de nossa liderança e a competição o servo, temos melhores relacionamentos e a criação de valores duradouros.

QUALIDADES DE CARÁTER E DE COMPETIÇÃO

Como líderes, é essencial aprender como construir nossa consciência e quando estamos sendo guiados pelo Caráter ou pela Competição. As seguintes informações ilustram alguns dos comportamentos que indicam se estamos em um padrão de Caráter ou de Competição.

CARÁTER TRANSFORMA	COMPETIÇÃO REAGE
Cria possibilidades e multiplica energia	Negocia com as circunstâncias e gasta energia
GUIADO POR:	GUIADO POR:
Autenticidade	Imagem/Reconhecimento
Propósito	Segurança/Proteção/Conforto
Abertura	Controle
Confiança	Medo
Preocupação balanceada consigo e com outros	Preocupação consigo mesmo
Coragem	Fuga
Inclusão	Exclusão
Ganha-ganha	Ganha-perde
Equilíbrio/Egocentrismo	Raiva
Agilidade/Resiliência	Resistência à mudança
Presença pacífica	Presença apreensiva
Líder é maior que a circunstância	Circunstância é maior que o líder

48 LIDERANÇA AUTÊNTICA

Vamos agora explorar três exemplos:

1. *Imagem* versus *autenticidade:* Quando nos preocupamos muito em como somos vistos pelos outros e focamos em obter sua aprovação, reconhecimento ou aceitação, nossa liderança está sendo guiada por um padrão de Competição de Imagem. Temos essa personalidade de imagem quando tentamos muito dificilmente "parecer ótimos"; quando nos apresentamos como mais do que somos; quando deturpamos valores, crenças ou outra informação para ganhar aceitação. Recentemente, eu estava realizando o *coaching* ao CEO de uma empresa e a uma de suas executivas. Embora o CEO precisasse trabalhar em algumas áreas básicas de crescimento, a autenticidade não foi uma delas. A executiva de sua empresa, entretanto sem notar, foi pega por sua imagem. Em um ponto crítico em uma de suas interações como executiva-principal estava analisando minuciosamente todas as implicações políticas de uma decisão importante, o CEO perguntou calmamente e compassivo: "Michelle, você quer parecer ótima ou fazer a diferença?", Michelle ficou em silêncio. É claro que ela queria fazer a diferença. Ela precisava de alguém para estimulá-la a mudar sua consciência competitiva para liderar a partir do caráter. Em *The Corporate Mystic,* Gay Hendricks e Kate Ludeman reforçam essa prática: "É tão importante desafiar as pessoas sobre suas personalidades quanto é amar e cuidar de sua essência verdadeira. No mundo dos negócios é perigoso ignorar a personalidade das pessoas. De fato, cuidar de pessoas significa vê-las como elas são, não enxergá-las como falhas fatais".

2. *Segurança, proteção e conforto* versus *propósito:* Se nossas ações são guiadas principalmente por segurança, proteção e conforto, estamos em um padrão de Competição. Isso é primordial e sutil para todos nós. Estamos geralmente inconscientes de como ficar seguro é realmente limitador para nós em novas experiências e possibilidades. A maioria de nós pensa: "Quando eu conquistar bens suficientes, então, farei o que eu *realmente* quero fazer". Essa é a voz da competição. Na hierarquia de executivos, isso pode ser o maior problema. Como os executivos seniores podem tornar-se mais seguros financeiramente e, ao mesmo tempo, continurem inovadores, significativos e com iniciativas fora dos padrões?

DOMÍNIO PESSOAL

Normalmente isso não acontece. Ou, pior ainda, nós postergamos nosso real propósito e contribuição para um futuro mágico quando estivermos seguros o suficiente para expressar completamente nós mesmos? Eu estava trabalhando com um executivo senior de marketing dominado pelo padrão de competição. O primeiro dia que encontrei Jack, ele me disse que tinha perdido sua paixão pelo seu trabalho e estava se preparando para deixar a empresa e procurar uma nova carreira. Após passar algum tempo juntos, ele compartilhou seu projeto de carreira e de vida pessoal: acumular bens a fim de substituir sua receita atual e em cinco anos iniciar seu próprio negócio. Superficialmente parecia correto. Quando nos aprofundamos, entretanto, isso mostrou que ele tinha sacrificado seu propósito em nome da segurança e do conforto. Dirigido por sua necessidade de acumular dinheiro em uma tentativa de construir seu sentimento interno de segurança e proteção, ele tinha perdido gradualmente a ligação que realmente lhe dava significado: usar sua criatividade e *insight* para ajudar os outros atingirem seus potenciais. Uma vez que Jack reconectou-se ao seu propósito, ele retornou ao seu trabalho com a paixão e perspectiva renovadas. Quando somos vítimas da competição, procuramos soluções fora de nós mesmos como trocar de emprego, mudar de carreira, acumular dinheiro o suficiente para se sentir seguro. Frequentemente, procuramos soluções em "o que" em vez de "como". Jack precisava reaprender *como* estar presente em sua vida de um modo renovado. Ele aprendeu como ser claro sobre seu propósito e a liderar com seu caráter.

> *Caráter também significa colocar o bem maior da empresa e da sociedade à frente do autointeresse. É preocupar-se com "o que está correto" em vez de "quem está correto".*
>
> Noel Tichy e
> Warren Bennis

3. *Controle* versus *abertura*: se nossas energias são absorvidas em ter nosso mundo conforme nossa vontade evitando todas as surpresas, então estamos liderando competitivamente. Isto é particularmente desafiador se estivermos nos movendo do nível gerencial às regras de liderança em uma empresa. Os gerentes controlam pela virtude do que *fazem*. Os líderes conduzem pela virtude do que *são*. Quando estamos alternando

50   LIDERANÇA AUTÊNTICA

rapidamente entre gerenciamento e liderança, como é frequente o caso, a relação entre o controle e a abertura é uma dinâmica constante.

Tracy, uma executiva senior de uma empresa internacional de serviços, estava claramente atuando em um padrão de competição de controle. Era sua "fórmula de ganhar". Ela se enxergava como uma pessoa excepcionalmente competente, e por todas as medidas externas ela era. Baseada em uma série de realizações extraordinárias em vendas e marketing, ela tinha sido vista na primeira classificação de sua empresa. Ela era conhecida por exceder sempre o limite. Se a empresa quisesse algo excepcionalmente bem feito, Tracy era a única escolhida para esse trabalho. Alguém diria que ela se especializou em sua profissão – talvez até se especializou em alguns aspectos de seu ambiente externo. Mas seu sucesso externo não foi baseado no domínio interno. Sua necessidade obsessiva em controlar tudo ao seu redor tinha criado tensão em todos seus relacionamentos. Seu casamento não sobreviveu à sua necessidade de controlar. Seus filhos estavam crescendo distantes. Seus amigos estavam sofrendo. Quanto mais a vida de Tracy saia do seu controle, mais ela tentava impor controle. Sem entender o porquê, ela gradualmente dispensou pessoas próximas a ela. Por muitos anos, a competência externa tinha sido suficiente para ajudar Tracy a enfrentar sua vida e as demandas da carreira. Entretanto, sua nova vida e demandas de liderança envolveram a competência em uma ordem diferente.

Tracy era um grande exemplo de gerentes identificados no estudo de pesquisa Brousseau, Hourihan etc., citados anteriormente neste capítulo. Tracy era uma líder enérgica, focada na tarefa e trabalhava muito bem em sua carreira. Relutante a dar uma pausa à consciência e ao crescimento, ela poderia ter se tornado facilmente, entre aqueles executivos cujas carreiras ficaram bloqueadas, aquém do seu potencial. Antes que Tracy pudesse mover-se ao próximo estágio de sua liderança e eficácia de vida, ela precisava acessar uma plataforma de competência interna e de caráter. Isso levou poucos meses de *coaching*. Ela era resistente e fechada a princípio, mas vagarosamente pôde perceber *que sua necessidade excessiva de controlar* era baseada em uma crença sombria. Ela deveria acreditar que justamente ser ela mesma e confiar naquelas coisas que funcionaram não era uma opção para ela. Em um ponto crucial em nosso *coaching* ela disse: "Se eu parasse de controlar tudo, minha vida iria desmoronar!" No instante que ela disse isso, o paradoxo a despertou

DOMÍNIO PESSOAL

com força total. Sua vida estava desmoronada porque ela controlava tudo. Ainda, ela sentiu que aquele controle era dela somente como salvadora. Ao longo do tempo, ela ganhou o domínio pessoal para começar a confiar e ser mais aberta a mudanças. Como sua autoconfiança e abertura cresceram, a habilidade de Tracy em confiar e apreciar os outros cresceu também. Ela tinha começado a liderar com caráter.

REFLEXÃO
CARÁTER E COMPETIÇÃO

Reserve algum tempo para revisar as qualidades que conduzem ao caráter e à competição listados na página 47. Agora, pense sobre as qualidades de competição, e considere estas questões:

- Quais dessas qualidades são mais predominantes para você?

- O que acontece nesses momentos?

- Como você se sente?

- Quais medos, limitações ou inadequações você evita quando está em um padrão de competição?

- Como você pode desafiar-se para mudar da competição para o caráter mais frequentemente?

Agora, reflita nas qualidades de caráter e considere estas questões:

- Quais dessas qualidades são mais predominantes para você?

- O que acontece nesses momentos?

- Como você se sente?

- Quais medos você tem de enfrentar para liderar com caráter?

- Como continuar liderando com caráter em situações futuras?

Assim como vimos, o caráter transforma onde a competição tende a estar no modo de sobrevivência e reação. Quando estamos no padrão de competição, tendemos a ver os problemas da vida como existentes fora de nós mesmos. Dizemos assim: "Se eu pudesse mudar apenas essa pessoa ou aquela situação, então tudo ficaria bem". Mas os problemas da vida são raramente resolvidos somente mudando a situação externa. As soluções duradouras envolvem lidar com a nossa situação interna a fim de transformar a circunstância externa. Para ilustrar esse princípio, imagine Nelson Mandela, vários anos atrás dizendo: "Eu preciso deixar a África do Sul. A situação aqui é um problema muito grande. Essas pessoas não conseguem resolver. Eu preciso ir para um país mais pacífico". Isso parece cômico, mesmo imaginando esse cenário com uma pessoa com muito caráter. Quando o caráter e o propósito são fracos, então nossa resposta inicial de competição é geralmente deixar ou escapar da situação. Quando o propósito é forte, os líderes transformam muitas circunstâncias a partir do que eles encontram. Obviamente, pode haver momentos em que necessitamos deixar ou sair de uma situação para a autopreservação. Entretanto, se nossa primeira resposta for consistentemente deixar de desafiar as circunstâncias, então necessitamos trabalhar para aprender o caráter mais frequentemente.

É importante notar que o domínio pessoal não é eliminar a competição. É aumentar o caráter de tal modo que venha em primeiro lugar e a competição venha em segundo. A competição existe por uma razão – proteger-nos e ajudar-nos a lidar com situações estressantes – então, não queremos realmente eliminá-la completamente. Ela serve ao propósito. Nós realmente queremos favorecer o caráter de modo mais substancial de liderança para se tornar o mestre de nosso comportamento. Ter o caráter apoiando a competição – o interno apoiando o externo – é o objetivo do domínio pessoal.

Liderar com caráter não é fácil. O CEO de uma empresa em rápido crescimento compartilhou esse comentário comigo: "Eu odeio admitir isso, mas a maioria das empresas recompensa a competição. Exaltamos o caráter, mas premiamos a competição. Exaltamos os valores de confiança, inclusão e agregamos valor, mas premiamos consistentemente o controle e a imagem. A maioria de nós está relutante ao fazer o trabalho árduo e assumir o risco pessoal para liderar com caráter".

DOMÍNIO PESSOAL

Infelizmente, os programas de *coaching* para executivos reforçam, às vezes, a competição em vez de fomentar o caráter. Os executivos são treinados *como atuar* em vez de *como ser*. É um processo de encantamento que produz somente resultados superficiais e a curto prazo. Os executivos são treinados para polir o exterior, mas raramente qualquer crescimento sustentável e substancial acontece. Sob stress suficiente, todos os antigos padrões retornam.

Para ser mais eficaz, o *coaching* de executivos necessita construir consciência dos aspectos limitadores de comportamentos competitivos de modo que o caráter possa estar em primeiro lugar e a competição, em segundo. Passar pelos mecanismos de competição, e permitir que o caráter surja requer um *coaching* sofisticado que lide com a pessoa por inteiro.

> *Empresas místicas desenvolvem uma visão dupla, capaz de ver a máscara e a pessoa essencial interna... Elas sabem que todos nós temos personalidades envolvidas em nossa essência verdadeira, mas elas também sabem que não somos nossas personalidades.*
>
> Gay Hendricks e
> Kate Ludeman

COMPREENDENDO NOSSO MANUAL DO PROPRIETÁRIO

Muitos de nós conhecemos mais sobre nosso local favorito de férias, times esportivos, ou tênis de corrida do que sobre nós mesmos. Para sair dos padrões antigos e crescer como uma pessoa íntegra, nós precisamos responder a questão "Quem sou eu?". Assim que analisarmos esta questão, poderemos nos pegar rindo de nossa própria crítica interna. Ou podemos retornar com uma resposta rápida que reflete superficialmente as regras que jogamos *versus* quem realmente somos.

> *Mesmo a mente mais sábia tem muito ainda a aprender.*
>
> George Santayana

Outro dia eu me reuni com um CEO para uma sessão inicial de *coaching*. Um pouco nervoso, o executivo declarou: "Kevin, você sabe, eu me conheço muito bem". Honestamente, eu estive em situações como esta muitas vezes e, na verdade, penso: "Ele não *conhece* a si mesmo muito bem".

Por outro lado, quando encontro alguém que admite: "Você sabe, eu compreendo alguns aspectos de mim mesmo, mas os outros são ainda um mistério para mim", então, penso: "Esta pessoa *conhece* a si mesma muito bem". Talvez a razão pela qual a maioria das pessoas pensa muito bem de si mesmas é que suas experiências do mundo interno são restritas aos limites mais estreitos. Poucas pessoas admitiriam que conhecem tudo de seu *exterior*. Todos nós sabemos quão incomensuráveis são o conhecimento externo e a informação. Vemos o mundo externo como extremamente grande. Nossa vida interna, entretanto, é definida frequentemente de um modo muito restrito. Quando seguimos o caminho do domínio pessoal, começamos a olhar de relance quão profunda, vasta e ilimitada nossa vida interna realmente é. Quando as pessoas ocasionalmente dizem "eu me conheço", muito frequentemente elas estão dizendo "eu conheço meu estado limitado de autoconhecimento". Não há limites dentro de nós. Não há fim ao domínio pessoal. É maior, mais profundo e mais esplêndido do que o mundo externo que pensamos ser tão vasto. Inicie essa jornada considerando as grandes questões da vida: "Quem é você? Onde você está inserido? Por que você está aqui?". Aquele soldado condenado justamente cruza seu caminho novamente, não é?

O domínio pessoal é compreender o veículo, nosso caráter que nos traz ao nosso destino. Há apenas um problema: nós perdemos temporariamente o "manual do proprietário". É como comprar um carro esportivo de alta performance sem aprender como dirigi-lo. Certamente sabemos como dirigir, mas não compreendemos como dirigir *aquele* veículo. Como chegaremos seguros ao nosso destino desejado quando não compreendemos que pegar a curva a 105 km por hora em uma pista molhada à meia-noite com um certo sistema de suspensão é um convite para um acidente? É exatamente assim que muitos líderes atuam – movimentam-se em alta velocidade na estrada da vida sem qualquer controle real de seu manual do proprietário. Então, como podemos começar a compreender nosso manual do proprietário? Como podemos começar a descobrir nossa identidade e conhecer este "veículo"? A seguinte reflexão o ajudará a trilhar o caminho. Mas lembre-se de que ninguém mais pode lhe dar esse *insight*. Você deve dá-lo a você mesmo. Esse é o início do processo.

REFLEXÃO
DEFININDO SUAS FORÇAS E ÁREAS DE CRESCIMENTO

Reflita durante o tempo que foi preciso. As questões são planejadas para serem provocantes, então não se apresse. Leia todas as questões primeiramente, e comece o exercício pelas respostas mais fáceis. Use um bloco de anotações para esboçar suas respostas mais longas.

1. Imagine-se observando um amigo querido falando sobre você com um profundo carinho e admiração. O que seu amigo estaria dizendo?
2. Quando você está energizado e inspirado, quais traços ou forças particulares de personalidade são expressados por você?
3. Quais são algumas de suas Crenças Conscientes sobre si mesmo?
4. Do que você tem mais medo?
5. Quando você está liderando com caráter, quais qualidades aparecem à frente? Determinadas situações inibem ou expressam mais seu caráter?
6. Quando você está liderando por competição, quais qualidades aparecem à frente? Quais crenças ou medos estão gerando esses estados da mente ou emoção?
7. Quando você se sentiu mais pleno em sua vida – não atendendo as expectativas dos outros, mas justamente focado em expressar quem você é?
8. Quais passos você pode escolher em sua vida para criar mais oportunidades como essa?
9. O que as pessoas dizem a você consistentemente para melhorar ou desenvolver? Qual comportamento novo que você está comprometido a ter?
10. Qual é sua única proposta de valor como um líder? Se você fosse uma marca, qual marca de liderança você seria?
11. Por qual contribuição você espera que as pessoas lhe agradeçam no fim de sua vida?
12. Se você testemunhasse seu funeral, o que desejaria ouvir das pessoas em seu tributo?

Como veremos neste livro, o domínio pessoal não é um fenômeno recente; ele está incorporado na natureza da experiência humana. Quase todos os sistemas significativos de desenvolvimento humano são valorizados. Vários pensadores contemporâneos como Warren Bennis, Stephen Covey, Daniel Goleman, Peter Senge, Richard Leider e muitos outros são reconhecidos por sua influência na criação de valor. Muitos sistemas de desenvolvimento humano, tais como a terapia centrada na pessoa, *coaching* comportamental cognitivo, terapia razão-emoção, teoria de aprendizado em adultos, aprendizado transformador, PNL, Landmark Forum, *coaching* humanístico e *coaching* psicodinâmico, certamente estão alinhados com o que estamos discutindo. Muitas dessas metodologias podem ser úteis em sua jornada ao domínio pessoal. Um artigo excelente de John Passmore, em *Consulting Phychology Journal: Practice and Research*, março 2007, conecta muitas dessas abordagens ao *coaching* e desenvolvimento.

OITO PONTOS PARA O DOMÍNIO PESSOAL

Lembre-se dos seguintes princípios assim que começar a dominar sua habilidade de liderar com mais consciência e autenticidade.

1. Tenha total responsabilidade: comprometa-se com o caminho do domínio pessoal. Somente você pode fazê-lo e só você pode trilhar seu próprio caminho. Ninguém mais pode motivá-lo. Ninguém mais pode fazer isso por você. Um mentor não pode fazer por você. Sua empresa ou clientes não podem fazer por você. Assim como Hermann Hesse escreveu em *Demian*, "Todo homem tem exclusivamente uma vocação genuína – para encontrar seu caminho". O domínio pessoal é uma experiência de vida que devemos nos dar. Walt Whitman escreveu "Nem eu – nem ninguém mais – pode viajar naquela estrada por você; você deve aprender a viajar nela por si mesmo".

Não importa quais desafios de vida ou de liderança enfrentamos, não importa quais circunstâncias encontramos; nós somos responsáveis. À medida que avançarmos, seremos mais autovalorizados, autorreconhecidos, e autoconfiantes. À medida que assumimos gradativamente a responsabilidade da vida que estamos criando, estaremos preparados para assumir a respon-

DOMÍNIO PESSOAL

sabilidade em liderar os outros. A base fundamental da liderança verdadeira é construir a autoliderança, a autorresponsabilidade e a autoconfiança.

2. Traga crenças para a consciência: comprometa-se no processo de esclarecer suas crenças conscientes e suas crenças sombrias. Pratique a reflexão de como algumas dessas crenças lhe abrem a mente e outras lhe fecham. Pratique reforçando aquelas que abrem as possibilidades e o energizam tão bem quanto as outras. Reconsidere aquelas que limitam as possibilidades e drenam energia. Lembre-se do mantra do domínio pessoal: "Você deve liderar a partir do que acreditar".

3. Desenvolva consciência de caráter e de competição: desenvolva a consciência quando você estiver liderando com qualidades de caráter e quando estiver sendo liderado pelas qualidades de competição. Em vez de investir em competição, comprometa suas energias para liderar com caráter. Isso requer que você examine corajosamente suas crenças, medos e limitações gerando qualidades de competição. Enfrentando esses filtros de limitações, você liberará energia para experimentar um novo aprendizado exterior, tão bem quanto expressar nova potencialidade do interior. Transforme sua abordagem de liderança sendo o mestre do caráter e o servo da competição.

> *O líder de hoje e do futuro será focado em como ser — como desenvolver qualidade, caráter, mentalidade, valores, princípios e coragem.*
>
> Frances Hesselbein

4. Pratique o domínio pessoal com os outros: Praticar o domínio pessoal requer risco e vulnerabilidade. Isso significa nos colocar em situações em que podemos não ser aceitos ou valorizados por quem somos ou, ainda, pelo que pensamos ou acreditamos. Se nós não assumirmos o risco, seremos frequentemente liderados pelas expectativas dos outros. Como resultado, podemos sem intenção comprometer nossa integridade. Assim que praticar o domínio pessoal com os outros, lembre-se desses pensamentos:

- Ouça a sua voz interior autêntica sobre o que você realmente pensa e sente *e não* o que os outros querem que você pense ou sinta.

58 LIDERANÇA AUTÊNTICA

- Seja consciente quando "criar" os outros em sua imagem.
- Seja consciente quando "é criado" pelos outros na imagem deles.
- Pratique a força da vulnerabilidade; observe como isso amplia relacionamentos e equipes.
- Preste atenção quando você estiver gastando muito tempo e energia julgando os outros e tentando mudá-los.
- Esteja lá quando as pessoas precisarem de você, não somente com o propósito de dar conselhos ou ser apreciado por seu apoio, mas também para dar a riqueza de sua presença.
- Compartilhe seus verdadeiros pensamentos e sentimentos, alegrias, sucesso, preocupações e medos com as pessoas. Deixe que essa abertura acelere o desenvolvimento ao seu redor.

5. Ouça o *feedback*: embora o domínio pessoal seja autovalidado, às vezes outras pessoas têm as chaves para o nosso autoconhecimento. Assim como Edith Wharton escreveu, "Há duas maneiras de espalhar a luz: ser a vela ou o espelho que a reflete". Com que frequência nós resistimos à entrada de outras pessoas, percebendo mais adiante que seus comentários estavam corretos naquela situação? É possível que seus *insights* sejam maiores do que estávamos preparados para assimilar naquela ocasião? Em vez de gastar nossa energia defendendo um estado rígido de autoconsciência, podemos pensar que o domínio pessoal é contínuo, vitalício, um processo de aprendizado. As experiências de vida são oportunidades para aprender e a se desenvolver. Os colegas estão lá para realizar o *coaching* e serem mentores. Considere todas as observações das outras pessoas como potencialmente instrutivas. As pessoas ao nosso redor podem estar segurando as tochas para iluminar nosso caminho ao domínio pessoal. O domínio pessoal envolve o paradoxo delicado de estar aberto para o aprendizado dos outros sem nos permitir ser indevidamente influenciados por eles.

> *Liderança e aprendizado são indispensáveis uns aos outros.*
>
> John F. Kenedy

6. Encontre um *coach*: não há nada de "errado" em pedir ajuda. Na verdade, os estudos recentes têm mostrado que as empresas utilizam o *coaching* 75% do tempo para otimizar a performance e 25% para "resolver" problemas. Ter um *coach* como seu parceiro durante seu processo de crescimento pode ser a

DOMÍNIO PESSOAL

coisa mais correta que você já fez. Você pode ficar agradavelmente surpreso em saber como um *coach* experiente e objetivo pode acelerar seu progresso pessoal e de liderança. O processo de *coaching* pode libertar a autoconsciência e facilitar algumas direções úteis ao crescimento. Certifique-se de reservar algum tempo a encontrar o melhor *coach* para você. Inicialmente, experimente sessões pessoais com poucas pessoas. Compartilhe sua história. Então, avalie sua afinidade e conexões de valores com cada *coach* potencial, assim como seu nível de experiência com o tipo de situação. A qualidade do suporte profissional pode oferecer uma experiência de crescimento significativo; é tempo de ser você mesmo e obter maior clareza. É uma oportunidade para explorar novas maneiras de viver e liderar.

7. Evite confundir autoilusão com autoconsciência: em uma pesquisa com executivos corporativos, publicada na *Business Week*, em agosto de 2007, foi perguntado aos executivos: "Você está no top 10 de performance de liderança?" A resposta: 90% disse sim. Hummm. Alguém está errado aqui! A autoavaliação pode ser a avaliação de liderança menos precisa. Para remediar isso, utilize avaliações fundamentadas, validadas com pesquisas sólidas para assegurar que seu crescimento de autoconsciência seja real. Use ferramentas como *Decision Styles, Voices*®, *Choices*®, *Hogan*®, *Myers Briggs Type Indicator*®, *California Psychological Inventory*® *(CPI 260), Zenger/Folkman*®, entre outras, que possam acelerar sua autoconsciência exata. Auditar sua autoavaliação com essas avaliações baseadas em pesquisa pode promover seu crescimento pessoal em novos níveis. Entretanto, esteja ciente de que nenhuma ferramenta pode abranger seu perfil inteiro. Os instrumentos de avaliação podem ser muito úteis somente como parte de todo o processo de crescimento do domínio pessoal. Certifique-se de ter pelo menos um instrumento interno-externo (avaliações de personalidade, valores ou preferências) e externo-interno (por exemplo, avaliação 360º).

8. Seja ágil: Às vezes, as forças que o ajudaram a liderar em seu presente estado de desenvolvimento podem impedir suas futuras chances de sucesso. Podemos lembrar a alta performance de Karl Wallenda ao atravessar a corda entre dois edifícios em San Juan, Porto Rico. Enquanto fazia seu caminho sobre a corda, usando seu famoso contrapeso, um intenso vento veio. Todos que estavam assistindo imediatamente compreenderam o dilema de Wallenda. Assim que o vento o lançou para fora da corda, ele se agarrou no contrapeso. Tudo o que ele precisava fazer era soltar o peso e agarrar a corda. Ainda que o peso tivesse salvo seu equilíbrio muitas vezes antes, ele o segurou até cair ao chão. Ele usou a estratégia de sempre, mesmo quando já não lhe servia. Compreender e apreciar suas forças, mas também ser flexível e adaptável é fundamental, pois muitos ventos fortes podem aparecer em seu caminho.

DOMÍNIO PESSOAL

PLANO DE DESENVOLVIMENTO
DE LIDERANÇA
DOMÍNIO PESSOAL

Em vez de tratar este livro como um interessante exercício intelectual, sente-se e concentre-se em alguns *insights* e compromissos que possam fazer a verdadeira diferença em sua vida e em sua liderança. Faça uma pausa e identifique algumas áreas para construir consciência, compromisso e prática (para mais informações sobre construir consciência, compromisso e prática, veja Domínio da Ação). Observe também os obstáculos potenciais e medidas de sucesso. Assim que fizer isso, continue se perguntando: "O que fará realmente a diferença para melhorar a minha autenticidade e consciência?"

1. Áreas para construir consciência:
   - _____
   - _____
   - _____

2. Novos compromissos a fazer:
   - _____
   - _____
   - _____

3. Novas práticas a começar:
   - _____
   - _____
   - _____

4. Obstáculos potenciais:
   - _____
   - _____
   - _____

5. Cronograma e medidas de sucesso:
   - _____
   - _____
   - _____

PLANO DE DESENVOLVIMENTO DE LIDERANÇA
EXEMPLO DE DOMÍNIO PESSOAL

1. Áreas para construir consciência: imagem e controle são mais prevalentes do que eu pensei; é necessário construir consciência da minha crença autolimitadora em relação a "nunca atingir/fazer o suficiente".

2. Novos compromissos a fazer:
   A) Mudar do controle para a confiança deixando que os outros participem mais.
   B) Descartar algumas necessidades de imagem.
   C) Explorar minha necessidade de fazer algo muito bom.

3. Novas práticas a começar:
   A) Fazer o *feedback* 360º.
   B) Encontrar um *coach.*
   C) Obter participação/*feedback* do colega e do cônjuge.

4. Obstáculos potenciais:
   A) Medo de mudanças.
   B) Medo de falhar se eu mudar muito as coisas.
   C) Os colegas e a empresa aceitarão as mudanças?

5. Cronograma e medidas de sucesso:
   A) Em três meses, obter a consideração das pessoas que eu menos controlo e mais confio.
   B) Em seis meses, notar quantas pessoas observaram que eu estou me desvencilhando da minha autoimagem e sendo mais autêntico.
   C) Em um mês, chegar em casa antes das 18:30, quatro vezes por semana.

CAPÍTULO DOIS

DOMÍNIO DO PROPÓSITO

Liderando com Propósito

O propósito principal é a interseção da alta performance onde nossos talentos e nossos valores caminham juntos. É o momento catalítico e de criação de valor quando nossos dons fazem a diferença. Quando separamos nossos valores de nossos talentos, ou vice-versa, comprometemos o propósito... e a performance duradoura.

Há um ano, Benton veio ao programa de *coaching*. Enquanto era altamente valorizado pela sua empresa por seus resultados e intelecto, ele estava consolidado em não ouvir e tinha um comportamento agressivo, de modo que pensei que o *coaching* seria impossível. Eu honestamente pensei que não seria valioso investir os recursos para treiná-lo. A princípio foi uma luta, mas eventualmente Benton nos surpreendeu e se engajou verdadeiramente no processo. Nós o ajudamos a enxergar que seus talentos principais – seu intelecto, dirigido a resultados, habilidade de realizar coisas – vinham de seu trabalho consistente. Entretanto, às vezes seus valores principais – compaixão e vínculo – não vinham. De modo interessante, quando trabalhava com sua própria equipe, os talentos principais e os valores principais de Benton estavam presentes e atuavam em sincronia. O mesmo acontecia em casa. Benton era um treinador querido do time de futebol de sua filha. Ele estava presente e envolvido com sua mulher e outros membros de sua família. Porém, quando interagia com seus colegas de trabalho e com os líderes em níveis mais altos, Benton ficava introvertido com seus valores principais e os separava de seus talentos principais. Nessas situações, ele era competitivo, fechado e defensivo. Seus talentos se tornavam obrigações. Uma grande sombra era formada porque seus valores ficavam escondidos em determinados grupos. Benton nos surpreendeu. Certo dia, ele percebeu o que estava fazendo e procurou encontrar consciência e novos comportamentos energizantes. Ele quis mudar. O responsável pelo RH nos chamou e disse: "Isso é incrível. Nunca em minha carreira vi extraordinária transformação". Agora, o *feedback* dos colegas e gerentes de nível mais alto que Benton, é que ele está ouvindo e melhorando significativamente a construção da confiança. Às vezes, ele vacila. Mas, em geral, ele percebe e segue adiante com seus talentos e valores. Uma vez que Benton tronou-se consciente, ele viu as consequências de separar seus valores de seus talentos, e se comprometeu a se dedicar àquele ponto crucial, o propósito principal, com mais frequência.

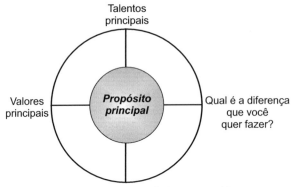

DESCOBRINDO O PONTO CRUCIAL

Enquanto os valores principais fornecem uma compreensão de que somos motivados a perseguir e o que queremos influenciar, os talentos principais nos dizem quais dons temos e como podemos usá-los. Na carreira, na vida pessoal e em situações de liderança que são gratificantes, nossos talentos e valores principais tenderão a complementar-se um ao outro. Richard Leider, *coach* da Eldership e autor de *The Power of Purpose: Creating Meaning in Your Life and Work*, diz que o propósito é reforçado quando nós "alinhamos o QUEM como o QUE". Portanto, o primeiro passo para identificar nossos talentos principais é fazer justamente isso. Quando identificamos nossos talentos principais e nossos valores principais, começamos a articular nosso propósito principal

O segredo do sucesso é a constância do propósito.

Benjamim Disraeli

– o ponto crucial onde alinhamos nossos talentos para satisfazer nossos valores, e assim otimizamos nossos dons e nossas contribuições.

Conhecendo nossa combinação particular de talentos e valores, é possível aplicá-los conscientemente de um modo mais poderoso e tangível.

IDENTIFICANDO TALENTOS PRINCIPAIS

Todos nós possuímos habilidades particulares ou domínios da vida em que nos sobressaímos. Alguns vêm para nós quase naturalmente; outros exigem estudo e trabalho árduo. Apesar de sua origem e caminho de desenvolvimento, os talentos principais são aqueles que nos fazem sentir energizados ou no "fluxo", assim como o cientista Mihaly Csikszentmihalyi o chamaria. Csikszentmihalyi, bem conhecido em sua pesquisa e manuscritos sobre "fluxo" ou "experiência ótima", explica que, entre outras coisas, quando em "fluxo" perdemos a autoconsciência. Podemos perder um período de tempo e nem sequer perceber quanto tempo e quão árduo estamos trabalhando. A experiência é muito prazerosa, de modo que a faríamos mesmo se não tivéssemos de fazê-la. No final do dia, embora estivéssemos cansados, não nos sentiríamos drenados. Em vez disso, sentiríamos uma forte sensação interna de satisfação, e ficaríamos ansiosos pelo próximo dia. O dr. Martin E. P. Seligman, em seu trabalho de "otimismo aprendido", denomina os talentos principais de "forças da assinatura". Ele diz que quando usamos nossas "forças da assinatura" no trabalho aumentamos nossas oportunidades para maior felicidade em nossas vidas. Quando tornamos nossa tarefa em nosso "trabalho de vida", é mais gratificante porque é feito para o seu bem e para as pessoas a quem ele serve, em vez de ser apenas uma recompensa extrínseca.

REFLEXÃO
TALENTOS PRINCIPAIS

Pense sobre sua carreira e sua vida. Lembre-se daqueles momentos em que você se sentiu mais energizado em aplicar seus talentos à tarefa. Você pode estar engajado em algo mais pessoal ou aparentemente inconsequente, tal como treinar um parceiro de golf ou escrever para um amigo. Ou você pode ter se envolvido em algo maior, mais visível ou dramático, prevendo uma grande apresentação ou planejando uma estratégia da empresa. Pense sobre aqueles momentos em que você sentiu que estava em seu melhor, você estava mais energizado e engajado. Registre alguns daqueles instantes em uma folha de papel, um bloco de notas ou em sua agenda. Pergunte a si mesmo e responda às seguintes questões e declarações:

1. Para quais dons as pessoas podem contar comigo?

2. Quando estou fazendo a diferença/criando valor, meus talentos que se sobressaem são:

3. Outras pessoas me dizem sempre que eu faço a diferença em:

4. Quando eu estou trabalhando com os outros, e estamos muito energizados e engajados, eu estou contribuindo com:

5. Eu apenas não posso contribuir com:

6. Em resumo, meus talentos principais – os dons que eu tenho que fazem a diferença – são:

RECONHECENDO OS VALORES PRINCIPAIS

Warren Bennis, um verdadeiro guru de liderança, afirma que o propósito de liderança é "lembrar das pessoas que são importantes". Lembrar dos outros que são importantes certamente permeia a essência de liderança, não é? Entretanto, antes de lembrarmos dos outros que são importantes, precisamos primeiro saber o que é importante. Parece fácil? Com frequência, não. Todos nós gostamos de pensar que sabemos onde estamos e o que valorizamos, mas conhecer nossos valores autênticos – os padrões e os princípios guias enraizados profundamente em nosso coração e vísceras – é um dos aspectos mais desafiadores do autoconhecimento. Embora muitos indivíduos prefiram tomar a rota mais fácil ou evitá-la, o trabalho de identificação de valores reais vale o esforço em muitas frentes. Em *Purpose: The Starting Point of Great Companies*, Nikos Mourkogiannis cita uma pesquisa de liderança de executivos corporativos, conduzida em 2004 pelo Aspen Institute e Booz Allen Hamilton, que confirmou uma conexão entre a performance financeira e valores, "mostrando que os líderes financeiros eram mais propensos a apresentar valores explícitos por codificar ou articulá-los".

Quando perguntamos a um cliente o que era importante para ele, ele respondeu com uma lista clássica: família, trabalho árduo, fazer a diferença, servir outras pessoas. Assim como nosso cliente, muitos de nós enumeramos automaticamente: "Minha família é a coisa mais importante em minha vida. Contribuir com o bem-estar do menos afortunado é primordial. Orientar meus funcionários é alta prioridade". Bem, todos eles parecem bons, e são dignos de alta consideração. *Porém, eles são realmente seus valores mais importantes?* Ou você os adotou cegamente a partir de seu ambiente? Embora sejamos relutantes em admiti-lo, nossos valores verbalizados são frequentemente uma reflexão do que nossa família acredita, o que nossa empresa afirma que é importante, o que o livro de negócios declara. Entretanto, *nossos valores autênticos e o sentido do significado* são mais profundos do que isso. Os valores autênticos são forjados nos traumas e privilégios de nossa única história de vida.

Enquanto eu realizava o *coaching* a Michael, um líder altamente eficaz, aprendi que superficialmente ele era um grande comunicador. Ele era articulado, direto e claro. Em qualquer situação, ele era demasiadamente educado.

Para sua surpresa, ele recebeu um *feedback* de que as pessoas não confiavam nele. Essa informação não veio por meio de poucas pessoas, mas muitos colegas e membros da equipe, pessoas decisivas ao seu sucesso. A notícia foi um completo choque para ele. Pensando em seu *feedback*, ele disse: "Eu trabalho duro em minhas habilidades de comunicação e minhas intenções são boas. O que está errado?"

Para ajudar Michael a descobrir a resposta, começamos a examinar como as pessoas o percebiam, e como ele percebia a si mesmo. Afinal, foi claro. Sob stress ou crise, Michael não inspirava e mudava as pessoas. Quanto mais a crise esquentava, mais polida e desconectada sua comunicação se tornava. As pessoas não conseguiam conectar-se com ele. Elas não compreendiam o que ele pretendia, o que ele considerava importante e obrigatório. Como resultado, elas não confiavam nele. Elas sentiam que ele era tranquilo, astuto e calmo, mas ele não era verdadeiro. Ele não estava esboçando nada significativo e verdadeiro em sua história de vida.

> *A maior coragem é ousar parecer ser o que é.*
>
> John Lancaster Spaldingi

Michael percebeu que ele não poderia ser um líder mais autêntico e inspirador simplesmente refinando suas habilidades de apresentação; ele tinha de refletir profunda e honestamente sobre o que era importante para ele. Após um trabalho intensivo mostrando suas mais relevantes e profundas experiências de carreira e de aprendizado de vida, ele começou a se conectar com seus valores mais profundos e a compartilhar histórias verdadeiras – *a linguagem de liderança* – para enfatizar sua mensagem. Em uma crise, ele compartilhou uma história sobre uma falha em seu primeiro trabalho e o que ele havia aprendido sobre ultrapassar obstáculos. Enquanto relatava o conselho de seu sábio pai sobre como gerenciar uma empresa familiar, ele interrompeu inesperadamente a história pela metade. Ele começou a mostrar-se como uma pessoa íntegra e as pessoas corresponderam. Mais seguro, Michael reconstruiu a confiança, tijolo por tijolo, valor por valor, história por história.

> *Se não expressar suas próprias ideias originais, se não ouvir o seu próprio ser, você terá traído a si mesmo.*
>
> Rollo May

REFLEXÃO
VALORES PRINCIPAIS

Lembre-se do que é importante para você baseado nas lições de suas experiências de vida que o impressionaram. Essas questões e declarações o ajudarão a considerar o que você acredita como um líder e quais são seus reais valores. Reflita sobre eles e escreva suas respostas em uma folha de papel, em um bloco de notas ou na agenda.

1. O que sua vida o ensinou sobre o que é precioso e valioso?

2. Quais traumas e perdas em sua vida o ensinaram sobre o que é mais importante?

3. Quais privilégios de sua vida o ensinaram sobre o que é valor?

4. Para que vale a pena arriscar a sua vida?

5. _____ me dá o maior significado na minha vida ou trabalho.

6. Em resumo, meus valores principais – o que eu valorizo e dou importância como pessoa/líder – são:

REVELANDO O PROPÓSITO PRINCIPAL

Você se lembra do Michael? Nós o ajudamos também a recuperar seu propósito principal – como seus dons servem às necessidades dos outros. A princípio, esse caminho era uma ideia alheia. "Eu apenas faço meu trabalho e obtenho resultados!", ele insistia. "Porém, como você traz todo o seu eu interior realizando seu trabalho e obtendo resultados?", eu pressionei. "Qual é a sua contribuição única e significativa?" Após ter mostrado a ele o quadro das cinco vidas de fantasia que ele gostaria de viver, ele questionou a característica comum dessas vidas e elucidou seu propósito principal: *Aplicar o* insight *e a visão para realizar novas possibilidades.* Quando ele definiu conscientemente seu propósito principal, sua realização foi deslumbrante. Podíamos sentir na sala – uma profunda e reverente clareza sobre quem ele realmente era. Com essa consciência ampliada, olhamos para cada área de sua vida – família, carreira, envolvimento comunitário, a si mesmo – e analisamos quão alinhado ou desalinhado seu propósito principal estava com cada área.

Para a surpresa de Michael, seu propósito principal tinha o alinhamento ou aplicação inferior a ele mesmo. Então, o trabalho real foi ampliar sua própria conexão ao seu propósito principal de modo que ele pudesse trazer mais de seu "Eu", o poder da palavra em sua liderança. Como ele poderia ser mais corajoso em realizar mais possibilidades? Como ele poderia ser mais perspicaz e visionário em seu desenvolvimento? Como ele poderia perceber novas possibilidades nos caminhos que ele mostrou em sua própria vida? À medida que ele fazia o trabalho de alinhamento pessoal, uma base era construída para produzir seu propósito principal em todos os aspectos de sua vida. Mais adiante, ele comentou em uma sessão de *coaching*: "O propósito principal é como minha bússola. Ele ajuda a apontar para toda minha energia, comportamentos e decisões na direção correta".

O propósito principal é o "norte verdadeiro", como Bill George nos diz, que mantém nossas decisões de carreira e de vida em harmonia com nossos talentos, valores autênticos e contribuição significativa. Quando consideramos o propósito em nossas vidas, confundimos frequentemente o "que" com o "como". Perguntamos a nós mesmos: "O que eu vou ser quando crescer?" A resposta que estamos procurando é uma descrição de trabalho – médico, advogado, empresário –, não um estado de ser – sábio, ativo, compassivo, pacífico. Mais tarde, queremos saber o que faremos quando nos aposentarmos. Sempre focalizando em manifestações externas, podemos perder a base do propósito. Para encontrar tal base, precisamos perguntar, "Como eu vou fazer a diferença agora... quando eu crescer... e quando eu me aposentar?"

> *Eu dormi e sonhei que a vida era alegria,*
> *Eu acordei e vi que a vida era trabalho,*
> *E agi como se o trabalho fosse alegria.*
>
> Tagore

Há pouco aprendi uma lição valiosa nessa dinâmica em uma definição inesperada. Em nosso escritório, nossas salas e banheiros são limpos diaria-

DOMÍNIO DO PROPÓSITO
71

mente por uma jovem mulher, recém-chegada da África, que estava sempre bem vestida com uma roupa colorida de seu país nativo. Eu sempre me impressionava pelo prazer em que ela se dedicava às suas funções aparentemente comuns. Uma noite ela estava cantando alegremente uma linda música enquanto trabalhava. Aproximando-se dela no corredor, eu comentei: "Você realmente ama seu trabalho, não é?" Seu corpo endureceu e ela ficou muito séria: "Senhor, eu *não amo* lavar banheiros". Então, com o coração suave e caloroso ela disse: "Eu *amo enquanto* eu limpo os banheiros!"

Eu me senti abençoado de ser aconselhado por tal mulher sábia, e seu conselho me fez lembrar de uma história maravilhosa. Havia um líder de um importante monastério na China que era conhecido por sua proposta de ensino. Entretanto, em vez de ministrar palestras às pessoas e se perder em teorias e conceitos, ele demonstrava sua intenção varrendo os degraus do monastério com todo o seu ser. As pessoas vinham até a entrada perguntando sobre o líder do monastério, e o "varredor" dizia: "O professor está ensinando agora". Uma vez que a maior parte dos aspirantes estava focada em olhar algo externo, "o professor", eles raramente reconheciam que todo aquele ensino e significado estavam presentes em como o varredor se aproximava de seu trabalho e vida.

O propósito está presente em *como nos mostramos* em qualquer atividade que nos engajamos. O livro de Jimmy Carter, *Beyond the White House: Waging Peace, Fighting Disease, Building Hope*, abre com uma história magnífica sobre isso. Durante uma entrevista, Barbara Walters pediu ao ex-presidente para identificar o período em sua vida que foi o "melhor". Após alguns instantes, o presidente Carter replicou, "De longe, meus melhores anos são esses que estou me divertindo agora, desde que Rosalynn e eu deixamos a Casa Branca". Fiquei surpreso ao saber que o importante para uma pessoa era não pensar que ser o presidente era o auge de sua carreira e contribuição. Quantos de nós estamos perseguindo títulos e reconhecimento em detrimento do propósito? Jimmy e Rosalynn Carter são exemplos excepcionais de pessoas extraordinárias, que vivem suas vidas todos os dias, autêntica e profundamente conectados aos seus propósitos independentemente do título, posição ou reconhecimento. Eles lideram a partir de quem são; eles lideram a partir de seu propósito principal. Como você vai se mostrar como líder? Você está ensinando os outros sobre como as coisas devem ser, ou você está liderando intencionalmente pelo exemplo? É somente parte do seu ser em seu trabalho, ou você está completamente presente em como você lidera?

O propósito não é um objetivo a ser definido. Não é algo a ser criado. Não é alguma "grande ideia" que surja. É algo que descobrimos. O propósito está presente todo o tempo e esperando por nós. É nosso dever, nosso papel na vida; é o que nos preparamos para expressar. Em *Syncronicity – The Inner Path of Leadership*, Joseph Jaworski escreve: "É o convite ao trabalho, dando à nossa vida algo maior do que nós mesmos, o convite para se tornar aquilo que foi destinado a se tornar – o convite para atingir nosso projeto vital". Se ignorarmos esse convite, nenhum sucesso externo poderá completar-nos.

As implicações em descobrir o propósito vão além de nossa profissão ou carreira. Elas impactam tudo em nossa vida. Um de nossos clientes descobriu que seu propósito de vida era "usar sua influência e dons de aconselhamento para ajudar as pessoas". Enquanto esse propósito puder influenciar potencialmente todos os tipos de carreira provenientes do ensino, de consultoria, de associações profissionais, de grupos sem fins lucrativos, ou de empresas em geral, isso impactará também em sua vida pessoal, espiritual e comunitária. O propósito é um amplo contexto que integra tudo em nossas experiências. Ele é o *fio condutor* que impulsiona e conecta as experiências divergentes da vida.

> *Cada vez mais, as pessoas têm hoje os meios para viver, mas não o sentido para viver.*
>
> Victor Frankl

Jack Hawley escreve em *Reawakening the Spirit in Work*: "Nosso sentido de vida é mover-se para cima". O propósito é interior, aquele lugar onde nossos talentos, valores e espírito residem. Ele está todo o tempo esperando por nossa chegada. Nós estamos tão ocupados "vivendo nossa vida para baixo" que custa até mesmo notar.

"MOVENDO-SE PARA CIMA" PARA O NOSSO PROPÓSITO

Há alguns anos, trabalhei com uma cliente que percebeu que estava vivendo abaixo de sua expectativa. Ela entrou em meu escritório de mau humor e depois me disse abruptamente: "Ingredientes para o bolo não dão qualquer significado para a minha vida!" Pega de surpresa, eu comecei a rir. Ela não se

DOMÍNIO DO PROPÓSITO   73

entreteve e disse: "É sério, eu costumava amar meu trabalho, mas agora não parece ser importante para mim". Após ter trabalhado com ela por um período, ela começou a explorar os conteúdos de seu "nível superior". Centrada em torno de sua descoberta, "usar seus dons inovadores e conceituais para enriquecer e nutrir as vidas das pessoas". Ela estava "vivendo em um nível inferior" há muito tempo de modo a pensar realmente que os "ingredientes do bolo" costumavam dar significado à sua vida! Seu propósito se tornou obscurecido pelo foco de seu dia a dia. Quando ela finalmente descobriu seu propósito – enriquecer e nutrir pessoas por meio de inovações –, sua atitude sobre seu trabalho mudou, sua criatividade retornou e sua performance se elevou. Sua vida já não era mais "ingredientes de bolo"; era uma força criativa para desenvolver a vida das pessoas. Essa realização permeou a situação de toda sua vida, e todos os próximos a ela sentiram sua renovação.

MERGULHANDO ABAIXO DA SUPERFÍCIE DO NOSSO PROPÓSITO

Infelizmente, a maioria das pessoas tende a limitar o propósito visualizando somente algo externo. Para compreender realmente o valor do propósito, precisamos mergulhar abaixo da superfície.

Certa vez, trabalhei com um presidente de uma grande empresa localizada na Ásia que estava lutando com o propósito e significado em sua vida. Embora ele tivesse fortes valores familiares e outros interesses, tinha dificuldade para compreender seu propósito de vida como algo maior do que sua carreira. Em toda a sua vida ele aspirou atingir seu objetivo profissional. Ao longo do caminho, ele fez muitos sacrifícios pessoais para atingi-lo. Agora que havia atingido seu "propósito", ele dizia a si próprio: "É isso?"

Embora meu cliente tivesse uma vaga sensação que devesse ser mais do que seu objetivo alcançado, não conseguia explicar o que era. Em uma de nossas sessões, perguntei a ele: "O que acontece quando uma empresa se define por seus produtos e resultados em vez de suas competências e valores fundamentais?" Ele respondeu imediatamente: "Bem, ela eventualmente morre porque, assim como seu mercado local muda, seus produtos se tornam obsoletos". Então, eu disse: "O que acontece com a empresa que se define por seus valores principais e capacidades?" Ele rapidamente respondeu: "Ela prospera porque se adapta continuamente ao mercado mutável". Então, eu disse: "Que tipo de 'empresa' você é?" Ele imediatamente se tornou consciente de como sua definição externa estava o limitando. Ele percebeu que seu propósito era mais do que simplesmente atingir o próximo objetivo profissional. Sua paixão era mais profunda do que isso. Era ajudar as pessoas a se desenvolver e crescer. Toda a sua vida pessoal e profissional havia demonstrado essa paixão. Eram as "lentes" por meio das quais ele via toda sua vida. Era presente em sua família, em seus relacionamentos *e* em seu trabalho. Ele cresceu para compreender que o propósito era mais amplo do que seus objetivos. Era o alicerce em que ele havia construído em sua vida.

O PROPÓSITO É MAIOR E MAIS PROFUNDO DO QUE NOSSOS OBJETIVOS

Com que frequência você ouviu alguém dizer sobre pessoas extraordinárias, "Ele nasceu para fazer isto. Ela nasceu para fazer aquilo"? É como se o "assunto" fosse seu único objetivo, sua única razão de ser. O que acontece quando o "assunto" é realizado ou a carreira acaba? Isso significa que a pessoa não tem mais um propósito? Essas pessoas então são dispensáveis da vida? *O propósito é o fluxo da vida por meio de nós que serve a tudo o que toca.* Às vezes, podemos inibir ou ignorar este fluxo, mas ele está sempre lá buscando expressão. Como ele se manifesta depende de nossa habilidade de abri-lo e das circunstâncias particulares que podemos enfrentar no momento. O propósito é constante. A manifestação do propósito está sempre mudando.

> *O homem pode enfrentar tudo se ele tiver um grande e suficiente por que.*
>
> Frederick Nietzche

Uma vez tive um cliente que me perguntou: "Como eu posso falar sobre a diferença entre o comportamento dirigido à obsessão ou à compulsão e ao comportamento dirigido ao propósito? É difícil falar deles isoladamente". O propósito libera energia. Quanto mais alto o propósito, maior a energia. O propósito também nos liberta. Quanto mais profundo o propósito, maior a sensação de liberdade. O propósito abre possibilidades. Obsessão ou compulsão drenam nossa energia e vinculam a nossa própria atividade. Quanto menos divertimento, menos energia e menos liberdade são os resultados. Quando observamos o comportamento passional e focado das pessoas, às vezes, pode ser difícil saber se o observado está sendo passionalmente

DOMÍNIO DO PROPÓSITO

obsessivo ou passionalmente proposital. Se o comportamento estiver adicionando energia, divertimento e satisfação a eles e aos outros, então está vindo de um local proposital. Nas palavras de Milahy Csikszentmihalyi:

> "O fluxo eleva o curso da vida para um nível diferente. A alienação dá lugar ao envolvimento, o divertimento substitui o tédio, o desamparo transforma-se em um sentimento de controle, e a energia psíquica funciona para reforçar o autossenso, em vez de estar perdido no trabalho em objetivos externos. Quando a experiência é intrinsecamente recompensadora, a vida será justificada no presente, em vez de ser refém de um hipotético ganho futuro."

CONECTANDO O INTERIOR COM O EXTERIOR: PROPÓSITO, AUTENTICIDADE E CONGRUÊNCIA

Quando olhamos a vida das pessoas altamente eficazes e as empresas de criação de valores, normalmente há um tema em comum. Sua razão de ser é mais clara do que elas. Nesse contexto, o sentido do significado, o amor pelo que fazem, frequentemente direciona seu sucesso. Quando estamos mais certos do que acreditamos, o que é verdadeiramente importante, então, é muito mais difícil sermos impedidos de atingir nossos objetivos. As realizações vêm naturalmente pelo produto de nossa conexão como o propósito.

Nosso mundo foi construído como um soberbo romance; perseguimos o conto com avidez, desejando descobrir o enredo.

Sr. Arthur Keith

Bob Eichinger e Michael Lombardo, cofundadores da Lominger International, nos dizem que "muitas pesquisas têm mostrado que as empresas com missões sólidas e visões inspiradoras são as melhores do mercado. Missões e visões sólidas motivam e orientam as pessoas como distribuir seu tempo e fazer escolhas". Em *Good to Great*, Jim Collins escreve sobre a preservação que ele denomina "ideologia principal", a combinação de valores principais e propósito principal como uma característica permanente das empresas que passaram "do bom ao excelente". Collins explica que não há necessariamente valores "certos" ou "errados", porém há a necessidade de tê-los e mantê-los.

O propósito principal, uma "razão de ser além de ganhar dinheiro", é o parceiro dos valores principais. "Grandes empresas duradouras preservam seus valores e propósitos principais enquanto suas estratégias de negócios e as práticas operacionais se adaptam infinitamente ao mundo mutável".

Entretanto, se qualquer empresa, especialmente uma em crescimento acelerado, for capaz de manter seus valores e propósitos tão sólidos quanto uma pedra, seu líder deverá ser capaz de compreender e articular na observação do momento de seu propósito principal. Howard Schultz, CEO da Starbucks, avisa:

> "Qualquer que seja sua cultura, seus valores, seus princípios fundamentais, você deve seguir os passos para demonstrá-los na empresa desde o início de sua vida, para que eles possam orientar cada decisão, cada contratação, cada objetivo estratégico que você definiu. Se você for CEO ou um funcionário de nível inferior, a coisa mais importante que você faz no trabalho a cada dia é comunicar seus valores aos outros."

REVELANDO O FIO CONDUTOR DO PROPÓSITO

Você pode pensar que para mim "essa coisa de propósito" já está toda resolvida. Na realidade, o único fato que sei com certeza é que se trata de uma jornada sem fim. Muitos anos atrás eu fui convencido sobre o conceito do propósito, já que meu próprio propósito não estava claramente cristalizado. Comecei a ouvir meus próprios conselhos. Mais e mais eu perguntava para mim mesmo sobre questões cruciais: "Pelo que estou apaixonado? O que eu busco na vida profissional? Quais são os meus dons? O que mais energiza a mim e aos outros?" Repetidamente, eu investiguei essas questões.

Ao longo do tempo, os vislumbres dessa "coisa" elusiva, chamada propósito, emergiram. Às vezes, em um momento silencioso algum *insight* vinha. Outras vezes, enquanto eu estava trabalhando, eu sentia essa presença de energia. Ocasionalmente, uma visão rápida aparecia em um relacionamento pessoal. Passados alguns meses, eu comecei a entender isso mais claramente. Certo dia, eu estava correndo ao longo da minha favorita trilha arborizada ao lado de um riacho. Eu não estava tentando resolver nada, porém meu "fio condutor" estava rolando assim como fios jogados pelo chão. Esse "fio" pa-

DOMÍNIO DO PROPÓSITO 77

recia conectar todas as experiências significativas da minha vida: Quando eu estava buscando minha formação na psicologia, ensinando as pessoas a meditar, sendo um consultor profissional, um *coach* executivo, escrevendo ou falando, era sempre sobre uma coisa: *usar presença, paixão e propósito para ser um catalisador do crescimento.* O *insight* foi tão claro que ele me fez parar em meu caminho. Absorvido com o poder da realização, eu assimilei esse "fio conectado". Foi um momento decisivo. Meu propósito sempre foi operacional, entretanto, o poder daquele momento me trouxe à consciência. A partir daquele instante, minha vida teve um contexto mais consciente. As decisões não pareciam mais ambíguas ou reativas. Eu comecei a compreender por que eu fazia as coisas que estava fazendo e como eu estava expressando meus talentos para dar minha contribuição. Minha razão de ser – minha razão de liderar – estava começando a ter foco.

Um líder com propósito oferece às pessoas uma razão para vinculá-las a algo muito maior do que elas mesmas; um líder sem propósito pode ter o poder relativo à posição, porém faltam autênticos seguidores. O propósito principal é o impulso profundamente semeado que todos nós temos para fazer a diferença. Quando alinharmos o nosso propósito, nossa palavra será forte, nossa energia ficará ótima, nossos dons serão manifestados e nosso trabalho se tornará apaixonante.

SEIS MIL DIAS

Enquanto liderava a formação de uma equipe na Europa no ano passado para fomentar uma cultura mais positiva em uma empresa global, o CEO havia organizado para o grupo uma visita a um monastério tibetano. O grupo estava um pouco relutante, porém o monge era muito amável. Ele nos agradeceu, nos fez sentar em uma sala de meditação, e imediatamente nos engajou em uma provocante conversa, embora eu já tivesse aprendido com grandes professores, estava despreparado quando ele me escolheu no início do discurso e me perguntou: "Quantos dias você tem deixado de viver?" Eu fiquei atordoado com a profunda questão, porém surpreendentemente a resposta reluziu em minha mente. "Seis mil", eu disse. O monge replicou: "Isso parece estar correto. Então, se você ainda tiver 6 mil dias pela frente, você vai quer desperdiçar um deles? Você quer desperdiçar qualquer um desses dias em frustração, raiva ou em viver sem um propósito?" A força, a profundidade e a relevância pessoal de sua questão existencial simultaneamente me perturbaram e me inspiraram a um estado reflexivo da mente, em que fui "forçado" a combatê-lo. Isso me fez lembrar como uma questão poderosa pode mudar nossas vidas... e quão precioso é cada momento da vida.

Alex Gorsky, presidente da Ethicon Company Group, uma unidade de negócios da Johnson & Johnson, compartilhou sua própria história pungente sobre o significado de não desperdiçar tempo. Quando jovem cadete na academia militar, Alex estava sentado no auditório com seu colega durante sua orientação enquanto o reitor da academia se dirigiu a todo grupo. Ele disse aos cadetes do primeiro ano: "Alguns de vocês terão sucesso. Alguns falharão. O que fará a diferença é como você utiliza seu tempo excedente". Pare um momento e pense como você está usando seu tempo excedente. Lembrando da quantidade limitada de tempo que realmente temos, uma tensão positiva surgiu, nos impulsionando a fazer algo significativo, algo fundamentado em serviço. A questão desafiadora do monge me seguiu por dias e ainda circula dentro de mim, justamente como faz o conselho do reitor. Ambos me lembram de não desperdiçar um dia... de propósito.

> *O que há atrás de nós e o que há diante de nós são questões minúsculas comparadas com o que há dentro de nós.*
>
> Oliver Wendell Holmes

Reserve um pequeno tempo agora para fazer a você mesmo a mesma questão que o sábio monge me fez: "Quantos dias você tem deixado de viver?" Calcule exatamente e chegue a um número. Agora, pergunte-se: "O que eu quero fazer com os dias que ainda tenho pela frente?" Qual é a estratégia estimulada ao propósito de como você liderará e viverá esses dias?

O propósito principal delimita toda nossa vida e experiências profissionais em um conjunto significativo. Quando compreendemos o propósito, todas as experiências desafiadoras de nossas vidas servem para forjar a identidade, o caráter e o significado. Embora a vida possa ser desafiadora, cada experiência se torna nosso mestre; e cada desafio, uma oportunidade por meio do qual aprendemos e vivemos mais intencionalmente. Quando nos falta propósito, as circunstâncias imediatas dominam nossa consciência e escurece nossa razão de ser. A vida tende a perder a conexão com sua natureza verdadeira. Teilhard de Chardin escreveu: "Não somos seres humanos que

DOMÍNIO DO PROPÓSITO 79

têm uma experiência espiritual. Somos seres espirituais que têm uma experiência humana". O propósito é o espírito buscando expressão; a consciência que nos permite enxergar nossa vida mais claramente de dentro para fora.

Você pode estar pensando que tudo isso parece um pouco abstrato e esotérico. Entretanto, o propósito principal pode ser mais prático, a conexão útil a uma vida eficaz e a uma empresa bem-sucedida. Frequentemente, isso é a variável mais importante em eficácia pessoal e de liderança. O propósito é transformador e converte as empresas de desempenho médio, equipes, famílias e relacionamentos em empresas altamente espirituosas e eficazes. Isso transforma funcionários, membros da equipe, cônjuges ou amigos em parceiros. Com propósito, os gerentes se tornam líderes. Com propósito, entretanto, nós não nos tornamos somente líderes das empresas; tornamo-nos líderes da vida.

OITO PONTOS PARA O DOMÍNIO DO PROPÓSITO

Mantenha os seguintes princípios em mente assim que começar a liderar com propósito:

1. *Entre em contato com o que é importante para você:* os valores são as diretrizes do propósito. Compreender o que é importante, o que dá significado à nossa vida, é a bússola para encontrar nosso propósito. Se você tiver problema em identificar o que realmente é importante para você, preste atenção no que energiza e excita você, no que expande seus limites e lhe traz felicidade. Em vários aspectos de sua vida, você enfrentará um sentimento de vazio que deve ser preenchido com algo mais, algum significado mais profundo. É nesse momento que você precisa mergulhar profundo em suas experiências para descobrir seu propósito buscando expressão. Seu propósito pode estar chamando, porém não ouvi-lo criará a "imprecisão".

2. *Atue no propósito:* a maioria das pessoas tem um senso intuitivo sobre seu propósito na vida. Infelizmente, as pessoas o tratam como "sonho" e nunca visualizam como "prática". Seguir seu sonho é a coisa mais prática que você pode fazer possivelmente com sua vida. Porém, você deve ter compromisso. O compromisso liga seu propósito interior à sua ação exterior. Da-

80   LIDERANÇA AUTÊNTICA

vid Prosser, presidente da RTW, compartilhou isto comigo: "Quando seus compromissos estiverem alinhados com seu propósito, então, grandes coisas acontecerão". Comprometer-se em perseguir seu propósito combinará energias e potencialidades internas que você não sabia que possuía. David Whyte explica: "Devemos tomar qualquer passo em direção ao nosso destino por meio da ação criativa... o universo nos retornará, percebendo que estamos lá, vivos e deixando nossa marca". Quando você enfrenta as dúvidas que inibem sua ação, duvide de suas dúvidas e confie em seus sonhos.

3. Encontre o propósito principal da equipe: enquanto o propósito pessoal for transformador para os líderes, o propósito da equipe será poderoso para toda a empresa. Uma vez que você deixa claro como seus dons fazem a diferença, considere engajar sua equipe em um exercício similar. Quando o propósito da equipe é orientado a resultados, grandes coisas acontecerão.

> *O Propósito ainda é o ponto – é o centro pacífico do qual toda liderança dinâmica gira.*
>
> Rob Hawthorne

Qual é propósito principal da sua equipe? Quais são as diferenças distintas de seu grupo? Qual é o grande impacto, o grande serviço, a grande diferença, que você vai alcançar coletivamente? Imagine uma equipe de líderes que tornam possíveis seus propósitos principais individuais e que tornam possível a conexão significativa de seus talentos e valores com seus colegas, com a empresa e com seus clientes. Parece um lugar ideal para estar? Isso pode ser sua equipe. Conecte seu propósito individual à missão da empresa, e uma tremenda energia e compromisso serão liberados.

4. Não erre o caminho para o objetivo: seja cuidadoso em não adotar simplesmente visões de outras pessoas como seu propósito. Muito frequentemente, as pessoas exteriorizam as últimas tendências de desenvolvimento pessoal, o ensinamento espiritual ou o gerenciamento da teoria do guru em uma prática dogmática, inflexível e restrita. Isso é errar o caminho para o objetivo. Buscar seu propósito é encontrar sua essência ou vocação na vida, não apenas adotar os sistemas de crença de alguém mais. Os programas de desenvolvimento pessoal, crenças religiosas e grandes professores são os

DOMÍNIO DO PROPÓSITO

caminhos, as técnicas, não o objetivo. Seja cuidadoso com programas ou sistemas que impõem crenças a você, criando assim mais dependência e exteriorização de seu eu verdadeiro. Se o processo valorizar sua singularidade, individualidade e o caminho pessoal, isso poderá ser útil. Lembre-se sempre de que o programa ou a prática, não importando como estimular ou realizar, é a técnica – não o objetivo. A essência do domínio do propósito é descobrir como seus dons podem servir algo maior do que você.

5. Foco no serviço: o propósito sempre serve – é a maneira como usamos nossos dons para fazer a diferença no mundo. O propósito não é propósito sem agregar valor aos outros. Não é autoexpressão para seu próprio objetivo; é autoexpressão que cria valor para aqueles ao seu redor. Portanto, afine seus dons, porém não pare aí. Tenha foco em expressar seus dons para melhorar a vida de alguém e tudo o que você toca.

6. Esteja intencionalmente em todos os domínios: com muita frequência, podemos estar intencionalmente em um domínio de nossa vida e não em outro. Podemos estar intencionalmente no trabalho e não muito em casa, ou podemos estar intencionalmente nos relacionamentos, mas não em nosso trabalho. Uma vez que você perceba como seus dons podem fazer a diferença, então, examine o grau em que você está sendo intencional em todas as partes de sua vida. Enxergar essas lacunas do propósito pode revelar nossos desafios de crescimento. Muitos líderes intencionais perderam o senso de propósito porque eles não estão usando seus dons em sua vida pessoal, ou porque eles não estão expressando completamente seus valores mais

> *Você quer liderar com propósito? Sirva com todo o seu coração.*
>
> Joe Eastman

profundos em seu trabalho. A congruência de propósito em todos os domínios de nossa vida é a aspiração do domínio do propósito.

7. Aprenda com os fracassos: fracasso é um rótulo subjetivo que aplicamos para as experiências não pretendidas ou inesperadas. Geralmente, somos relutantes ou incapazes de integrar essas experiências em um contexto significativo. Um ponto vantajoso do domínio do propósito é que o fracasso não existe. É a vida tentando ensinar-nos novas lições ou tentando apontar novas direções. Assim como Warren Bennis escreveu em *On Becoming a Leader*, "Em toda viagem há um tesouro". Porém, devemos estar abertos assim como "viajamos". A próxima vez que você experimentar algo que não pretendia ou esperava, pergunte-se: "O que eu devo aprender com isso?" Quando estamos vivendo a vida com propósito, cada experiência de vida nos ajuda a resolver o hieroglífico do significado. Nas palavras de Emerson, "O mundo se torna um dicionário aberto".

8. *Seja flexível:* o *insight* verdadeiro dentro de nosso propósito pode ser um tema recorrente que conecta esferas divergentes de nossa vida. Assim como uma orquestra que interpreta uma sinfonia, a expressão de nosso propósito mudará. Por exemplo, o propósito real de alguém na vida pode ser orientar e educar os outros. Em estágios diferentes do ciclo de vida, isso será expresso diferentemente – como uma criança, um parente, um profissional e uma pessoa aposentada. Precisamos ser flexíveis, nos abrir para o processo de expressar nosso senso interior de propósito em muitas regras diferentes e circunstâncias da vida.

DOMÍNIO DO PROPÓSITO

PLANO DE DESENVOLVIMENTO
DE LIDERANÇA
DOMÍNIO DO PROPÓSITO

É hora de retomar, capture alguns *insights* e compromissos que podem fazer a diferença verdadeira em sua vida e em sua liderança. Assim que fizer isso, pergunte-se: "Como eu posso trazer adiante meus talentos e valores para fazer uma diferença maior?"

1. Áreas para construir consciência:
   - _____
   - _____
   - _____

2. Novos compromissos a fazer:
   - _____
   - _____
   - _____

3. Novas práticas a começar:
   - _____
   - _____
   - _____

4. Obstáculos potenciais:
   - _____
   - _____
   - _____

5. Cronograma e medidas de sucesso:
   - _____
   - _____
   - _____

CAPÍTULO TRÊS

DOMÍNIO INTERPESSOAL

Liderando por meio de Sinergia e Serviço

Martin era um executivo incrivelmente privilegiado; seu talento e inteligência eram evidentes em tudo que fazia. Nos estágios iniciais de sua carreira, suas habilidades cognitivas e intelectuais o ajudaram a se sobressair em muitos desafios e em atribuições complexas no mundo todo. À medida que suas realizações avançavam, Martin começou a acreditar em "seu taco" e internalizou a crença de que "ele era a pessoa que fazia as coisas acontecerem em sua empresa". Martin começou a perder o contato com a sinergia que estava sustentando seu sucesso. Ele pensava que era o impulsionador, mas na realidade sua equipe era quem criava e apoiava seu sucesso. Gradualmente, seus relacionamentos e a dinâmica da equipe começaram a se tornar tensos, e ele não conseguia entender o porquê. Para ajudá-lo a quebrar sua visão autolimitada, pedimos a ele para esboçar cada evento-chave em sua vida ao longo dos últimos anos enfocando as pessoas que participaram de cada evento. Não levou muito tempo para ele reconhecer a *teia de interdependências que estava apoiando seu sucesso.* Ele se tornou consciente das iniciativas que ele teve crédito e para as quais ele precisava, agora, reconhecer outras pessoas. Martin estava abrindo caminho ao poder pessoal com a força da sinergia para melhorar sua contribuição.

Em um estudo com 6.403 gerentes de nível médio e superior, conduzido pela Foundation for Future Leadership, homens e mulheres receberam suas avaliações *mais altas* por suas competências intelectuais. Os dois grupos também receberam suas marcas *mais baixas* por suas competências interpessoais. Embora as mulheres tivessem notas mais altas do que os homens em habilidades de comunicação em geral, as tendências relativas foram as mesmas. Os dois grupos obtiveram notas mais altas em suas habilidades intelectuais e de controle e mais baixas em suas habilidades interpessoais. Esse

86 LIDERANÇA AUTÊNTICA

estudo valida precisamente o que temos visto enquanto *coach* de líderes ao longo dos últimos 30 anos – os líderes devem expandir suas competências desde obter resultados até agregar valor por meio da colaboração. Em seu livro, *The Extraordinary Leader*, John Zenger e Joseph Folkman relatam os resultados da pesquisa baseados em 400.000 avaliações 360° que mostram que os líderes mais bem-sucedidos possuem múltiplas forças ou "combinações poderosas" de competências. Em seu estudo de combinação de competências, 66% dos líderes de topo que possuem habilidades de foco em resultados e interpessoal estavam no nonagésimo percentil em termos de eficácia em liderança. Entretanto, 13% dos líderes com foco em resultados estavam sozinhos no nonagésimo percentil e 9% dos líderes com habilidade interpessoal estavam sozinho no nonagésimo percentil. Essas dramáticas estatísticas nos apontam para a seguinte equação: *competências em resultados + competências interpessoais = alto desempenho de liderança.*

DOIS FLUXOS PRINCIPAIS DE DESENVOLVIMENTO DE LIDERANÇA

A pesquisa de Zenger e Folkman ilustra o que encontramos mundialmente no mercado com nossos clientes. Parece haver dois fluxos principais de desenvolvimento de liderança. Essas duas abordagens são potencialmente excelentes em obter resultados. Uma dessas abordagens de liderança é extremamente difícil de conduzir e convincente, com um forte senso de poder pessoal – em resumo, o "Eu" líder que obtém resultados. Esses líderes não têm problema em declarar seu poder da palavra, às vezes mesmo em detrimento do moral. Esse tipo heroico de líder necessita tornar-se mais colaborativo e relacional para trazer resultados ao próximo nível. Em geral, este tipo de liderança de difícil condução produz seus efeitos nas outras pessoas. Os funcionários ficam desgastados e drenados. Eles questionam seu propósito e se o dinheiro vale a pena ou não. Esse tipo de líder precisa ser mais receptivo e desenvolver mais a conexão autêntica.

> *Lembre-se de que a existência consiste unicamente em sua possibilidade para relacionamentos.*
>
> Medard Boss

DOMÍNIO INTERPESSOAL

A outra abordagem de liderança é mais conectada interpessoalmente. Esses líderes são fortemente colaborativos e sinérgicos, e seu senso de "Nós" ou poder de conexão é tão forte que eles podem não colocar apropriadamente o suficiente de seu próprio poder da palavra ("Eu") quando solicitados. Esses líderes precisam tornar-se mais vigorosos e corajosos em expressar sua influência autêntica.

Nas empresas há um debate oculto em andamento, ou o que pode ser chamado de batalha cultural, entre os proponentes de um fluxo de liderança ou de outro. É dito que precisamos de mais vantagem competitiva, desempenho direcionado, líderes orientados ao "Eu", que insistem em seu poder da palavra em obter resultados. Por outro lado, as pessoas afirmam

> *Se atribuirmos mais importância ao que as pessoas acreditam do que sabemos ser a verdade – se valorizarmos o ter acima do ser –, não alcançaremos autenticidade.*
>
> Nathaniel Branden

que precisamos de mais liderança orientada a "Nós", orientada à equipe para obter maior desempenho. Acredita-se que seríamos melhores se os líderes dirigidos à vantagem competitiva meramente voltassem atrás e se conectassem mais. Baseado na pesquisa e no que vimos com nossos clientes, não há realmente fundamentos para esse debate. Se aspirarmos a uma liderança verdadeira, de classe mundial, precisaremos desenvolver os dois fluxos, o poder da palavra "Eu" e o poder de conexão "Nós". A pesquisa de Zenger e Folkman constatou isso de forma muito clara. Se formos fortemente ponderados em nosso poder pessoal e em desempenho, teremos de trabalhar em "Nós". Analogamente, podemos exercitar o "Eu" quando sentirmos que é necessário expressar um ponto de vista forte, e o "Nós", quando for necessário aprimorar a conexão para sustentar a desempenho. O que você precisa fazer a mais, a menos ou diferente em relação a esses dois fluxos de desenvolvimento? Você precisa desenvolver mais o "Eu" ou mais o "Nós"?

O domínio interpessoal é também equilibrar nossa influência corajosa, nossa palavra, com a conexão humana. Isso não é fácil. Como um problema de fato, é um dos desafios mais difíceis de liderança. Quando percebemos que os dois elementos poderosos – nosso poder da palavra e nosso poder de conexão ou aceitação pelos outros – caminham juntos, experimentamos um dos momentos mais fáceis de nossa liderança. Os mais difíceis vêm quando temos de gastar equidade relacional. Arriscamos ou desistimos da aceitação e popularidade para declarar nossa palavra... nossa influência autêntica. Isso requer coragem excepcional porque estamos desistindo de algo muito importante para nós pelo que acreditamos que seja mais importante ao longo do tempo. Nesses momentos muito difíceis, se nosso "Eu" – poder pessoal – não for corajoso o suficiente, podemos reter nossa palavra. À medida que avançar a leitura, observe que tipo de líder você é. Você precisa desenvolver mais o "Eu"? Ou você precisa desenvolver mais o "Nós"? Os exemplos no livro tratam dessas duas dinâmicas de liderança. A seguinte história, que realmente aconteceu ao amigo de David Whyte, e é similar ao *Paradoxo Abilene* do Dr. Jerry B. Harvey, ilustra os desafios que até mesmo os líderes muito experientes enfrentam quando se comunicam por meio de uma palavra muito poderosa.

O amigo de David, um executivo e membro de uma equipe sênior, decidiu que ele estava pronto para se aposentar de uma carreira corporativa bem-sucedida. Sua reputação era intacta. Financeiramente ele estava muito bem. Por todas as medidas ele estava definido. Seu CEO tinha um projeto especial para ele, porém ele estava desapontado com sua equipe sênior porque eles não pareceriam apoiá-lo. A verdade era que eles não pensaram que o projeto tinha valor e queriam evitá-lo, e que ele se esquecesse disso. Porém, ele não se esqueceu. Em vez disso, um dia ele chamou sua equipe sênior em uma sala de conferência e disse: "Vamos lá, eu quero escutar de cada um de vocês sobre esse projeto. Em uma escala de 1 a 10, em que 10 significa que vocês estão completamente engajados na estratégia e 1 significa que vocês são con-

> *Basta fazer uma pergunta, "Para quê? Quem sou eu para unificar o meu ser?" A resposta é: Não para o meu próprio objetivo.*
>
> Martin Buber

tra". Ele se virou em direção à primeira pessoa e disse: "O que você pensa?" O amigo de David pensou: "Uau! Agora, o CEO vai obter algum *feedback* real". Porém, para sua surpresa e desapontamento, o primeiro membro da equipe disse: "Dez, Bob". O próximo disse, "Dez, Bob". A próxima "corajosa" alma disse, "Nove e meio, Bob". Quando o CEO finalizou toda a volta até o amigo de David, ele disse, em uma voz sibilante, hesitante e tímida, "Dez, Bob".

Todos nós demos "Dez, Bob". Porém, esses são momentos corajosos de liderança em tempo real quando avançamos ou recuamos. Se avançamos,

DOMÍNIO INTERPESSOAL

alinhamos nossa palavra, nossos valores, e nossa experiência de uma maneira que agrega valor. É nesses momentos cotidianos de liderança quando escolhemos fazer ou escolhemos não fazer. Podemos ser corajosos, autênticos e alinhados quando fazemos algo que não seja popular? O que você viu em seus momentos de "Dez, Bob?" Quais são as situações que inibem mais sua palavra autêntica?

A cultura – corporativa e social – nos influencia poderosamente de fora para dentro em relação às abordagens de liderança do "Eu" ou "Nós". Ambas as abordagens têm vantagens e desvantagens. Assim tão resistente, a cultura direcionada aos resultados tem suas desvantagens ou consequências sombrias, do mesmo modo que a cultura apoia muita gentileza e educação. Essas empresas são locais prazerosos e excelentes para trabalhar. Porém, a sombra é que as pessoas podem ser demasiadamente amáveis ou agressivamente passivas. Com frequência, elas evitam as conversas difíceis e conflitos construtivos. A influência autêntica pode ser sacrificada no altar da gentileza. Como resultado, os pontos de vista individuais podem não avançar, e a inovação pode ser comprometida.

É crucial construir sua consciência em relação às suas próprias forças e necessidades de desenvolvimento. Você precisa desenvolver mais a palavra ou mais a conexão – mais o "Eu" ou mais o "Nós"? A partir de qual vantagem você lidera tipicamente – "Eu" ou "Nós"? Qual é a cultura que solicita seu comportamento – mais o "Eu" ou mais o "Nós"? Nossas respostas às essas questões podem ser as mesmas ou elas podem ser diferentes. Precisamos reconciliar os dois fluxos de liderança, o "Eu" e o "Nós", com a dinâmica de dentro para fora e de fora para dentro. Você precisa de mais conexão ou mais poder pessoal? O que o ambiente ao nosso redor está solicitando a mais de fora para dentro? O que seu coração está dizendo de dentro para fora? *A liderança de classe mundial opera em uma junção dinâmica de autenticidade pessoal e conexão interpessoal.*

CONSTRUINDO AS PONTES DE RELACIONAMENTOS

Os relacionamentos são as pontes que conectam autenticidade para influenciar e agregar valor. A liderança não é a influência para seu próprio objetivo; é a influência que faz a diferença, que enriquece a vida das pessoas. A liderança não existe no vácuo. Ela sempre opera no contexto e nos relacionamentos. *Enquanto os líderes podem liderar por meio de suas virtudes, os líderes também agregam valor pela virtude de seus relacionamentos.* Assim como o presidente de uma empresa de tecnologia global compartilhou comigo: "Liderança não é sentar em seu escritório e sonhar com uma estratégia; é dirigir a empresa por meio da presença pessoal e dos relacionamentos".

Tão essenciais quanto os relacionamentos são para o sucesso de liderança, muitos de nós, como Martin, têm dificuldade em romper com a ilusão da autolimitação que somos "aqueles que fazem as coisas acontecerem". Muitas vezes, as pessoas bem-sucedidas orientadas à realização acreditam erroneamente que elas são os impulsionadores, a origem das conquistas em seus grupos ou empresas. Muitos líderes não admitiriam isso, porém normalmente seus comportamentos demonstram claramente essa tendência. A pesquisa realizada pelo Saratoga Institute determina um caso chocante para as consequências de habilidades interpessoais improdutivas. O Instituto entrevistou 19.700 pessoas – ex-funcionários e seus chefes. Os resultados indicaram que 85% dos chefes disseram que seus ex-funcionários deixaram a empresa por mais salário e oportunidade. Por outro lado, 80% dos ex-funcionários disseram que deixaram a empresa por causa do relacionamento improdutivo, do desenvolvimento insignificante e do *coaching* ineficaz do chefe. Neil Anthony, vice-presidente sênior de Recursos Humanos da Novartis Pharmaceuticals, enfatizou sua habilidade interpessoal desse modo: "Realizar o *coaching* aos outros – particularmente o *coaching* ascensional – é uma das competências mais críticas para os líderes seniores de hoje. É multiplicar o impacto, acelerar o desenvolvimento, esclarecer a estratégia e transmitir valores".

Infelizmente, muitos líderes falham quando compreendem que nada é realizado sem engajar nos relacionamentos e apreciar a contribuição única de muitas, muitas pessoas. Alguns líderes até mesmo se sentem diminuídos ou frustrados pela equipe ou processo de sinergia. Lawrence Perlman, ex-presidente e CEO da Ceridian, enxerga isso de forma diferente: "A liderança não agregará valor suficiente se vir apenas do topo – é necessário vir de muitas áreas de negócios para fazer a diferença significativa e duradoura".

Foi interessante mapear o elevado crescimento e o sucesso do fabricante de computadores Acer, Inc. na cidade de Tawain. Ao contrário da glamurosa

DOMÍNIO INTERPESSOAL

competição geralmente associada com as vendas de computadores, a Acer foi expandindo silenciosamente seus negócios e agora está mordendo as bordas da Dell para tornar-se o segundo maior vendedor mundial de notebooks. Certamente, uma boa participação do crédito vai para o presidente da empresa, Gianfranco Lanci, o filho do construtor civil italiano, que se tornou o primeiro não asiático que se manteve no alto ranque entre os titãs de tecnologia de Tawain. Lanci, o presidente da empresa modesto e otimista, sempre voa de classe executiva e é uma exceção comparada com a agitação da maioria dos executivos de alta tecnologia. Ainda, a Forbes Ásia apontou no ano passado que um líder não convencional sediou em uma cultura estrangeira, na qual ele mal falava o idioma, e obteve sucesso pela conquista de 5.300 funcionários da Acer porque ele "irradiava humildade" e "relacionamentos valiosos". Em meio a um cenário de manchetes relacionadas ao estilo de liderança mais heroico e carismático, pode ser fácil apontar os fatores culturais como uma razão-chave para o sucesso de gerenciamento de Lanci. Na realidade, entretanto, ele está à frente de uma abordagem emergente à liderança global. Jim Collins, em *Good to Great*, denomina os indivíduos como Lanci de "Líderes Nível 5", e uma vez referenciado a eles como "líderes tofu – aqueles que são pouco brandos, realmente conectados com tudo ao seu redor e que oferecem uma série de subsistência e de valor". Talvez um discurso mais heroico e uma abordagem de não ficar prisioneiro, sejam necessários em alguns ambientes empresariais, porém hoje para manter-se como líder é preciso ser capaz de combinar a eficácia das pessoas com sua afinidade para resultados. Meu colega Bob Eichinger, cofundador da Lominger International, especialista mundial em competências de liderança, acrescenta que as habilidades interpessoais são o que separam os líderes de alta performance do restante do pacote. "A diferença-chave entre os líderes bons e os líderes legados não é somente os resultados; é a competência das pessoas. Os líderes legados são os condutores da orquestra. Eles têm as pessoas certas nas posições certas e estruturam o resultado conectando-o entre as pessoas. Eles fazem acontecer por reunir tudo isso".

Além de não sermos os únicos impulsionadores de nossas empresas, como líderes devemos admitir que muito pouco do que sabemos pode ser considerado realmente nosso. Nosso idioma, cultura, educação e crenças vieram até nós por meio dos outros. Nós os adquirimos por meio dos rela-

> *A questão mais urgente da vida é "O que você está fazendo para os outros?"*
>
> Martin Luther King Jr.

cionamentos. James Flaherty, autor de *Evoking Excellence in Others*, impressionou-me pessoalmente com este princípio-chave: "aqueles que dizem que são verdadeiramente 'líderes de si mesmo' estão ignorando muitas gerações de pessoas antes deles, e faltam a eles a confiança e o caráter de aprender a dar crédito aos outros".

EQUILIBRANDO O PODER PESSOAL COM O PODER DA SINERGIA E O PODER DA CONTRIBUIÇÃO

Um dos desafios cruciais de desenvolvimento para a maioria dos líderes é aprender como influenciar autenticamente de modo a agregar valor. Não é dizer que os líderes não estejam obtendo resultados – eles geralmente estão. O que está faltando são os resultados que agregam valor e contribuição ao mesmo tempo. Com que frequência os líderes obtêm resultados, mas deixam seus rastros no processo? Com que frequência as empresas obtêm resultados e deixam as pessoas ou o ambiente prejudicado? Isso é obter resultados sem agregar valor, sem dar uma contribuição permanente. Isso é obter resultados em detrimento de muitos relacionamentos ou colaboradores, em vez de somente a serviço deles.

Há um tempo, tive sorte ao me sentar e conversar com John Dalla Costa, autor de *The Ethical Imperative*. Enquanto compartilhava minha concepção de liderança, perguntei a John: "Que diabos é ética?" No momento apropriado, levantei uma questão. Para a minha surpresa, a resposta de John foi sucinta: "Ética são os outros". Eu pensei, "É isto? Vinte e cinco anos de pesquisa e a resposta tem quatro pequenas palavras?" Mais adiante, como deixei John concentrado em sua sabedoria, a profunda simplicidade e a complexidade de sua definição me impressionaram. Os líderes enfrentam dilemas éticos todos os dias, e geralmente isso afeta as pessoas – gerenciando constantemente as empresas como acionistas e servindo melhor ao seu colaborador. A cada dia estamos a alguns degraus éticos e outros antiéticos. Não podemos tomar decisões à prova de falhas, porém podemos estar cientes de como impactamos os outros por nossas escolhas.

DOMÍNIO INTERPESSOAL

Ken Melrose, ex-presidente e CEO da Toro, compartilhou comigo um de seus dilemas éticos na empresa, o qual centralizou em torno de uma máquina de cortar grama que havia se tornado um novo padrão do mercado comercial. O produto original tinha se tornado acessível, possuía um centro de gravidade muito baixo. Consequentemente, era muito difícil girá-lo; porém, em raras ocasiões quando girava, ele virava bruscamente 180º e poderia machucar seriamente o operador. Enquanto a máquina cumpriu as normas de conformidade, a Toro decidiu acrescentar uma barra de rolamento atrás do assento como precaução à segurança sem aumentar o preço das unidades recém-manufaturadas. Como a empresa considerou as necessidades dos "outros", a Toro enfrentou outra decisão difícil. O que aconteceria com as unidades já existentes? Elas não mereciam o mesmo tratamento ético? No início, a resposta ética era sim, porém a resposta estritamente financeira era não. Afinal de contas, as empresas automobilísticas não atualizaram todos os carros usados com cintos de segurança, e se a Toro não instalasse a barra de rolamento nas máquinas usadas, outros colaboradores ou acionistas poderiam ser adversamente afetados. Então, o que era correto fazer? Um cliente antigo era tão valioso quanto um novo, ou era tão importante quanto os acionistas, quem poderia ter investido muito neles na empresa? A empresa de Melrose instalou as barras de rolamento em todas as máquinas, novas e antigas, com seus próprios custos. Eles argumentaram que, embora a decisão fosse imediatamente muito dispendiosa para os acionistas, eles haviam tomado uma decisão de valor agregado que serviu tanto aos clientes quanto aos investidores a longo prazo. Enxergando as consequências a longo prazo em todos os aspectos – para todos os "outros" – a Toro tomou uma difícil decisão ética de liderança.

Como líderes, precisamos fazer essa mudança decisiva de desenvolvimento equilibrando nosso poder pessoal (influência autêntica) com o poder da sinergia e o poder da contribuição (valor agregado). Se tentarmos usar nosso poder pessoal para atingir os resultados enquanto ignorarmos o poder da sinergia – um estilo de liderança dominante comum –, a contribuição real e uma cultura centralizada de pessoas serão sacrificadas no altar da realização imediata. Em sua discussão de "Trabalho Intencional" no livro *Presence: an Exploration of Profound Change in People, Organizations and Society*, Peter Senge e seus coautores dizem: "Quando as pessoas em posições de liderança começam a servir com uma visão infundida em um propósito mais amplo, seu trabalho muda naturalmente de produzir resultados para encorajar o crescimento das pessoas que produzem os resultados". A maioria das empresas atuais possui uma abordagem muito mecanicista a esse modelo. Muitas empresas tendem a focalizar seus resultados a todo custo e a dirigir a empresa e as pessoas para apoiar esses objetivos.

> *O sucesso vai de fracasso em fracasso sem perder o entusiasmo.*
>
> Winston Churchil

Essa abordagem mecanicista preza que os resultados fiquem acima da sinergia e a sinergia acima dos indivíduos. É uma visão de fora para dentro das empresas e das pessoas. Essa abordagem para liderar empresas deixa as pessoas se sentindo desvalorizadas e se perguntando: "Onde eu me encaixo? Por que eu estou aqui?" É uma abordagem de liderança que perde o poder do engajamento humano. Na abordagem orgânica, oposta à mecanicista, a empresa enxerga as pessoas como fontes de criatividade e dinamismo. Nesse tipo de empresa, o poder pessoal apoia o poder da sinergia, o qual contribui com algo de valor para multiplicar os colaboradores: clientes, funcionários e o ambiente. Esse modelo de dentro para fora nas empresas cria uma cultura intencional em que as pessoas estão constantemente pensando: "Como eu posso contribuir mais? Como eu posso aplicar meus dons com os outros para

> *Estamos todos juntos, por nós mesmos!*
>
> Lilly Tomlin

fazer a diferença?" É uma abordagem dinâmica e significativa para a liderança organizacional que valoriza e alavanca o poder da aspiração humana.

Infelizmente, muitos líderes são limitados à sua eficácia, justamente por usar seu poder pessoal dirigido aos resultados. No processo, eles adotam uma personalidade difícil – desprovida de qualquer inteligência emocional ou performance sustentada. Ganhar as regras diárias a todo custo, e os relacionamentos são vistos como um meio para um fim – obter resultados. Inconscientemente, os resultados sustentáveis estão comprometidos a longo prazo porque o poder colaborativo da empresa está declinando.

Algum tempo atrás, conversei com um CEO que havia começado a praticar a ligação do poder pessoal ao poder relacional. Após uma longa luta

DOMÍNIO INTERPESSOAL

"para deixar sua empresa correta", ele finalmente havia mudado sua abordagem e valorizado o poder da sinergia. Descrevendo sua experiência, ele me disse: "Minhas regras não estavam funcionando mais. Quanto mais eu tentava fazer valer a minha vontade, as coisas pioravam. Eu tentava assumir não apenas a responsabilidade total para a virada, mas também estava assumindo a culpa total para quaisquer problemas. Eu estava incrivelmente autocentrado. Acreditava que o destino de toda empresa era unicamente meu. Deixar de lado essa crença me libertou realmente a nos conduzir a um novo futuro". Peter Block, em seu livro *Stewardship*, escreveu: "Somos relutantes em deixar de lado a crença em que 'se eu cuido de algo, eu tenho que controlá-lo'".

Paul Walsh, presidente e CEO da Diageo, descreveu desse modo: "Como gerentes, somos treinados como policiais que estão acostumados a manter as coisas sob controle. Como líderes, precisamos mudar o controle para a confiança". Dando uma descrição adequada sobre equilibrar o poder pessoal com o poder da sinergia, ele disse: "Não me importa quem você é ou quão grande você é, nenhuma pessoa pode declarar vitória totalmente ou absterse da derrota totalmente". Aprender como mudar nossa crença "eu tenho todas as respostas" para "todos nós temos as respostas" é o primeiro passo primordial no domínio interpessoal.

REDUZINDO O INTERVALO ENTRE INTENÇÃO-PERCEPÇÃO

O segundo passo para os líderes é compreender que muitas vezes nos falta plena consciência do nosso impacto nos outros. Assumimos um risco incrível esperando que as outras pessoas recebam clara e completamente nossa comunicação desejada. É um *enorme* lapso de fé que não seja realizado sob suficiente investigação. Você já experimentou dar uma grande gargalhada com um grupo de pessoas e então perguntou para cada pessoa o que era tão engraçado? Provavelmente você ficou surpreso ao descobrir a perspectiva original a partir da qual cada pessoa interpreta o mundo.

Todos nós estamos comunicando nossas intenções desde nosso primeiro chute no ventre de nossa mãe. Desde então, nossas conversas internas ricas e bem praticadas têm evoluído consideravelmente, e admitimos que os outros estejam recebendo precisamente nosso significado desejado. Nós nos expressamos, e então ficamos chocados quando nossas mensagens são mal compreendidas. Emerson escreveu: "Os homens imaginam que eles comunicam suas virtudes ou vícios somente por ações ostensivas, e não veem que as virtudes ou vícios emitem uma intenção a cada momento".

Tornar-se habilidoso em receber *feedback* de outras pessoas é primordial para assegurar que nossa impressão seja benéfica aos outros. A liderança eficaz requer constantemente a redução do intervalo entre a comunicação desejada e a comunicação percebida. Um CEO gosta de me lembrar o seguinte: "Eu sempre começo com um PIP – Pretensão de Intenção Positiva. 99,9% dos líderes que eu conheço desejam fazer bem para si mesmos e para os outros". Embora a maioria dos líderes tenha boas intenções, a maneira que os outros, em todos os níveis da empresa, recebem essas intenções pode ser bastante diversificada.

ALÉM DO *FEEDBACK* 360º AO *FEEDBACK* 720º

A ferramenta que a maioria das empresas usa para ajudar os líderes a gerenciar o intervalo entre intenção-percepção é o *feedback* 360º. Com tais programas, o *feedback* é fornecido aos líderes a partir de múltiplas fontes de seu comportamento, habilidades e abordagens de liderança.

Infelizmente, o *feedback* 360º não revela o quadro completo. A partir de uma perspectiva de desenvolvimento, ele revela somente um aspecto da pessoa, em vez de todo o cenário. Isso é particularmente verdadeiro quando o *feedback* 360º é a única fonte de autoconhecimento fornecido ao líder. Se o processo de desenvolvimento for modelado primeiramente em torno do *feedback* 360º, os executivos aprendem somente como criar a si na imagem das outras pessoas.

> *Se estiver irritado com cada fricção, como seu espelho ficará polido?*
>
> Rumi

Como resultado, eles aprendem como agir em vez de ser – uma rota direta a seguir *versus* liderar. De um modo provocativo, eu digo à maioria dos meus clientes corporativos: "Você não precisa do *feedback* 360º. O que você precisa para seus líderes é do *feedback* 720º". Após me lançarem um olhar espantado, confuso e educado, eu declaro que o *feedback* 360º, na ausência do novo autoconhecimento, tem frequentemente duas limitações:

DOMÍNIO INTERPESSOAL

1. Pode criar uma reação defensiva e, portanto, nenhum crescimento acontece.
2. Encoraja as pessoas simplesmente em transmitir os comportamentos desejados sem dar o *insight* pessoal e a motivação para crescer – uma fórmula destinada a limitar a influência autêntica em criar atores *versus* líderes.

O *feedback 720°* é diferente. Ele começa com o *360 de dentro para fora* – uma compreensão profunda, ampla, bem integrada de nós mesmos, tão bem quanto nossos estágios atuais e desejados de desenvolvimento. Esse primeiro estágio assegura que comecemos a dominar uma compreensão mais autêntica de nós mesmos. Então, o *360 de fora para dentro* é completado para fornecer um amplo *feedback* de como as pessoas acima, abaixo e lado a lado percebem nossos pontos fortes e áreas de desenvolvimento. Com o *feedback 720°*, os líderes agora têm um contexto completo para conciliar suas realidades internas e externas.

Por exemplo, trabalhei com o vice-presidente de uma empresa de produtos de consumo, que havia recebido o *feedback* 360° prévio de nosso *coaching*. Ele era visto como muito agressivo e não confiável. Esse executivo ficou desolado com o *feedback* porque faltou a ele o autoconhecimento para interpretar significativamente a absorção desagradável. Ele não tinha ideia do que fazer – romper com seus relacionamentos ou ser menos agressivo? Se o fizesse, não prejudicaria ainda mais seu sentimento de confiança com as pessoas? Por não conhecer-se profundamente, ele era incapaz de assimilar o *feedback*, e estava totalmente paralisado em seu desenvolvimento.

Após completar nosso *Executive to Leader Institute* e obter uma visão integrada de *720°* dele, toda situação foi explicada. No primeiro momento, ele se tornou objetivamente ciente de que era extremamente agressivo e dominante. Ele não tinha ideia de que seu estilo interpessoal estava tão longe dos padrões usados pelos líderes. De repente, ele compreendeu o contexto do valor dessa parte do *feedback* e ficou animado em mostrar de um modo mais consistente suas intenções reais. Em relação ao fator de confiabilidade, encontramos no *360 de dentro para fora* que ele era uma pessoa muito honesta de alta integridade. Entretanto, em sua abordagem introvertida e indiferente, as pessoas criavam a percepção de que ele se escondia. Sabendo disso, o desafio foi diferente. Ele precisava dedicar mais tempo aos relacionamentos para que as pessoas o conhecessem. À medida que completou o *feedback 720º*, ele estava capacitado a engajar-se ativamente no plano de desenvolvimento.

A CONEXÃO ÍNTIMA DO DOMÍNIO PESSOAL E DO DOMÍNIO INTERPESSOAL

Como discutimos anteriormente neste livro, o domínio da *Liderança Autêntica* é fazer a diferença consciente em aplicar completamente nossos talentos. Isso não significa que lideramos somente de dentro para fora. Pelo contrário, lideramos muito frequentemente de fora para dentro. A liderança é uma dinâmica constante entre o interno e o externo e vice-versa. Estamos em um fluxo contínuo, um relacionamento dinâmico conosco e com os nossos colaboradores – o mercado, nossos clientes, nossos funcionários, nossos relacionamentos pessoais. Finalmente, queremos um equilíbrio em liderar de dentro para fora e de fora para dentro. Nossas decisões e ações estão em um *loop* dinâmico a partir de nós para os outros e vice-versa. Para praticar a liderança em um nível mais alto, precisamos estar igualmente vigilantes sobre o "Eu" e o "Nós" na liderança eficaz.

Entretanto, para usar o *feedback 720º* como a melhor prática, é importante também obter o *feedback* em tempo real. Assim que estiver interagindo com os outros, você está prestando atenção aos sinais de desconforto, incompreensão, ou um silêncio inadequado das pessoas? Peça *feedback* às pessoas. Ainda que esteja completamente certo de que elas estejam ouvindo, pergunte a elas o que pensam. Encoraje as pessoas a lhe desafiarem. Pergunte a elas se há outras maneiras de visualizar a questão. Certifique-se de que elas tenham compreendido suas intenções. Se não tiver, pergunte a elas o que escutaram, e então reserve um tempo para esclarecer até que você tenha certeza de que suas intenções foram compreendidas. Isso servirá a uma tripla finalidade:

1. Sua influência será ainda mais autêntica e criará mais valor.
2. Você aprenderá mais sobre como está sendo percebido.
3. Você se desenvolverá mais eficazmente na comunicação.

Na edição de 2006 da Lominger, *100 Things You Need To Know: Best People Practices for Managers & HR*, Eichinger, Lombardo e Ulrich relataram

DOMÍNIO INTERPESSOAL

os resultados de um estudo mostrando que "embora possa parecer moderamente contraintuitivo, os executivos obtêm menos *feedback*. Há uma propensão maior de mencionar o que eles estão fazendo de extraordinário; de um *feedback* específico ou até mesmo avaliações de performance formal podem ser raras". Não caia nessa armadilha. Faça o *feedback* 720º em tempo real para acelerar seu autoconhecimento e consciência interpessoal.

ABRINDO POSSIBILIDADES

Eu estava dirigindo próximo ao lago Calhoun em Minneapolis em um dia maravilhoso de primavera. Como se sabe, a primavera em Minneapolis é dramática e transformadora. Após um rigoroso inverno, todas as coisas explodem em vida. Aparentemente, todas de uma vez, as árvores florescem e as aves retornam. Quando eu estava dirigindo e apreciando tudo isso, um pássaro grande com peito vermelho voou na parte da frente do meu carro e foi morto imediatamente. Eu parei o carro para verificar, e não havia nada o que fazer. Quando continuei a dirigir, comecei a pensar que justamente em um momento atrás este lindo pássaro estava se divertindo, atendendo a sua família, preenchendo seu propósito. Em um piscar de olhos, eu prossegui e involuntariamente desliguei-o de tudo isso. Com que frequência nós fazemos isso com os nossos relacionamentos? Com que frequência como líderes nos movemos rapidamente em nossas empresas e nos desligamos dos outros? Se formos honestos, admitiremos que todos nós fazemos isso com muito mais frequência do que imaginamos. Desligar-se das pessoas em vez de abrir-se para elas pode ocorrer de um modo mais inocente e inexpressivo.

> *Os líderes devem atender a uma questão-chave de crescimento: Quão autêntico estou me mostrando no mundo e em minha empresa?*
>
> Tom Gegax

Praticar o domínio interpessoal não é fácil e leva tempo. Não temos tempo para parar e ouvir. Quando eu retorno de viagens longas, quero retornar ao escritório para "realizar coisas". Minha primeira reação interna aos colegas caminhando em meu escritório é: "Sim, o que você quer?" Entretanto, a disciplina interpessoal importante é afastar-me de meu teclado e dos meus "afazeres" e estar presente com eles por poucos minutos. Parte de mim se abranda, porém isso é eventualmente contrabalanceado por uma parte

100 LIDERANÇA AUTÊNTICA

das pessoas que sabe que eu justamente dei a alguém o combustível para ir mais rápido. Marilyn Carlson Nelson, uma das "50 Mulheres Mais Poderosas em Negócios" da *Fortune* e CEO da Carlson Companies, uma das maiores empresas privadas dos Estados Unidos, expressou sua perspectiva em uma entrevista com uma publicação da Escola de Gerenciamento da Carlson: "Os funcionários sentem seu gerenciamento como pessoas, assim é o retorno da empresa para qual eles trabalham. E isso não é a chave para o sucesso da empresa?"

O PODER DA PRESENÇA POTENCIALMENTE TRANSFORMADOR

Tenho certeza de que todos nós já estivemos na presença de um grande líder que tenha o poder extraordinário de entrar em uma sala e preenchê-la com energia e conexão. Muitas pessoas comentam que John F. Kennedy, Mahatma Gandhi, Nelson Mandela, Bill Clinton e outros líderes possuem habilidades extraordinárias. Algum tempo atrás, eu estava realizando o *coaching* em alguém que era muito franco sobre a falta de apoio do ex-presidente Clinton. Durante esse período, as filhas do meu cliente ouviram sobre o furacão Katrina e decidiram fazer algo para ajudar. Elas criaram um *site* sobre a crise com o objetivo de coletar um dólar de cada estudante dos Estados Unidos. O *site* deu certo, e as garotas juntaram dez mil dólares. Bill Clinton ouviu sobre o sucesso delas, entrou em contato com as garotas e disse que queria encontrá-las quando ele visitasse Minneapolis. Agitadas, as garotas se organizaram e estavam ansiosas por estar lá com seus pais. Na sessão de *coaching* antes do encontro, meu cliente declarou: "Ah, não! Agora eu tenho que encontrar com ele!" Com má vontade, ele levou suas filhas ao aeroporto, e eles esperaram pelo jato particular do ex-presidente no local designado para o encontro. No momento que a porta do jato abriu e Bill Clinton desceu, seus olhos fixaram as duas garotas. Ele as cumprimentou por seus primeiros nomes, conversou gentilmente sobre o *site*, e elogiou o trabalho delas com um genuíno entusiasmo e apreciação. Ele mostrou a elas sua atenção completa e, durante o breve encontro, as duas garotas sentiram como se elas fossem duas únicas pessoas interessantes do mundo. Foi um momento transformador para todos eles, inclusive para meu cliente, que me disse em sua sessão

DOMÍNIO INTERPESSOAL

seguinte de *coaching*: "Eu ainda não gostava de política, porém ele é uma pessoa incrível".

A presença é uma qualidade extraordinária. Não somente porque ela chama a nossa atenção para o indivíduo que respira isso, mas porque seu poder pode inspirar e energizar o potencial daqueles em seu meio. Quem sabe que aquele momento transformador pôde significar para as garotas? Talvez isso poderá influenciar suas escolhas acadêmicas, seus trabalhos e seus caminhos profissionais. Não temos de ser presidente, primeiro-ministro ou estadista de uma nação para sermos presentes. Reservar tempo para dar a nossa total atenção aqueles ao nosso redor, tão bem quanto nossa audição e apreciação autêntica, é um modo de cultivar esta habilidade poderosa e transformadora.

> *É preciso mudar para que haja constante felicidade e sabedoria.*
>
> Confúcio

MUDANDO O LÍDER EM ABERTURA

Uma das qualidades mais fundamentais de caráter em um líder é a abertura para novas possibilidades no mercado; para novos aprendizados e estratégias; para relacionamentos; para novas maneiras de fazer as coisas; para encorajar pessoas a buscar possibilidades. É muito importante para a liderança, talvez devêssemos parar de chamar as pessoas de "líderes"e renomeá-las de "abertos". Os líderes abrem ou fecham oportunidades na proporção direta como abrem ou fecham a si mesmos.

Há um tempo, trabalhamos com um executivo sênior que acreditava sinceramente em abertura. O que ele não percebia era que seu jeito de ser direto e franco com as pessoas geralmente as afastava. Ele acreditava em abertura e autenticidade, porém sua abordagem era criar o efeito oposto. Era um mistério total para ele. Até mesmo racionalizou isso dizendo que as outras pessoas da empresa não estavam tão abertas quanto ele. O que faltava era a abertura para ele mesmo. Ele podia ser aberto e direto quando dirigia as pessoas aos resultados ou expressava críticas. Ele não estava aberto para seus medos, limitações, inadequações ou vulnerabilidades. Como resultado, sua personificação de "abertura" estava muito limitada. Após ter ganhado força interior e confiança para ser mais aberto em suas preocupações e sentimentos reais nas situações, uma grande surpresa ocorreu quando as pessoas então se abriram para ele. Ele me disse: "Fiquei assustado quando as pessoas se abriram e me apoiaram, quando eu me abri e compartilhei minhas vulnerabilidades. Eu construí minha carreira sendo invulnerável. Eu estava muito aberto para o trabalho, porém muito temeroso comigo mesmo. Eu não entendi que estava distante das pessoas no processo. Eu agora compreendo que as aberturas na empresa começam comigo".

Anne Morrow Lindbergh escreveu: "Quando alguém é estranho para si mesmo, então ele é estranho para os outros também. Se alguém está fora de contato consigo, então ele não pode entrar em contato com os outros". Como uma excelente consultora internacional, Suzanne realmente impressionou seus clientes. Quando perguntei por que seus clientes tinham tanto apreço por ela, respondeu-me rapidamente, "Eu trato cada um com respeito e sirvo como um convidado de honra. Eu me sinto privilegiada em ser associada a eles e desejo que eles se sintam servidos. Eu não posso explicar completamente; apenas os trato como um convidado em minha casa". Infelizmente, os colaboradores de Suzanne relataram que eles não se sentiam como convidados. Eles sentiam que Suzanne somente cuidava com um "olhar especial" de seus clientes e cuidava muito pouco deles. Suzanne não estava ciente de sua necessidade excessiva de "ser especial", que era generalizada por sua crença sombria "Eu não sou boa o suficiente como eu sou". Como resultado, Suzanne era dirigida para validar sua singularidade do lado externo. Após ter entendido essa dinâmica e compreendido emocionalmente como maltratava seus colaboradores, ela ficou muito motivada a tratar todos em sua vida como "convidados". Ela trabalhou em suas crenças limitadoras e mudou seu paradigma de relacionamento de trabalho consigo para o trabalho com os outros.

CONFIANDO E ENGAJANDO-SE EM CONFLITOS CONSTRUTIVOS

Para ajudar as equipes seniores a elevar seu plano ao próximo nível, encontramos consistentemente duas áreas principais em necessidade de desenvolvimento: confiança e conflito construtivo. As equipes que podem enfrentar autenticamente esses dois desafios interpessoais podem acelerar amplamente o desempenho.

DOMÍNIO INTERPESSOAL

Após a fusão de uma grande empresa de produtos de consumo, uma equipe recém-formada ficou frente a frente com essas duas questões importantes. Enquanto eles agiam amigável e cordialmente uns com os outros na superfície, a verdade era que os membros do grupo realmente não confiavam uns nos outros. Consequentemente, eles não tinham a *coragem e relacionamento para engajar-se aberta e honestamente ou para ter o conflito construtivo*. Como resultado, eles não criaram nenhuma estratégia inovadora e se apoiaram em uma série de execuções rápidas. O ritmo dos negócios tornou-se lento, caindo ao nível inferior de confiança e engajamento retendo a equipe sênior. Assim como é comum para a maioria das equipes seniores, os membros da equipe saíram do conforto de suas funções ou unidades de negócios para fazer o "trabalho verdadeiro". Em nosso processo de equipe *LeaderSynergy®*, precisamos criar um fórum com essas pessoas e construir relacionamentos, conhecer uns aos outros, forjar um propósito maior do que suas preocupações, ganhar ferramentas para obter um conflito positivo e, eventualmente, construir confiança. Uma empresa como essa é muito mais do que um evento externo. Trabalhamos nesse processo – individual e coletivamente – por vários meses. Lentamente, nossas reuniões foram esquentando. Com respeito e compreensão, os líderes começaram a desafiar uns aos outros. Os líderes individuais comprometidos com as sessões de *coaching* estavam prontos para mostrar-se de forma diferente. O CEO incorporou novos comportamentos e passou a falar sobre novos valores e propósitos expressos pela equipe. Após nove meses, nossas medições de confiança aumentaram em 60%, e depois de um ano em 76%. Lidar com conflito construtivamente melhorou em 43%. A equipe internalizou o domínio interpessoal em um nível novo e gratificante.

Comentando sobre o valor do desenvolvimento da equipe de dentro para fora, Bruce Nicholson, CEO da Thrivent Financial, compartilhou: "ir além da típica sessão orientada a eventos, à construção de equipe em direção a um processo verdadeiro de dentro para fora envolvendo o *coaching* individual profundo e a dinâmica em grupo significativa é a chave para impactar simultaneamente o crescimento pessoal, interpessoal e organizacional". O desenvolvimento verdadeiro da equipe envolve a integração do domínio pessoal, do domínio interpessoal e do domínio empresa/estratégia – todos em um único processo.

REFLEXÃO
CONSTRUINDO RELACIONAMENTOS

Reserve algum tempo para ampliar sua consciência em como desenvolver e construir os relacionamentos mais eficazmente como um líder, refletindo nas seguintes questões:

1. Sob quais condições você se fecha para a comunicação?

2. Quais crenças levam você a se fechar?

3. Como você pode ser mais aberto em situações futuras?

4. Como você pode mover-se a partir do "Eu" para o "Nós" em liderança com mais frequência?

5. Quais crenças pessoais levam você a resistir?

6. Como você pode ser mais aberto e influente?

7. Como você pode construir suas pontes de relacionamentos mais eficazmente?

8. Como você pode trazer a confiança e a eficácia de sua equipe a um novo nível?

SEIS PONTOS PARA O DOMÍNIO INTERPESSOAL AUTÊNTICO

Autenticidade é a essência dos relacionamentos em que a sinergia e a confiança crescem. Imagine um relacionamento sem autenticidade. Ele pode sobreviver? Certamente, não a longo prazo. Autenticidade é a força da vida dos relacionamentos; ela é a voz verdadeira do líder que toca no coração das outras pessoas. Observando os líderes mais eficazes, eu poderia sugerir seis pontos para o domínio interpessoal autêntico os quais vinculam a influência verdadeira à criação de valor.

DOMÍNIO INTERPESSOAL

1. Conheça a si mesmo autenticamente: a frase *nosce te ipsum* ("conhece-te a ti mesmo") aparece sempre nos escritos de Ovídio, Cícero e Sócrates, nos provérbios dos Sete Sábios da Grécia, na entrada do templo de Apolo, em escritos Cristãos e em textos Orientais. Um estudioso diz que isso foi parte da "moral simples e regime religioso", de Shakespeare.

> *A parte mais importante na comunicação é ouvir o que está sendo dito.*
>
> Peter Drucker

Nosce te ipsum conduz seu caminho pela história como um preceito notável na vida. Chaucer: "O verdadeiro sábio é aquele que pode se conhecer". Browning: "A confiança está dentro de nós". Pope: "E todo nosso conhecimento é conhecer nós mesmos". Montaigne: "Se um homem não conhece a si mesmo, como conhecerá suas funções e seus poderes?". Saint-Exupéry: "Todo homem deve olhar para si mesmo e aprender o significado da vida". Lao Tzu: "Conhecer a si é a fonte de nossas capacidades". Os pensadores contemporâneos desde Ralph Waldo Emerson, Abraham Maslow até Warren Bennis continuam a tradição. Emerson escreveu: "O propósito da vida é o homem conhecer a si mesmo". Bennis escreve: "Deixar emergir-se é a tarefa essencial dos líderes". Se quisermos ser mais eficazes com os outros, primeiro, precisamos nos tornar mais eficazes conosco. Em vez de enfocar em encontrar o parceiro ideal (em negócios ou em relacionamentos), procure ser o parceiro ideal. Comprometa-se a conhecer sua total autenticidade por meio do domínio pessoal. Pratique ser o que você deseja que os outros se tornem.

2. Escute autenticamente: com que frequência estamos realmente presentes com alguém? Com que frequência paramos, deixamos de lado todas as nossas preocupações – passado, presente e futuro – e "estamos lá" inteiramente para alguém? Com que frequência nós realmente escutamos o que a outra pessoa está dizendo e sentindo *em vez de* filtramos pesadamente por meio de nossos próprios interesses imediatos e pressões do tempo? Escutar autenticamente não é fácil. Ouvimos as palavras, porém raramente escutamos. Ouvimos as palavras, porém nós "ouvimos" as emoções, os medos, as preocupações fundamentais? Escutar autenticamente não é uma técnica. Está focado na presença e em uma referência para a outra pessoa e vai além de nossas necessidades autocentradas. Escutar autenticamente está focado no princípio da reciprocidade psicológica: para influenciar os outros, devemos primeiramente estar abertos para esta influência. Escutar autenticamente é a tentativa, como St. Francis disse: "Compreender primeiro para ser compreendido depois". A autoexpressão da outra pessoa é primária naquele momento. Escutar autenticamente é ser generoso – escutar com a atitude que leva adiante a contribuição de alguém em vez de escutar com nossas avaliações limitadas, opiniões e julgamentos. Escutar autenticamente é estar aberto para o propósito e o aprendizado que chega até nós por meio da outra pessoa. Escutar não é o mesmo que esperar a outra pessoa terminar de falar. Eu acho divertido observar os líderes que pensam que não falar é o mesmo que estar realmente escutando. Agitados em suas atividades e fazendo várias coisas ao mesmo tempo, muitos líderes dão numerosas e simultâneas sugestões de que ficam presentes com as pessoas. Um dos executivos seniores bem-sucedido, a que eu estava realizando o *coaching* sobre o que os outros percebiam em suas habilidades ineficientes em ouvir, estava tão agitado enquanto me ouvia que ele arremessou sua caneta na sala. Sua impaciência e aflição interna eram tão fortes que ele não podia nem mesmo me ouvir por um minuto sem a explosão "doentia" em arremessar sua caneta Montblanc pelo meu escritório! Foi um momento embaraçoso para ele ver precisamente o que as outras pessoas testemunharam em seu comportamento. Tente praticar a escuta autêntica. Esteja com as pessoas e tenha o objetivo de compreender completamente os pensamentos e sentimentos que elas estão tentando expressar. Faça perguntas e comentários para atraí-las, abri-las e esclarecer o que é dito em vez de expressar sua visão, fechá-las e dizer somente o que você quer. Isso não somente irá ajudá-lo a compreender qual valor e contribuição que a outra pessoa tem, mas criará uma nova abertura no relacionamento que lhe permitirá expressar-se mais autenticamente. Escutar autenticamente cria a plataforma para a sinergia verdadeira e a eficácia da equipe. Estar aberto para valorizar e atender a diferentes perspectivas de diversas fontes resulta em uma compreensão mais abrangente de problemas e mais soluções autênticas. As pesquisas têm identificado claramente as habilidades de comunicação como a essência da liderança eficaz, e as habilidades de escutar são o foco da comunicação. Escutar autenticamente é a alma da sinergia.

DOMÍNIO INTERPESSOAL

3. *Influencie autenticamente:* a influência é um delicado assunto para muitos líderes. Eu ainda tenho encontrado alguns líderes que admitem prontamente que lhes faltam algum grau de integridade. E também tenho encontrado líderes completamente íntegros em todas as partes de sua vida. Integridade vai além de falar a verdade. Integridade significa a congruência total entre quem você é e o que você faz. É um objetivo formidável, e a maioria de nós gastará a vida toda para obtê-lo em nosso caminho. Com que frequência resistimos a algo que achamos importante porque estamos temerosos em expressá-lo? Com

> *Se A é o sucesso, então A é igual a X mais Y mais Z. O trabalho é X; Y é o lazer e Z é manter a boca fechada.*
>
> Albert Einstein

que frequência expressamos algo superficialmente mais favorável? Com que frequência protegemos alguém de uma verdade difícil? Com que frequência simulamos a modéstia quando, na verdade, estamos realmente orgulhosos? A influência autêntica é a voz verdadeira do líder. Falamos de nosso caráter, e ele cria confiança, sinergia e conexão com todos ao nosso redor. A influência autêntica *não* é simplesmente refinar nosso estilo de apresentação – é mais profundo do que isso. Alguns líderes mais autênticos que eu conheço ainda falham em sua entrega, porém, as palavras vêm corretas de seus corações e experiências. Você pode senti-las. Você sente sua convicção e a conexão íntegra de quem eles são e o que dizem. Benjamim Franklin escreveu: "Pense inocentemente e com justiça, e se você falar, fale adequadamente".

A influência autêntica é dizer algo honestamente que cria valor. Não é ofender as pessoas com aspereza ou insensibilidade. Expressar-se autenticamente é compartilhar seus verdadeiros pensamentos e sentimentos de um modo que abre possibilidades. Não é somente distribuir mensagens positivas e evitar as negativas – às vezes as mensagens mais difíceis podem abrir mais possibilidades se compartilhadas de uma maneira compassiva e profunda. Influenciar autenticamente é o que o CEO que eu conheço chama "confronto cuidadoso" – a única combinação da comunicação direta com uma abordagem verdadeira para as pessoas. Como muitos líderes, meu amigo CEO se sentia desconfortável com essa interação há anos. Sua carreira avançou, e ele percebeu que "O cuidado verdadeiro envolve dar às pessoas o *feedback* difícil que elas precisam para crescer". Al Shuman, ex-presidente e CEO da Ecolab, apoia essa visão: "A habilidade de um líder ser apropriadamente forte é diretamente proporcional à profundidade e qualidade de seus relacionamentos". Carl Jung disse isso desta forma: "Para confrontar uma pessoa em sua sombra é preciso mostrá-la sua luz". Comece a observar quão autenticamente você está se expressando. O que você está fazendo com suas solicitações e promessas? Fernando Flores, especialista em comunicação e presidente da Business Design Associates, resumiu seu poderoso paradigma de comunicação: "Uma sociedade humana opera por meio da expressão de solicitações e promessas". Você está expressando autenticamente suas solicitações? Você está cumprindo autenticamente suas promessas? Use esse modelo como um guia para a influência autêntica; é muito transformador. Em outras áreas ao expressar-se autenticamente, você está acrescentando um movimento positivo ou retendo algo? Como você transmite eficazmente uma mensagem difícil a alguém? Você está disposto a revelar seus medos e vulnerabilidades para expressar como está realmente se sentindo? Se você se comprometer a expressar autenticidade, não sairá das relações da mesma forma que entrou – sairá abrindo possibilidades e criando novos valores.

4. *Aprecie autenticamente:* assim como os líderes, fazemos muito e apreciamos pouco. Alguém já apreciou muito você? Provavelmente, é seguro dizer que os seres humanos têm uma capacidade infinita de apreciação. Lenny Bruce escreveu: "Nunca são suficientes 'Eu te amo'". Meu mentor me disse: "Amor é um caso extremo de apreciação". Entretanto, como líderes nós não apreciamos o suficiente, muito menos amamos o suficiente. Na verdade, banimos a palavra "amor" das empresas. Embora o fato de a palavra "amor" ser a substância que unifica as equipes, constrói culturas, fomenta compromisso e vincula as pessoas a uma empresa, não é socialmente aceitável nem mesmo dizer a palavra "amor" em um contexto empresarial. Podemos dizer que odiamos alguém sem repercussões, porém se dissermos que amamos alguém, seremos banidos para toda a vida! Em vez desse tabu cultural, vamos usar a palavra "apreciação". Apreciação é um tipo de influência que cria valor. Ela energiza as pessoas e as faz desejarem exceder seus objetivos e limites percebidos. A crítica é um tipo de influência que geralmente não acrescenta valor. O que acrescenta tipicamente é o medo e a insegurança. A crítica pode obter alguns resultados a curto prazo, porém uma dosagem constante tende a ser tóxica. Julgar

DOMÍNIO INTERPESSOAL

os outros criticamente não os define em qualquer caso, e sim nos define. Um aforismo islâmico sugere: "Uma pessoa agradecida é agradecida sob todas as circunstâncias. Uma alma criticada reclama até mesmo se vive no paraíso". Como líderes, precisamos seguir o conselho de William Penn: "Se houver qualquer gentileza que eu possa mostrar, ou qualquer coisa boa que eu possa fazer para qualquer ser humano, deixe-me fazer agora, e não impeça ou negligencie-o, assim eu não deverei passar por este caminho novamente". Com o que uma empresa ou equipe deve se parecer se as pessoas expressarem voluntariamente este tipo de apreciação recíproca? Estudos realizados por John Gottmann e descritos em seu livro *Why Marriages Succeed and Why Marriages Fail*, descobriram que os relacionamentos que tinham uma proporção de 5 para 1 em apreciação à crítica eram prósperos, saudáveis e produtivos. Entretanto, os relacionamentos que tinham uma proporção de 1 para 1 em apreciação à crítica eram fadados ao fracasso. Os divórcios foram o resultado inevitável em cair para uma proporção de 1 para 1 ou menor. Pratique apreciar autenticamente. Altere sua análise de situações desde encontrar falhas para encontrar valor a ser agregado. Mude da crítica para o *coach*. Assim como Thomas Ebeling, CEO da Novartis, da área farmacêutica e de consumidores, compartilhou comigo: "Mudar da crítica para o *coach* como um líder pode ser uma das mais poderosas ferramentas que temos para criar energia, engajamento, entusiasmo e resultados na empresa. É o centro da liderança transformacional". Reconhecer o esforço e a intenção mesmo se os resultados estão ocasionalmente deficientes. Confie que sua apreciação energizará as pessoas. Comprometa-se com uma cultura de reconhecimento e apreciação – tenha membros da equipe comprometidos a ser a fonte de reconhecimento e apreciação recíprocos. Aprenda a dar, a receber e a encorajar generosamente a apreciação abundante. A apreciação transmite energia, e como Emerson escreveu: "O mundo pertence aos energéticos". Multiplique sua energia de liderança por meio da prática da apreciação verdadeira.

5. *Compartilhe histórias autenticamente:* as histórias são a linguagem da liderança. Elas dividem as fronteiras, pessoalmente independentes, de um gerenciamento fechado para um líder aberto, motivador e pessoalmente conectado. O poder verdadeiro emana de nossa habilidade de conectar co-

> *Apreciação é uma coisa maravilhosa! Ela faz com que aquilo que é excelente nos outros passe a pertencer também a nós.*
>
> Voltaire

nosco e com aqueles ao nosso redor. Isso é o poder e a universalidade de histórias clássicas que, independentemente de seu tempo e lugar, nos conectam emocionalmente aos temas, às personagens e aos conflitos que ainda são relevantes nos dias atuais. Por meio da conexão pessoal, as ideias se formam e criam energia, transformando os pensamentos e sentimentos no mundo real e assim por diante. A energia é circular. Suas histórias pessoais ou profissionais verdadeiras são ferramentas inspiradoras para construir este tipo de energia e pontes de relacionamentos. "Para se comunicar, não é apenas uma questão de empurrar a informação para a outra pessoa" – Daniel Goleman disse – "É criar uma experiência, engajar sua profundidade emocional, o que é uma capacidade emocional". Histórias autênticas habilidosas trazem seus valores à vida e constroem conexão emocional mais profunda com as pessoas.

6. *Sirva autenticamente:* um sábio de 80 anos de idade e CEO compartilhou comigo que uma das questões principais que todo líder deve perguntar a si mesmo é: "Como eu quero estar a serviço dos outros?". Enfim, um líder não é julgado somente pelo modo como ele lidera, mas, como ele serve. Todos os valores e contribuições são atingidos por meio do serviço. Nós temos algum outro propósito na vida além de servir? Como líderes, podemos pensar que estamos "liderando", mas, na realidade, estamos servindo. A liderança é um contínuo servir. Servimos à nossa empresa; às pessoas; aos clientes; ao mercado; à nossa comunidade; à nossa família; aos nossos relacionamentos. No coração do serviço está o princípio da interdependência: os relacionamentos são eficazes quando os benefícios mútuos são servidos. Capturando a essência em servir autenticamente, Peter Block escreve em *Stewardship*: "Há orgulho na liderança; ele evoca imagens de direção. Há humildade na administração; ela evoca imagens de serviço. O serviço é central à ideia de administração".

Como líderes, quando mudamos do controle para o serviço, admitimos que não somos a origem central da realização. Essa mudança é um avanço emocional e espiritual. Há vários anos, eu tive o privilégio de dar uma palestra

DOMÍNIO INTERPESSOAL

em uma conferência de liderança denominada Greenleaf Servant Leadership Conference, em que Dee Hock também foi um palestrante notável. Como você pode saber, Dee Hock, fundador e presidente da Visa e autor de *Birth of the Chaordic Age*, foi nomeado uma das oito pessoas que mudaram o mundo por meio do empreendedorismo nos últimos 50 anos. Incluindo-se em uma reflexão sobre liderança, Dee disse: "Quando nós como líderes temos o péssimo hábito de pensar que as outras pessoas estão lá para apoiarem nosso sucesso, não somos verdadeiramente líderes, somos tiranos. Até atravessarmos a transformação emocional, psicológica e espiritual para ter a consciência que nossa função é servir aos outros, então mereceremos ser chamados de líderes". Essa é uma poderosa ressignificação de como percebemos tipicamente a liderança, não é? À medida que avançamos pelas funções de liderança, é fácil perceber o "mau hábito" de pensar que os outros estão lá principalmente para servirem às nossas necessidades. Porém, uma vez consciente dessa perspectiva poderosa, é mais fácil mudar da liderança do autosserviço a curto prazo para uma sustentável liderança de serviço aos clientes. Nas palavras frequentemente citadas de Winston Churchill, "Fazemos uma vida pelo que obtemos. Fazemos uma vida pelo que oferecemos". Somos medidos pelo que produzimos. Somos julgados pelo que oferecemos. Ou, ainda, como Eistein dizia: "É tempo de o ideal do sucesso ser substituído pelo ideal do serviço". A vida flui por meio de nós, e simplesmente desempenhamos nosso papel. Nosso trabalho verdadeiro é servir a todos os colaboradores de nossa vida e, no processo, apreciar genuinamente o fato somente por meio de nossa interdependência com os outros para agregarmos valor. Quanto mais servirmos e apreciarmos os outros, mais criaremos cooperativamente contribuição de valor agregado. Como líderes, se vivermos para nós mesmos, teremos somente nós mesmos para apoiar. Se vivermos para a nossa empresa, teremos as pessoas para nos apoiar. Se vivermos para o mundo, todo o universo nos apoiará. Sirva com propósito e você mobilizará os recursos de longo alcance.

Uma amiga minha estava procurando uma oportunidade para ensinar ao seu filho o valor de servir e dar. A oportunidade apareceu após a festa de aniversário de seu filho mais novo em como ele se preparou para devorar um de seus presentes: uma caixa com bombons de chocolate. Aproximando-se de seu filho, minha amiga perguntou: "Você está feliz com este presente?" Com olhos arredios, ele imediatamente respondeu: "Oh, sim!"

> *Os líderes eficazes colocam em palavras os desejos disformes e sentem profundamente as necessidades dos outros.*
>
> Warren Bennis

Minha amiga sondou: "O que lhe faria mais feliz?" Seu filho não teve ideia do que poderia acrescentar à sua alegria. Sua mãe então falou: "Se você der a alguém o chocolate, ela ficaria tão feliz quanto você está, e você poderia se sentir mais feliz ainda". O jovem menino hesitou por um minuto. Então, ele disse: "Vamos ver a vovó na clínica de repouso". E lá se foram à clínica de repouso. Quando a criança viu a alegria no rosto de sua avó e sentiu como havia se multiplicado a sua alegria, ele ficou encantado. Antes de deixar a clínica de repouso, toda a caixa se foi, e o menino havia aprendido o poder e a alegria de servir. Pratique servir autenticamente. Comece a apreciar que há forças além de você que guiam todo o processo. Compreenda que você é feliz em ter esse preceito particular. Aprecie-o; então, deixe seus talentos e dons emanarem. Bryant Hinckley resumiu bem em *Hours with Our Leaders:*

> Servir é a virtude que distingue o melhor de todos os tempos e que será muito lembrado. Ele coloca uma marca de nobreza em seus discípulos. É a linha divisora que separa os dois grandes grupos do mundo – aqueles que ajudam e aqueles que criam obstáculos, aqueles que elevam e aqueles que declinam, aqueles que contribuem e aqueles que só consomem. Quanto melhor é dar do que receber. Servir de qualquer forma é agradável e maravilhoso. Dar encorajamento, transmitir simpatia, mostrar interesse, banir o medo, construir autoconfiança e despertar esperança nos corações das outras pessoas, de fato – amá-los e mostrá-los – é se render ao serviço mais precioso.

PLANO DE DESENVOLVIMENTO DE LIDERANÇA
DOMÍNIO INTERPESSOAL

Reflita sobre o aprendizado deste capítulo. Considere algumas novas áreas de consciência, compromisso e prática tão bem quanto os obstáculos potenciais, recursos e sinais ou medidas de sucesso. Reflita sobre a questão: "Como eu poderia servir e conectar mais como um líder?"

1. Áreas para construir consciência:
   - _____
   - _____
   - _____

2. Novos compromissos a fazer:
   - _____
   - _____
   - _____

3. Novas práticas a começar:
   - _____
   - _____
   - _____

4. Obstáculos potenciais:
   - _____
   - _____
   - _____

5. Cronograma e medidas de sucesso:
   - _____
   - _____
   - _____

CAPÍTULO QUATRO

DOMÍNIO DA MUDANÇA

Liderando com Agilidade

A vista é realmente impressionante ao norte, à margem do Lago Superior. O lago é um mar fechado diferente de qualquer outro – o maior corpo de água doce do mundo. Calmo, é possível sentir o aroma de pinheiro fresco no ar. Escuros penhascos rochosos formam um cenário imponente, assim como eles desaparecem na beira da água. As cachoeiras caem nos rios agitados em seus percursos. Tão calmo e refrescante é o Lago Superior, como também perigosamente imprevisível. Em um dado momento, seu temperamento calmo pode tornar-se uma força furiosa, que engole grandes navios sempre que queira. Lembra a música de Gordon Lightfoot sobre *Edmund Fitzgerald*? *Edmund Fitzgerald* foi uma de suas vítimas.

Em Minnesota, quando ainda era jovem, eu recebia sérios avisos sobre o grande lago dos meus anciãos: "É possível sobreviver na água gelada do Lago Superior por quatro ou cinco minutos". No espírito de aventura (alguém pode dizer o espírito de loucura), eu decidi nadar no lago.

Vestido com minha roupa de mergulho (eu não estava completamente louco), entrei na água. Quando mergulhei, a água gelada me cobriu por inteiro. Eu senti um frio impressionante, daqueles de quebrar os ossos. Nos primeiros minutos, acreditei em todos os conselhos de minha educação. Eu tinha certeza de que não poderia lidar com o frio. Então, a água em minha roupa de mergulho começou a esquentar e tudo mudou. Eu me tornei intensamente consciente de ser o único humano nessa enorme massa aquosa. Quando eu nadava próximo à margem, assistia de perto os raios de luz que atravessavam as ondas suaves. Quando nadava mais profundamente, a escuridão da inacreditável saída aparecia e revelava a imensidão do lago. Após uma pequena distância, novos penhascos subaquáticos e formações rochosas entraram em exibição. Nadando de um ponto ao outro, encontrei-me com uma estranha combinação de sentimentos. Extasiado em um momento e medroso em outro, eu sentia todas as minhas emoções intensificadas enquanto explorava essa primeira experiência.

A água gelada manteve a taxa do meu coração tão lenta que eu poderia ir e vir sem dificuldade. Assim que avançava, tinha uma sensação distinta de que o lago estava escolhendo ser cooperativo comigo. Ainda, eu estava consciente da hesitação da chegada. Se estivesse cansado da minha aventura, eu seria história. Eu estava imerso no lago, e ele estava aceitando a minha presença naquele momento. Após 1,2 km ao longo da costa, decidi não ficar muito longe do ponto de chegada, e voltei. Como eu estava com medo, o lago ficou impaciente. Suas ondas, as quais momentos atrás se avolumavam gentilmente, agora deslizavam rigorosa e ameaçadoramente. Por causa dos penhascos ao longo da costa, não havia saída. Um agradável ato de nadar estava se tornando um dilema perigoso. Tudo o que eu fiz, então, foi ficar relaxado, tolerar as turbulentas águas em mudança, e manter meu destino à vista. Felizmente, cheguei à margem minutos antes de o lago decidir "acordar". Alegre e agradecido, eu subi os penhascos. Passando por um veterano pelo caminho, notei que ele me olhava com descrença. Irritado, ele rosnou: "Você sabe, o bacana poderia ter morrido fazendo isso!" Ele olhou espantado quando eu respondi: "Eu sei. Mas a vida não é maravilhosa?"

> *Todos nós vivemos em suspense, a cada dia, a cada hora; em outras palavras, somos os heróis de nossa própria história.*
>
> Mary McCarthy

DESCOBRINDO O APRENDIZADO E O CRESCIMENTO CONTIDOS NA MUDANÇA

Nossa vida é como nadar no Lago Superior. Mergulhamos na água e nunca sabemos realmente o que acontecerá depois. Operamos com a ilusão de que a vida permanece constante, porém, na realidade, tudo está sempre mudando. A cada respiração, trocamos tantos átomos de modo que alteramos a composição da nossa fisiologia no momento. No período de um ano, 98% de todos os nossos átomos são substituídos por novos; somos literalmente novas pessoas a cada ano. Nossa vida é um fluxo infinito de mudança.

DOMÍNIO DA MUDANÇA

Embora possa ser verdade que não podemos "entrar no mesmo rio duas vezes", assim como Heráclito disse, uma vez que entramos, somos parte daquele fluxo do rio. Desde o nascimento, temos nadado em um fluxo agitado de experiência, constantemente em mudança e sem fim. Algumas pessoas amam o fluxo da vida; outras odeiam e resistem. Por causa de o fluxo do rio ser uma constante, não temos escolha nesse assunto. Temos de mudar. É parte do preço da admissão à vida. A cada momento nossos átomos são substituídos; nossos pensamentos são mudados; nossas emoções são mudadas ou nossos relacionamentos, nosso mercado, nossas finanças – a mudança é constante e infinita. Não temos escolha nesse assunto, exceto em um aspecto – dominar nossa habilidade para *se adaptar e aprender*.

Ken Brousseau, da Decision Dynamics, uma associada da Korn/Ferry International, apontou-me uma pesquisa mostrando que ao subir a escalada executiva precisamos nos tornar cada vez mais confortáveis com as incertezas e as mudanças rápidas. Como líderes, devemos ter a "capacidade de integração" para tecer junto e dar sentido às peças aparentemente desconectadas, a elaboração de soluções originais e inovadoras. Ao mesmo tempo, precisamos ter autoconfiança para tomar decisões no local, até mesmo na ausência de dados completos e convincentes. As qualidades necessárias ao alto nível – abertura, escuta autêntica, adaptabilidade – também indicam que os líderes precisam estar confortáveis e serem capazes de compreender o "lado cinzento" acompanhado pelas ideias das outras pessoas. Em outras palavras, devemos dominar nossa adaptabilidade mental, emocional e estratégica. O Dr. Daniel Vasella, presidente e CEO da Novartis, que foi nomeado "o líder empresarial europeu mais influente dos últimos 25 anos" na votação dos leitores da *Financial Times* e incluído entre os 100 mais influentes do mundo da revista *Time*, disse aos formandos de 2005 da Indian School of Business de Mumbai: "Estejam confortáveis com as situações, sentimentos e ações aparentemente contraditórios. Certamente, vocês encontrarão muitas pessoas que não conseguirão lidar com a ambiguidade, pessoas que sempre desejarão simplicidade e clareza. Então, vocês como líderes terão de criar a direção clara para elas".

> *Mudanças (na vida) não são somente possíveis e previsíveis, porém negá-las é ser cúmplice de sua própria vegetação desnecessária.*
>
> Gail Sheehy

Baseado no estudo do Center for Creative Leadership (CCL), a questão número 1 que enfrenta a liderança sênior atual é "Lidar com Desafios Complexos". Semelhante ao que a Lominger International pesquisou, a competência número 1 em menor escala atual é "Lidar com a Ambiguidade", o CCL define os desafios complexos como problemas que:

- carecem de uma solução claramente definida;
- permanecem além de uma habilidade individual ou em grupo a superar;
- têm significativo impacto estratégico, cultural, ambiental e de mercado;
- criam um paradoxo de reflexão e ação;
- tornam as soluções tradicionais ineficazes;
- demandam flexibilidade e agilidade como mudança de desafios aparentemente repentinos.

Cinco habilidades de liderança são solicitadas para navegar os desafios complexos:

- colaboração em vez de heroísmo;
- construção e reparação de relacionamentos;
- gerenciamento participativo;
- gerenciamento de mudança e adaptabilidade;
- assumir riscos.

Estar aberto ao aprendizado potencial contido em todas as mudanças não é tarefa fácil. Glenn, um executivo sênior de uma empresa de médio porte em rápido crescimento, com PhD em uma disciplina técnica, era extremamente brilhante. Sua proeza intelectual era excepcional, porém suas habilidades emocionais e interpessoais não eram muito bem desenvolvidas. À medida que progredia no crescimento da empresa, essas responsabilidades se tornavam mais proeminentes. Infelizmente, Glenn nunca compreendeu realmente a importância de desenvolver esses recursos internos. Apesar do *feedback* honesto, da avaliação profissional, e do *coaching*, ele não estava pronto para crescer.

DOMÍNIO DA MUDANÇA

Glenn nunca havia "fracassado" em nada em sua vida; o choque dessa mudança foi dramático. Pela primeira vez, ele estava realmente vulnerável. Assim como William Bridges teria descrito em seu texto perspicaz sobre mudança, *Transitionss*, Glenn estava "entre o fim e o novo começo" – ele estava em uma "viagem na selva". Felizmente, Glenn levou completa vantagem da exploração pessoal por meio de sua criatividade "selvagem". Ele estava finalmente pronto a ouvir seu processo de *coaching* em relação ao seu estilo e personalidade.

> *As coisas não mudam; nós mudamos.*
>
> Henry David Thoreau

Pela primeira vez, ele se comprometeu com um plano de ação para transformar suas abordagens de liderança. Em alguns meses ele adquiriu seu próprio negócio e criou uma vida nova. Ele prosperou porque estava aberto ao aprendizado resoluto contido no processo de mudança. Navegar mudanças é guiar-se pelo "verdadeiro norte" da autodescoberta.

O aprendizado da agilidade é a chave para destravar nossa competência a mudanças. Na verdade, as pesquisas realizadas pelo Center for Creative Leadership, Mike Lombardo da Lominger, Robert Sternberg e seus colegas da Yale University, e Daniel Goleman apontaram para o aprendizado da agilidade como sendo o potencial mais preditivo a longo prazo do que o QI simplesmente. O aprendizado da agilidade é um conjunto complexo de habilidades que nos permite aprender algo em uma dada situação (situação A) e aplicá-la em uma situação completamente diferente (situação B). É obter padrões de um contexto e então usá-los em um contexto completamente novo, de modo que possa fazer sentido e ser bem-sucedido em algo que nunca tivemos visto ou feito anteriormente. Em resumo, o aprendizado da agilidade é o *domínio da mudança – a capacidade para aprender, adaptar e aplicar em nós mesmos em condições constantemente mutáveis.*

Com a ferramenta de avaliação *Choices®*, da Lominger International, é possível medir o aprendizado da agilidade por meio de quatro dimensões: agilidade mental, agilidade pessoal, agilidade de resultados e agilidade de mudança. A maioria dos executivos avaliados realiza bem a agilidade mental e a agilidade de resultados. Tipicamente, as áreas mais fortes em necessidade de desenvolvimento são a agilidade pessoal e a agilidade de mudança. A habilidade principal precisa da agilidade pessoal? Escutar. O desenvolvimento

120 LIDERANÇA AUTÊNTICA

principal precisa da agilidade de mudança? Trazer clareza à ambiguidade. Assim como Bob Eichenger, cofundador da Lominger International, declara: "Há justamente dois problemas deixados para resolver nos negócios: PESSOAS e MUDANÇA!!"

Jim era um executivo inflexível e mal-humorado da "velha escola". Ele era extremamente brilhante e obtinha resultados excepcionais, porém ele também "tapava buracos", conveniente às pessoas de sua unidade de excelência. Se alguém não atendesse às suas expectativas, ele poderia vociferar e delirar. Cada vez menos as pessoas queriam trabalhar com ele. Sua falta de agilidade com pessoas e agilidade de mudança estava começando a limitar sua projeção profissional. Quando ele foi encaminhado para o *coaching* executivo, eu não estava esperançoso. Eu conhecia sua reputação e duvidava que ele estivesse aberto para aprender e mudar. Após várias sessões em nosso *Executive to Leader Institute*, ele foi rapidamente retirando as camadas da autocompreensão. Para a minha surpresa, ele se abriu avidamente ao crescimento. Ele não pretendia impactar negativamente as pessoas, somente não sabia como obter resultados de modo diferente. Anos de modelagem familiar combinado com sua história de padronização, após um chefe inseguro e extremamente exigente, tinha o condicionado daquele jeito. Debaixo da superficialidade, era uma pessoa carinhosa, sensível e de bom caráter. Sua vida familiar e sua vida pessoal eram a evidência clara de seu interior. Uma vez que encontrou congruência entre sua vida interior e a vida exterior, ele evoluiu como um líder.

QUEBRANDO ANTIGOS PADRÕES E ABRINDO PARA A MUDANÇA

A mudança positiva exige o desapego de antigos padrões e tem uma nova abordagem. Ela demanda ir além das nossas ideias preconcebidas. Uma história sobre a relação de uma professora e um aluno ilustra bem esse princípio. Um estudante que pensava ter "tudo resolvido" visitaria sua professora todos os dias para as lições pessoais sobre a vida. Apesar das tentativas de a professora compartilhar sua experiência de vida, o estudante sempre resistia. Um dia a professora conduziu uma abordagem diferente. Quando ele chegou, a professora perguntou se ele aceitava de um chá. A professora então procedeu colocar a mesa de chá e trouxe uma chaleira grande extremamente

DOMÍNIO DA MUDANÇA

quente. Ela não apenas encheu a xícara do estudante, mas, quando a xícara estava cheia, continuou a derramar, fazendo o chá transbordar. Cobrindo a mesa e escorrendo pelo carpete, o chá quente destruiu tudo. O estudante ficou chocado. Ele pulou de sua cadeira e começou a gritar com a professora: "Pare! Você deve estar louca! Você está destruindo tudo! Você não pode ver o que está fazendo?" A professora continuou derramando como se o estudante não estivesse presente até que a chaleira ficasse vazia. Somente

> *A mudança é a interação intemporal de forças de criação e destruição.*
>
> Janet Feldman

então ela olhou calmamente para o estudante e respondeu: "Se você quiser receber *meu* chá, você deve manter *sua* xícara vazia".

Assim como um estudante sábio, podemos receber *insight* somente se estivermos abertos à mudança. Com que frequência você desvia do trânsito intenso e descobre um novo caminho melhor? Talvez você tenha perdido um trabalho ou um relacionamento somente para se conectar com uma situação melhor mais adiante? Quantas vezes seu restaurante favorito fechou e você descobriu um novo restaurante magnífico para substituí-lo? Quantas experiências difíceis ou desagradáveis acabaram sendo mais instrutivas? A mudança é sempre nosso mestre, apontando novas direções, sugerindo novas opções, testando nossas potencialidades. *A mudança desafia nossa atual realidade forçando uma nova realidade a se apressar.* Se estivermos abertos a ela, se nossa xícara estiver vazia, novas possibilidades fluirão em nossa vida. Se não estivermos abertos a mudanças, responderemos a elas como uma inimiga que devemos afastar-nos.

Infelizmente, a resistência é uma batalha perdida, porque a mudança é um oponente implacável. Quando resistimos à mudança, qual é a dinâmica oculta? Somos geralmente tentados a nos defender do medo da perda. Temos medo de não sobreviver à mudança sem algo conhecido a perder. Essa é uma percepção verdadeiramente exata. Nós perderemos algo, mas ganharemos algo também. Isso pode ser algo melhor, se estivermos abertos ao importante aprendizado atual.

Uma das mais brilhantes descrições de como o processo de mudança vem de Dannan Parry em *Warriors of the Heart:*

Às vezes sinto que minha vida é uma série de balanços de trapézio. Estou pendurado na barra de trapézio balançando e, por alguns momentos em minha vida, sou arremessado no espaço entre uma barra e outra.

A maior parte do tempo eu passo minha estimada vida pendurado na barra de trapézio do momento. Ela me leva a certo ponto estável de balanço, e eu tenho a sensação de que estou no controle da minha vida. Eu conheço a maioria das questões corretas e até mesmo das respostas corretas. Mas de vez em quando, como estou alegremente (ou não tão alegre) balançando, eu olho à minha frente na distância, e o que eu vejo? Eu vejo outra barra de trapézio vindo em minha direção. Está vazia, e eu sei, que esta nova barra de trapézio tem meu nome nela. É o meu próximo passo, meu crescimento, minha vivacidade vem me buscar. Em meu coração, sei que para crescer eu devo soltar minhas mãos da barra atual já conhecida e mover para outra barra nova.

Toda vez que isso acontece comigo, eu desejo não ter de pegar na barra nova. Porém, eu sei que devo soltar totalmente minhas mãos da barra antiga e, em algum momento, eu devo arremessar-me no espaço e pegar a barra nova. Toda vez eu fico com muito medo. Não importa que, em todos os obstáculos precedentes em todo o vazio do desconhecido, eu sempre faça isso. Toda vez que eu tiver medo de perder, serei esmagado nas rochas invisíveis no abismo entre as barras. Mas eu faço isso de qualquer maneira. Talvez essa seja a essência do que os místicos chamam de experiência de fé. Nenhuma garantia, nenhuma armadilha, nenhuma apólice de seguro, mas você deve fazê-lo porque, de certo modo, manter-se pendurado na barra antiga não está mais na lista de alternativas. E assim por uma eternidade que pode durar um microssegundo ou milhares de vidas, eu ressalto todo o vazio escuro do "passado que já se foi; o futuro que ainda não está aqui". É chamado de transição. Eu devo acreditar que esse é o único lugar onde a mudança real ocorre. Eu quero dizer uma mudança verdadeira, não uma pseudomudança que só dura até a próxima vez que você piscar os olhos.

Então, se a mudança é tão grande, por que temos medo dela? Temos medo porque a mudança sempre envolve a criação e a destruição. Algo novo é criado, algo antigo é destruído. O broto é destruído quando a flor desabro-

DOMÍNIO DA MUDANÇA 123

cha. O casulo é destruído quando a borboleta ascende. Nossa inibição surge quando encaramos a perspectiva de substituir o conhecido pelo desconhecido. Um produto existente fracassa, e um novo é concebido. Um trabalho é perdido e uma nova carreira começa. Na junção dessas duas realidades, a maioria de nós recua. Na maior parte das vezes, é somente após a mudança ter sido arremessada sobre nós que então a aceitamos, porque percebemos que nossa vida será realmente melhor.

DESENVOLVENDO A CONSCIÊNCIA DO MOMENTO PRESENTE PARA LIDAR EFICAZMENTE COM A MUDANÇA

Apesar de o único "lugar" que podemos controlar a mudança estar no presente, a maioria de nós vive a vida ou no passado ou no futuro. Até aprendermos a viver nossa vida no fluxo do presente, nunca lidaremos realmente com a mudança eficaz. Em um nível fundamental de nossa vida, há somente o momento presente. Quando nos preocupamos em manter as coisas como eram no passado e evitar algo novo, um futuro desconhecido, nós limitamos nossa capacidade de impactar nosso sucesso no presente. Se nossa consciência estiver desordenada pela "estática" do passado e do futuro, nunca poderemos focar profundamente no agora. Como resultado, nós não poderemos desenvolver o auge de nossas capacidades, particularmente no meio da mudança dinâmica. Precisamos nos tornar focados no presente como um atleta profissional que foca o pensamento em uma prova mesmo em circunstâncias muito dinâmicas. Quando construímos nosso foco no presente, começamos a ganhar confiança de que podemos controlar a sequência interminável de momentos presentes por meio de nossa vida. O domínio da mudança é desenvolver uma confiança interna inabalável que podemos gerenciar e aprender o que vem em nosso caminho. É uma confiança interna de que podemos lidar com a mudança verdadeira – a mudança inesperada – e não justamente um tipo comum de mudança planejada. Em *Head, Heart and Guts: How the World's Best Companies Develop Leaders*, David Potlich, Peter Cairo e Stephen Rhinesmith citam Bill Weldon, presidente e CEO da Johnson & Johnson: "Ocasionalmente, um líder deve ser capaz de resistir ao caos e apreciá-lo para descobrir a ação correta a tomar".

Aprender a cultivar essa consciência centralizada no momento presente conduz a uma prática diária. Podemos começar com níveis comuns de mudança e, então, desenvolvermos nossa capacidade de mudança para níveis maiores e mais dinâmicos, assim como um atleta em treinamento. Há vários anos, eu estava retornando de uma conferência na cidade de Nova York. Como a maioria das conferências, foi uma combinação de aprendizado, de inspiração, de bons palestrantes, alguns maus palestrantes, sono insuficiente e comida ruim. Desnecessário falar que eu estava pronto para voltar para casa. Meu voo de volta a Minneapolis foi tranquilo. Eu cheguei ao portão 15 minutos antes, minha bagagem era uma das primeiras no avião, e tudo estava no horário. Eu tinha tempo de sobra. Uma amiga me pegaria no aeroporto após uma reunião no escritório de seu cliente ali perto. Nós almoçaríamos e iríamos ao escritório. Então, fui próximo a janela esperar. O que eu estava fazendo com tanto tempo livre na minha vida? – um luxo que eu raramente experimentava.

> *Para ser completamente feliz, a única coisa necessária é abster-se de comparar esse momento com outros momentos do passado, e não usufruir plenamente porque estava comparando-os com outros momentos do futuro.*
>
> André Gide

Enquanto esperava no saguão, eu ainda podia ouvir o barulho da cidade de Nova York na minha cabeça, e podia sentir o mesmo tipo de energia de aflição ao redor de mim. As pessoas que estavam esperando por alguém pareciam irritadas. Um rapaz bateu nervosamente na mala que estava em um carrinho para que sua esposa a abrisse. Um outro, com seu celular grudado em seu rosto, despejou suas malas no assento de trás e começou a dar ordens à sua companheira. Como eu estava observando a cena, disse a mim mesmo: "Isso não é maneira de viver. Eu vou me certificar de que minha colega se sentirá valorizada quando chegar aqui. Eu vou esperar pacientemente".

> *Experiência não é o que acontece a um homem; é o que o homem faz com o que acontece a ele.*
>
> Aldous Huxley

Manter essa atitude foi razoavelmente fácil na primeira meia hora. Afinal, eu havia chegado bem cedo e ganhado meia hora em minha vida. Porém, quando a segunda meia hora iniciou, eu estava começando a sentir aqueles rumores originais "o tempo é dinheiro". Apanhar-me regressando

DOMÍNIO DA MUDANÇA

aos estágios iniciais da evolução comportamental demonstrada pelos meus "companheiros do saguão", eu afirmei: "Não me importo se demorar uma hora, eu vou ficar tranquilo e, enquanto isso, eu vou extrair o que puder aprender no momento presente". Assim como um empresário e estrategista, eu frequentemente vivo minha vida no futuro. Eu fico pensando nos próximos produtos que iremos projetar, na próxima apresentação que farei, ou no próximo cliente que visitarei. Naquele momento, eu me tornei verdadeiramente consciente do que era estar no presente. Meu compromisso foi tão completo, que ele mudou minha percepção de toda a situação. Liberando meu foco do tempo rígido e minha tendência a focalizar sempre no futuro, comecei a notar novas coisas no presente. O ar estava fresco, puro e claro. Comecei a notar quão animadas as crianças e os cachorros ficavam em seus carros quando pegavam suas mães, pais, avós, avôs, tias e tios. Embora as pessoas que buscavam outras, às vezes, ficassem irritadas, isto não importava às crianças ou animais – eles se divertiam no momento presente. Eu comecei a me sentir bem; eu comecei a soltar-me e relaxar. Estava lidando com a mudança em um nível cotidiano.

De repente, minha amiga me ligou. Sua reunião com o cliente havia durado um pouco a mais, e o trânsito do meio-dia estava lento, e ela lamentou do atraso. Quando ela chegou, mantendo meu compromisso, eu me aproximei do seu carro sorridente e alegre, dei a ela uma calorosa saudação, e disse "Obrigado" antes que ela tivesse a chance de se desculpar pelo atraso. Fomos a um restaurante próximo para almoçar, e ela me perguntou como tinha sido meu voo. Eu disse com toda sinceridade: "O voo foi bom, porém a última hora de espera foi realmente incrível. Eu tive grandes *insights* sobre estar presente". Seus olhos se arregalaram enquanto dava uma olhada rápida no trânsito e com sua perspicácia aguçada, disse: "Precisamos voltar ao escritório. Você está fora há muito tempo!"

Com que frequência nossa inabilidade para dominar essas situações cotidianas causa stress desnecessário, tensão, perda de produtividade e relacionamentos ineficazes? A habilidade para lidar com mudanças pequenas e grandes não somente melhora a qualidade de nossa vida, como também aumenta amplamente nossa eficácia.

INTERLIGANDO O PARADOXO DO FOCO IMEDIATO E A AMPLA CONSCIÊNCIA PARA LIDERAR DURANTE PERÍODOS TURBULENTOS

A maioria das pessoas eficazes que tenho realizado o *coaching* ao longo dos anos é incapaz de transpor um paradoxo importante. Elas não somente podem sustentar um foco concentrado e perspicaz no presente momento, mas, ao mesmo tempo, podem manter um contexto visionário e complexo. Ser capaz de manter um foco perspicaz e uma compreensão complexa simultaneamente é uma das qualidades mais importantes de liderança eficaz e de lidar com a mudança. Isso me lembra de como eu me senti no Lago Superior quando as ondas estavam batendo. Para lidar com aquilo, eu tive de relaxar e focar na qualidade das minhas braçadas enquanto, ao mesmo tempo, eu mantive o objetivo claro na mente, e se eu desviasse a minha atenção a outro ponto, os resultados poderiam ser desastrosos. As pessoas eficazes podem interligar essas duas realidades como se elas navegassem por meio da mudança. Reconhecidamente, fazer isso pode ser um verdadeiro desafio quando a mudança for dramática e inesperada.

Walter era um executivo altamente bem-sucedido de Recursos Humanos de uma empresa global de serviços financeiros e sua carreira teve uma projeção estável. Ele não era altivo, e sim firme, confiável, responsável e obtinha resultados. Ele era leal à empresa e era totalmente dedicado. Quando a dinâmica organizacional mudou rapidamente, ele não se adaptou mais, ficando totalmente chocado e arruinado. Walter conduziu uma longa e difícil procura de emprego, que afetou as suas finanças. Eventualmente, ele encontrou um novo trabalho e saímos para comemorar. Para a minha surpresa, ele não pôde dizer uma palavra; tudo que pôde fazer foi soluçar profundamente e esperar por ar. Eu sabia que ele estava feliz, porém isso foi o extremo. Uma vez recomposto, ele disse: "Kevin, eu deveria ter dito isso antes a você, mas estava com vergonha. Eu quase acabei com a minha vida dois meses atrás. Eu fui à minha garagem, lacrei todas as portas e liguei o carro. Eu me sentei lá e a intenção era acabar com tudo, e me lembrei de seu conselho

> *Confiança é uma trilha pela selva da mudança.*
>
> Bill McCarthy

DOMÍNIO DA MUDANÇA

– manter o foco no que é importante para você e onde você quer chegar, não importa quão difíceis as coisas pareçam. Eu pensei em minha filha e em tudo o que eu ainda queria fazer em minha vida. Eu voei para fora do carro e respirei o ar fresco na hora certa. Estou tão emocionado hoje porque eu sei que não basta conseguir um emprego; eu recuperei a minha vida".

Eu sempre fico inspirado com essas lembranças de como nosso propósito, valores e entes queridos são os lemes que nos ajudam a navegar nas ondas furiosas da mudança.

APRENDENDO A CONFIAR EM NÓS MESMOS NA MUDANÇA DINÂMICA

Ocasionalmente, nosso propósito e valores não são suficientes para nos fazer mudar. Às vezes, as coisas se movem tão rápido, que tudo o que podemos fazer é confiar. Alguns anos atrás, eu estava dirigindo a aproximadamente 80 km/h em uma tempestade na rodovia interestadual. Quando eu dirigia nessa chuva torrencial, estava ouvindo uma gravação sobre como confiar em si mesmo durante os períodos de mudança. Mal sabia que a gravação seria relevante para mim. No momento seguinte, eu ouvi algo batendo no teto, um longo limpador de para-brisa – meu único limpador – tinha voado por cima do meu carro novo. Eu não podia enxergar nada. Naturalmente, a princípio entrei em pânico; depois, eu ouvi a voz tranquilizadora da gravação encorajando a confiar em mim mesmo. Foi o que fiz. Eu confiei em minha intuição e dirigi meu percurso fora da estrada. Eu ainda estava imensamente feliz porque não tinha batido. Quando cheguei ao escritório, eu contei a uma colega sobre o que havia acontecido e minha maravilhosa "experiência de confiança". Ela aconselhou: "Confie em mim e livre-se daquele carro estúpido!" Em tempos de mudança rápida, confiar em nós mesmos e em nossa intuição pode ser nosso único guia. Se não funcionar, pelo menos compre um carro com dois para-brisas.

No mundo empresarial, manter a confiança mediante tempos difíceis pode ser muito desafiador – particularmente quando se vê o fracasso frente a frente. Na Toro Company, a confiança é a ponte para um ambiente "livre para falhar". Em vez de derrubar as equipes com aquelas ideias que não funcionam, a Toro confia nas pessoas o suficiente para comemorar as "falhas". Ken Melrose, CEO precedente da Toro, compartilhou comigo uma história da vida real de uma equipe da Toro que fracassou na tentativa de salvar a empresa em prazo e em dinheiro, fabricando um dispositivo de metal para um cortador de grama. Infelizmente, após um investimento considerável, o projeto fracassou. Pouco tempo depois, Ken chamou a equipe ao escritório. Como se reuniram fora, eles temiam o pior. Entretanto, quando eles entraram no escritório de Ken ficaram completamente surpresos ao serem recebidas com uma comemoração com balões e refrescos. Ken compartilhou com eles: "A maior parte das ideias inovadoras não funcionou. Precisamos manter a confiança, a criatividade, os riscos e comemorar as boas 'tentativas' – particularmente quando as coisas não funcionam". Enraizado na personificação autêntica de CEO em confiança e domínio da mudança, essa atitude positiva espalhou-se por toda a empresa, inspirando a todos muita energia, confiança e a permissão verdadeira para inovar.

O DESENVOLVIMENTO DE LIDERANÇA COMO MEDIDA DE NOSSA HABILIDADE PARA SE ADAPTAR

Adaptabilidade pode ser a qualidade mais essencial para lidar eficazmente com a mudança. Tenho certeza de que não é um exagero dizer que nossa eficácia pessoal e profissional esteja na proporção direta à nossa habilidade de adaptar-se à mudança. Igualmente, a evolução de nossas espécies pode ser medida por sua habilidade resiliente em se adaptar. Em *The Guardian*, Buckminster Fuller escreveu: "Todo mundo é muito especializado agora. A sociedade está toda amarrada com a especialização. Se a natureza o quisesse um especialista, ela teria deixado você nascer com um olho e um microscópio anexado a ele".

> *O homem nunca criou um material resiliente como o espírito humano.*
>
> Bem Williams

Muitas pessoas vivem como se elas observassem a vida por meio de um microscópio. O obstáculo mais fatal para uma vida eficaz é um ponto de vista fixo e inflexível. Se visualizarmos a vida de uma maneira unidimensional, ficaremos sempre desapontados e frustrados. Com tal visão rígida e fixa, a vida nunca "ativará" as nossas definições limitadas. Nossa vida será destruída na primeira experiência inesperada. Desde que a vida seja crescimento e movimento, uma visão fixa e inflexível é nossa maior ameaça a uma

DOMÍNIO DA MUDANÇA

vida eficaz. Assim como Arnold Toynbee disse em *Cities on the Move*: "A qualidade da natureza humana, em que devemos depositar nossas esperanças, é sua adaptabilidade comprovada". Se desejamos ser líderes mais eficazes, devemos depositar nossas esperanças em nossa habilidade de lidar em toda nossa vida com a mudança, a adaptação e o crescimento.

> *A mudança de coração é a essência de todas as outras mudanças e é provocada pela reeducação da mente.*
>
> E. Pethic-Lawrence

DESENVOLVENDO A RESILIÊNCIA PARA PROSPERAR NA MUDANÇA

A mudança é geralmente vista como algo acontecendo "lá fora": O mundo muda, os produtos mudam, a competição muda, os sistemas e os processos mudam, a tecnologia muda. Enquanto eu realizava o processo de *coaching* com um CEO sobre uma grande iniciativa de mudança, ele hesitante me disse: "Deixe-me ver se entendi: você quer dizer que *eu vou ter de mudar?*" *Toda a mudança significativa começa com a automudança.* Como Peter Block escreve em *Stewardship*: "Se não houver transformação interior em cada um de nós, todas as mudanças estruturais no mundo não terão impacto em nossa instituição".

Mover nosso conceito de mudança de um paradigma de fora para dentro para um paradigma de dentro para fora tem profundas implicações. Nessa perspectiva, vemos a mudança como uma dinâmica interna – um processo interno de aprendizado e desenvolvimento. A mudança é percebida como algo a ser dominado de dentro em vez de algo justamente que está fora de nós. Enfim, as pessoas resistem, se adaptam ou aprendem com isso. Sob esse aspecto, todas as mudanças fundamentalmente ocorrem dentro das pessoas. Em seu livro *Servant Leadership*, Robert Greenleaf expressa: "Ao líder servidor, o processo de mudança inicia aqui dentro e não lá fora".

David Prosser, presidente da RTW, compartilhou comigo como ele passou pelo processo de mudança, e "se reinventou":

> Há 12 anos, eu tinha 60 anos de idade, e por todas as medidas externas, eu era muito bem-sucedido. Eu estava parado fora de casa no subúrbio de Minneapolis, e me ocorreu observar mi-

nha casa enorme com meu carro Mercedes caro estacionado na frente. Por um momento, isso me despertou que apesar de todos os bens e sucesso externos, eu não era feliz. Eu sabia disso e eu precisava me transformar e transformar a minha vida. Nos anos seguintes, eu me comprometi ao desenvolvimento pessoal.

Meu desempenho pessoal culminou na realização em que eu queria servir as pessoas fazendo em diferença no mundo. Essa reinvenção de mim mesmo eventualmente me levou a encontrar a RTW, que é comprometida a transformar o sistema de remuneração dos trabalhadores nos Estados Unidos. Se você quiser mudar o mundo, comece com você mesmo – então vá e mude o mundo.

Terry Neil escreveu: "A mudança é a porta que pode ser aberta unicamente por dentro". Ainda assim, eu conheço muitos líderes que, apesar de considerados competentes e habilidosos, não fazem a conexão entre seu próprio crescimento e transformação com a sua empresa. A transformação não é um evento, porém um processo contínuo de conhecimento de quem somos nós, mantendo uma clara visão do que queremos criar, e então prosseguirmos. O mesmo acontece às empresas. Todo o desenvolvimento fundamental verdadeiro e a mudança começam com a automudança.

INICIATIVAS DE MUDANÇA RARAMENTE BEM-SUCEDIDAS

A maioria das pesquisas de mudança pessoal e organizacional não é considerável. De fato, a maioria das iniciativas – entre 50% e 75% – não é bem-sucedida. Veja, por exemplo, esses argumentos para o fracasso: AT Kearney viu 58% de todos os fracassos de fusões atingirem suas metas e 77% não agregaram valor. Vantage Partners viu 70% de todas as alianças estratégicas falharem, e Arthur D. Little viu 67% das iniciativas de qualidade da *Fortune 500* não renderem melhorias significativas de qualidade. De acordo com o Hoover Institute, 66% do capital de risco já inicia fracassado em retornar o investimento original.

O cenário não traz mais brilho ao nível individual, em que a pesquisa mostra que de 50 a 75% dos programas para parar de fumar e para perder

DOMÍNIO DA MUDANÇA

131

peso não são bem-sucedidos. A conclusão? A mudança é difícil. Há a seguinte questão crítica: Por que mais de 25% funciona?

Como já vimos, o aprendizado de agilidade é o fator principal. Além do mais, a arquitetura essencial da agilidade – nossa neurofisiologia – é fundamental. David Rock, consultor de gerenciamento e autor de *Quiet Leadership: Six Steps to Transforming Performance at Work*, e Jeffrey Schwartz, pesquisador científico e autor (com Sharon Begley) de *The Mind and Brain*, coautor do artigo "The Neuroscience of Leadership", publicado na revista *Strategy+Business*, que conecta precisamente a última pesquisa sobre o cérebro com os comandos da liderança, especialmente as iniciativas de mudança de sucesso eficaz. Na verdade, Rock e Schwartz foram tão longe para nos dizer: "Os gerentes que compreendem as atuais descobertas na ciência cognitiva podem liderar e influenciar atentamente a mudança: a transformação organizacional que presta atenção à natureza psicológica do cérebro, e as maneiras como ele predispõe as pessoas a resistirem a algumas formas de liderança e a aceitar outras". Os autores identificam três razões de iniciativas de mudança falhas:

1. a resistência à mudança é real; ela torna as pessoas fisiologicamente desconfortáveis e "aumenta o stress";
2. os modelos típicos e comportamentais de fora para dentro não funcionam a longo prazo porque eles confiam nos recursos externos em vez dos internos;
3. tentar persuadir as pessoas a abraçar a mudança por meio de iniciativas de comunicação de fora para dentro ou apresentações não é atrativo e cativante o suficiente para as pessoas.

Baseado na neurociência, os autores identificam quatro elementos-chave para a mudança bem-sucedida:

1. focar a atenção das pessoas na ideia nova e ajudá-las a projetar uma visão clara do que seu mundo se parecerá de dentro para fora;
2. criar um ambiente no qual falar e compartilhar essa visão seja parte da experiência cotidiana;
3. dar espaço às pessoas para reflexão e *insight* para assimilar as possibilidades de mudança de dentro para fora;

132 LIDERANÇA AUTÊNTICA

4. manter a lembrança das pessoas do que é importante: deixar os problemas no passado e focar na identificação e criação de novos comportamentos e soluções.

Se você lida com a mudança desta maneira, passando das abordagens de fora para dentro para as de dentro para fora, o "cérebro de liderança" manterá intrinsecamente engajado com a visão, as possibilidades e as soluções.

Rock e Schwartz afirmam, assim como outros cientistas, incluindo Jon Kabat-Zinn, pesquisador científico e criador de *Mindfulness-Based Stress Reduction (MBSR)*, e Richard Davidson, um neurocientista da University of Wisconsin, que está estudando a influência da meditação na habilidade do cérebro para focar a atenção, diz que, quanto mais focarmos nossa atenção em algo, mudaremos fisicamente nosso cérebro. Isso significa que como líderes podemos aumentar – fisiologicamente – nossa adaptabilidade para a mudança, e como resultado, ficar mais abertos e engajados em como direcionamos a mudança que desejamos fazer.

> *Quando nada é certo, tudo é possível.*
>
> Margaret Drabble

Ao longo de 30 anos de ajuda aos líderes, equipes e empresas para direcionar a mudança, codificamos sete alterações do domínio da mudança que podem ampliar nossas chances ao sucesso.

SETE ALTERAÇÕES DO DOMÍNIO DA MUDANÇA

- *Mudança 1:* do foco problema para o foco oportunidade. Os líderes eficazes tendem a perceber e a inovar as oportunidades inerentes à mudança.
- *Mudança 2:* do foco a curto prazo para o foco a longo prazo. Os líderes eficazes não perdem sua visão a longo prazo no meio da mudança.
- *Mudança 3:* do foco circunstância para o foco propósito. Os líderes eficazes mantêm a visão clara do propósito, valor e significado para avançar as circunstâncias imediatas.
- *Mudança 4:* do foco controle para o foco agilidade. Os líderes eficazes compreendem que o controle é um princípio de gerenciamento

DOMÍNIO DA MUDANÇA

que produz certo grau de resultados. Entretanto, agilidade, flexibilidade e inovação são os princípios de liderança que sustentam os resultados a longo prazo.

- *Mudança 5:* do autofoco para o foco servir. Os líderes eficazes isolam suas equipes e empresas do stress da mudança em gerenciar, neutralizar e/ou transcender seu próprio stress.
- *Mudança 6:* do foco conhecimento para o foco escutar. Os líderes eficazes são abertos e escutam autenticamente para estar conectados com os outros e consideram soluções múltiplas e inovadoras.
- *Mudança 7:* do foco dúvida para o foco confiança. Os líderes eficazes são mais seguros; eles têm um senso de que podem lidar com o que vier em seu caminho; sua autoconsciência e autoconfiança são maiores do que as circunstâncias de mudança.

REFLEXÃO
LIDANDO COM A MUDANÇA

Precisamos de um tempo para juntar tudo isso. Use as seguintes questões para refletir como você lida com a mudança em sua vida:

1. Pense sobre as vezes que você enfrentou as maiores crises ou desafios. Quais qualidades ou potencialidades surgiram? Quais qualidades você gostaria de desenvolver mais adiante durante aqueles períodos de crise? Quais foram os pontos essenciais que você aprendeu durante aqueles períodos?

2. Diante de uma nova experiência, qual é a sua primeira reação?

3. Como você reage quando investe um trabalho e esforço significativo em algo que não funciona? O que você mais teme?

4. A próxima vez que você enfrentar uma perda potencial, como você lidará de modo diferente?

5. Reflita como você:
    - foca em oportunidades *versus* problemas;
    - foca no longo prazo *versus* curto prazo;
    - foca no propósito *versus* circunstância;
    - foca na adaptabilidade *versus* controle;
    - foca em servir *versus* em si mesmo;
    - foca em escutar *versus* falar.

6. Quão ágil e adaptável você é quando se trata de aprender a partir de situações imprevisíveis?

MEDINDO NOSSA HABILIDADE PARA LIDAR COM A MUDANÇA

Gerenciar a mudança é um tema comum atualmente. Os líderes empresariais de todos os níveis estão sendo desafiados a desenvolver-se como em nenhuma outra época da história empresarial. Quão bem preparamos nosso talento para atender à empresa? Certamente, a maior parte do treinamento em gerenciamento de mudança e melhoria do processo é valiosa. Porém, nós realmente estamos preparando líderes e todos os funcionários para ter sucesso com a mudança? Estamos ajudando as pessoas a desenvolver a resiliência interna necessária, ou estamos as arremessando aos leões da mudança e desejando que elas sobrevivam de qualquer maneira?

Com a rápida mudança em nossa era da informação, a mentalidade da "sobrevivência do mais forte" do mundo antigo está se tornando velozmente obsoleta. Toda a ideia de "forte" precisa ser redefinida. Deixou de ser uma medida de força física ou poder, ela necessita ser redefinida em termos de sobrevivência do mais consciente ou sobrevivência do mais flexível – mental, emocional e espiritualmente. O paradigma emergente para o sucesso nos próximos anos converterá do conceito do empenho externo ao domínio interno. A sobrevivência do mais consciente e do mais adaptável está se tornando a base fundamental da verdade para a eficácia duradoura. Estamos ganhando domínio de dentro para fora para resistir ao tumulto da mudança, ou estamos reagindo e nos defendendo contra toda a mudança que chega ao nosso caminho?

> *Quase todos os homens podem suportar a adversidade, mas se você quiser testar o caráter de um homem, dê-lhe poder.*
>
> Abraham Lincoln

Se nosso medo da perda exceder nossas estratégias competitivas pessoais, estaremos sem direção e, portanto, ineficazes em lidar com a mudança. Isso leva a acessar o aprendizado da agilidade dentro de nós. Imagine quão corajosa e maravilhosa nossa vida seria se nosso propósito, visão e resiliência fossem tão fortes que o medo não tivesse ação sobre nós. Grandes líderes, tal como Franklin Roosevelt, compreenderam esta dinâmica: "Não temos nada a temer, exceto a nós mesmos". Essas palavras foram ditas a partir de um lugar de verdadeiro caráter – um lugar de inabalável convicção interna, força e consciência. Essa frase não é meramente um artifício inteligente, porém uma

136 LIDERANÇA AUTÊNTICA

expressão de um líder astuto e internamente focado. Imagine sua vida totalmente livre do medo. Você se permitiria nenhum medo financeiro, nenhum
medo de fracasso, nenhum medo de perda – nenhum medo jamais. Como
você viveria? Como você mudaria? Se você não pudesse falhar, o que faria?

OITO PONTOS DE CONSCIÊNCIA PARA LIDERAR COM AGILIDADE

Assim que você desenvolver o domínio da mudança, lembre-se dos seguintes
princípios:

1. Esteja aberto para o aprendizado: quando resistimos à mudança, toda
nossa energia fica limitada no esforço de manter o *status quo*. Nesse estado
restrito de consciência, perdemos as lições entregues a nós mesmos. Não há
necessidade de negar os desafios que você está experimentando. Encoraje-se
em abrir conscientemente ao aprendizado oculto nas circunstâncias de mudança. Considere desafiadoras as avaliações de carreira que vão contra a estag-
nação. Cresça com o fluxo... e cresça dentro da força criativa de mudança.

2. Pratique a consciência do momento presente: no meio da mudança, nós
com frequência escapamos mental e emocionalmente para o passado ou futuro. Como resultado, vivemos raramente no presente. Imagine um jogador
de tênis preocupado com suas últimas partidas ou potenciais partidas futuras no meio de um set dinâmico. Ele seria bem-sucedido? Desenvolver o
foco no presente momento nos permite começar a "conectar" uma série de
sucessos do momento presente em uma vida eficaz. Pense nisso: o presente
momento não é nossa única chance real de sucesso?

3. Integre o foco imediato e a ampla consciência: pode parecer um paradoxo, porém as pessoas altamente eficazes têm aprendido a integrar um
foco centralizado com a consciência abrangente. O marco zero no momento
presente sem perder o senso maior de sua visão e propósito. Esteja profundamente focado e ainda simultaneamente ciente de que o contexto significativo de nossa vida é uma das chaves para o sucesso de dentro para fora.
Muitas pessoas bem-sucedidas descrevem sua consciência ampla e intencional

DOMÍNIO DA MUDANÇA

137

como uma tela em que tudo é focado, eventos localizados de sua vida são conectados de um modo significativo.

4. *Confie em você mesmo:* às vezes, a "força" da mudança é tão intensa, tudo o que podemos fazer é esperar e confiar que tudo vai dar certo. Desenvolver nossa habilidade interior para confiar é primordial, assim como nos arremessar pelo ar ou entre as barras de trapézio. Como André Gide escreveu: "Ninguém descobre novas terras sem consentir perder de vista as fronteiras por um tempo muito longo". A essência do domínio da mudança é a autoconfiança.

5. *Desenvolva a resiliência por meio da dimensão mental-emocional:* nosso estado atual de desenvolvimento ou evolução pessoal pode ser medido diretamente por nossa habilidade de se adaptar. Nossa vida contrai e expande na proporção de nossa flexibilidade pessoal. Para "se tornar flexível", comece a se expandir em todos os eventos cotidianos da vida. Como você se adapta ao trânsito lento? Como você reage quando está atrasado para uma apresentação importante ou quando se abre para alguém do estilo "incomum" ou com conhecimento? Qual é sua resposta ao tentar algo novo? Aumente gradualmente sua flexibilidade emocional, mental e espiritual para torná-lo mais ágil aos acontecimentos maiores da vida. Siga os mesmos princípios usados em treinamento físico: estique-se, não distorça – os micromilímetros do progresso diário são suficientes. À medida que praticamos regularmente esse tipo de treinamento, nossa elasticidade pode ser experimentada em uma percepção calma e centrada de si mesmo no meio de eventos imprevisíveis. Conforme nossa agilidade se torna mais avançada, começamos a ter um sentimento interior de que podemos gerenciar o que vem em nosso caminho. Siga o conselho de Benjamin Franklin: "Não se aborreça com coisas pequenas ou inevitáveis".

6. *Lembre-se de que toda mudança significativa começa com a automudança:* recentemente, um CEO de uma empresa global nos pediu para facilitar o desenvolvimento de liderança às pessoas de alto nível e ajudá-las a obter um senso mais profundo e mais íntimo de seu talento de alto potencial. Temos um processo chamado *LeaderSuccession*[sm] que envolve intimamente o patrocinador, frequentemente o CEO ou outro executivo-chave, e um pequeno grupo de seis a oito pessoas que obtêm uma profunda experiência de desenvolvimento de liderança na qual elas adquirem muita autoconsciência e consciência dos colegas e aprendem de dentro para fora e de fora para dentro. Quando esse CEO perguntou se ele deveria estar lá para "dar o pontapé inicial", nós dissemos: "Absolutamente não. Você precisa estar lá *integralmente* nos dois dias e meio". Apesar de hesitante, ele concordou. O programa foi um grande sucesso. Infelizmente, muitos processos de revisão de talentos e de sucessões apenas realizam uma análise superficial de talentos, focando em avaliações e ranques. Durante esse programa, o talento de alto nível construiu nova autoconsciência, aprendeu habilidades de equipe e compreendeu o equilíbrio eficaz do poder pessoal e do poder relacional. Além disso, o CEO quis saber qual era realmente seu talento-chave. Porém, o maior e o mais inesperado benefício foi o próprio crescimento e desenvolvimento do CEO. Presumivelmente, ele estava lá para "observar". Para seu crédito, ele mudou da observação para a participação e ficou mais surpreso em acelerar seu próprio progresso. Adicionalmente, ele modelou o comportamento aberto e em desenvolvimento que ele queria ver nas outras pessoas. *Se você quiser desenvolver sua equipe, desenvolva o que você quer ver.* Lembre-se do mantra do domínio da mudança: "Toda mudança significativa começa com a automudança".

> *Não podemos transformar a realidade, porém podemos transformar nós mesmos. E se transformarmos nós mesmos, poderemos mudar o mundo um pouco.*
>
> Gary Snyder

7. **Pratique as alterações do domínio da mudança:** para lidar com a mudança como um líder, desafie-se a praticar as sete alterações do domínio da mudança:
- mude do foco problema para o foco oportunidade;
- mude do foco a curto prazo para o foco a longo prazo;
- mude do foco circunstância para o foco propósito;
- mude do foco controle para o foco agilidade;
- mude do foco autofoco para o foco servir;
- mude do foco falar para o foco escutar;
- mude do foco dúvida para o foco confiança.

DOMÍNIO DA MUDANÇA

Faça com que essas alterações transformem sua eficácia de liderança, mudando em ser dirigido à competição para ser dirigido ao caráter.

8. _Dê um salto:_ aceite naturalmente a hesitação e ansiedade quando enfrentar a "barra do trapézio". Aprenda a enxergar além do medo da perda, e o propósito e a visão lhe darão a coragem para dar o salto. Eu gosto de dizer às pessoas como elas estão enfrentando a "barra do trapézio" num dado momento: "Ei! Companheiro, você pode ousar alguma mudança?" Quando confrontado com um novo desafio, pense neste conselho dado a um jovem nativo americano na época de sua iniciação:

> Quando estiver seguindo o caminho da vida,
> você verá um grande abismo. Salte.
> Ele não é tão grande quanto você pensa.

PLANO DE DESENVOLVIMENTO
DE LIDERANÇA
DOMÍNIO DA MUDANÇA

Reflita sobre o aprendizado que você obteve neste capítulo. Reflita sobre a questão: "Como eu posso melhorar minha agilidade durante períodos desafiadores de mudança?"

1. Áreas para construir consciência:
   * _____
   * _____
   * _____

2. Novos compromissos a fazer:
   * _____
   * _____
   * _____

3. Novas práticas a começar:
   * _____
   * _____
   * _____

4. Obstáculos potenciais:
   * _____
   * _____
   * _____

5. Cronograma e medidas de sucesso:
   * _____
   * _____
   * _____

CAPÍTULO CINCO

DOMÍNIO DA RESILIÊNCIA

Liderando com Energia

Na elaboração deste livro, entrevistei pessoalmente 62 CEOs e presidentes de corporações. O propósito dessas reuniões foi solicitar suas visões em relação aos nossos modelos de liderança e tê-los para desafiar nossos pontos de vista. Adicionalmente, conduzimos uma pesquisa para descobrir quais áreas de domínio os líderes corporativos percebiam como as mais relevantes para a eficácia de sua liderança e quais áreas eles achavam mais desafiadoras. Os resultados de nossas entrevistas foram muito claros: 75% dos CEOs e presidentes consideraram o domínio pessoal o mais relevante à sua eficácia de liderança, enquanto 67% observaram o domínio interpessoal como o segundo mais relevante. Entretanto, 92% deles selecionaram o domínio da resiliência como o maior desafio pessoal.

Para a maioria dos líderes com quem eu converso, equilibrar o trabalho e a vida pessoal é objetivo grandioso e nunca atingido. E ainda quanto mais eu procuro uma fórmula de equilíbrio entre trabalho e vida pessoal orientada ao tempo (por exemplo, trabalhar um determinado número de horas, fazer exercícios quatro vezes por semana, passar mais tempo com a família), menos útil e relevante ela parece ser. Embora cada dia traga exigências quase impossíveis de nosso tempo, com muitas reuniões, obrigações e conectividade 24 horas por dia, 7 dias por semana no mercado global, é a nossa resiliência e energia que ficam estressadas diariamente e não o relógio. Os dias começam como uma corrida e, então, se transformam em um triatlo de reuniões, e-mails e apresentações. Vamos enfrentá-lo, pois "o tempo é um recurso finito". Temos 24 horas, não importa como as dividimos. Entretanto, mudar nosso foco de *gerenciamento do tempo* para a *liderança de energia* pode permitir-nos descobrir nossa única fórmula para a *energia e resiliência sustentadas* completamente em cada dia. Quando estamos calmos e focados, estamos no nível mais alto das exigências de liderança. Reciprocamente, quando nossa energia está baixa, tudo parece distante de nós.

Quando encontrei Tim pela primeira vez, um executivo sênior de uma empresa global de produtos industriais, percebi algumas falhas em sua couraça machista orientada a resultados. Eu perguntei o que ele andava fazendo, e sua resposta foi curta: "Bem, viajando muito". Perguntei quantos finais de semana ele havia ficado em casa nos últimos seis meses, e ele parou para pensar e disse: "Bem... deixe-me ver... quatro... ou cinco. Tudo bem, faz parte do trabalho". A negação do estímulo da carreira de Tim estava cada vez mais difícil de recusar. Enquanto ele estava procurando diamantes em seu *status* habitual de viajante, estava perdendo inúmeras especializações e eventos sociais. De modo interessante, sua mente parecia estar gerenciando isso, mas seu corpo, espírito e família não estavam indo tão bem. Foi motivo de grande preocupação porque a acuidade mental pode ser muito enganosa, enquanto os níveis de energia e resiliência tendem a ser bastante reveladores.

> *O tempo é um recurso limitado; a energia é uma fonte ilimitada.*
>
> Katie Cooney

Ariel, uma executiva de marketing e mãe de três filhos com idades inferiores a sete anos, me disse que ela lida "normalmente" e muito bem com os dias de trabalho e a família. A pior coisa é quando ela precisa ficar ao telefone muitas horas à noite com os clientes da Ásia. Ariel não consegue dormir o suficiente, e joga fora o bom condicionamento no dia seguinte. Ela está desgastada, ansiosa e perde a paciência com as pessoas no trabalho e, em casa, com as crianças.

David, o CEO de uma empresa de médio porte e outro viajante "extremo", compartilhou comigo seu despertar. Retornando de uma viagem de duas semanas, ele estava tirando a bagagem para fora de seu carro quando seu filho de seis anos entrou na garagem de casa. Assustado, o menino correu de volta para a casa gritando. Seu filho realmente o confundira com um intruso! Naquele momento, David sabia que era hora de rever todas as áreas de sua vida. A essência de nosso desafio como líderes: encontrar energia, resiliência e conexão suficientes para servir a todas as prioridades importantes de nossa vida, sem nenhuma delas, ou nós entrarmos em colapso.

DOMÍNIO DA RESILIÊNCIA

DESAFIOS DE RESILIÊNCIA PARA EXECUTIVOS

Eu não sou exceção. Minha vida tem sido um turbilhão desde dezembro de 2006, quando a LeaderSource se associou à Korn/Ferry International. Ainda mais agora na integração, estamos encantados com toda a sinergia e novas oportunidades que estamos criando. Com 80 escritórios em 40 países e mais de 200 *coaches*, temos uma capacidade inigualável para expandir o alcance de nossos programas de gerenciamento de talento ao redor do mundo. Assim como Tim e David, eu viajo por todo o planeta, coletando prêmio atrás de prêmio. As exigências de minha vida são definitivamente desafiar meu bem-estar mental, físico, emocional e espiritual. As mudanças súbitas desse período extraordinário de crescimento definitivamente presenteiam constantes desafios ao meu próprio domínio da resiliência. Felizmente, minha experiência de vida – aprendendo com impulsos anteriores de crescimento e a base de minhas práticas – tem me ajudado a gerenciar minha energia por meio dessa expansão.

Há doze anos, pensei ingenuamente que tinha esse equilíbrio entre trabalho e vida pessoal muito bem resolvido. Em algumas fases, eu consegui fazer isso enquanto minha vida não tinha mudado além das expectativas. Entretanto, nosso desenvolvimento de liderança e a prática do *coaching* executivo deram um salto rápido adiante, duplicando em tamanho em um período curto de tempo. Com essa guinada rápida de crescimento, minha vida estava maravilhosamente fora de equilíbrio. Eu digo "maravilhosamente" porque eu amo esse trabalho. Meu problema era que havia muitas coisas boas. Eu sentia como se estivesse em uma festa inacreditável, e não era capaz de me afastar da mesa. A "indigestão" de tanto trabalho estava causando sintomas prejudiciais: tensão nos relacionamentos, nível reduzido de energia, paixão diminuída e o stress físico. Tudo isso culminou em sérias questões de saúde. Infelizmente, a intensidade desses sintomas teve de se tornar dolorosa o suficiente para eu prestar atenção. Eu definitivamente precisava mudar meu foco do equilíbrio orientado ao tempo para um processo enriquecedor em resiliência e energia. Isso levou alguns meses de atenção focada para trazer minha vida de volta. Ao longo do tempo, eu fui capaz de estabelecer uma base mais forte para lidar com futuros desafios de crescimento, o que valeu a pena para mim durante esse período atual.

144   LIDERANÇA AUTÊNTICA

Embora eu me sinta um tanto mais confiante no domínio da resiliência agora, eu concordaria com meus colegas CEOs que o equilíbrio ou o domínio da resiliência é o mais difícil das sete áreas de domínio. Este eloquente *insight* espirituoso de E. B. Whyte me ajuda a manter a perspectiva: "Eu me levanto pela manhã dilacerado entre um desejo de *salvar o mundo* e um desejo de *saborear o mundo*". Com isso, fica muito difícil planejar o dia! Com que frequência você sente a tensão entre seu desejo de servir e a necessidade para se cuidar? Não é fácil escolher porque ambos são importantes.

O QUE ACONTECEU COM O LAZER?

O que aconteceu com o lazer que deveríamos estar desfrutando agora? Não deveríamos estar trabalhando 20 a 30 horas semanais com muito tempo para o lazer? Não muito tempo atrás, os futuristas pré-diziam isso como consequência natural de nossa era automatizada, baseada em computadores. Pouquíssimas pessoas diriam que nossa vida se tornaria mais calma. As 40 horas semanais se tornaram 60 horas semanais, e em um artigo da CNNMoney.com da *Fortune* em novembro de 2005, Jody Miller escreve: "As 60 horas semanais que se pensava ser o caminho para a glória são consideradas agora praticamente meio período". No mesmo artigo, Bill George, o CEO precedente da Medtronic, Inc. diz: "Não usei isso para ser intenso. Estive muito pior começando a 15 anos atrás, quando fomos para 80 horas semanais". Miller relata que George e outros avisam: "Os executivos de alto nível estão cada vez mais amarrados... Empresas de serviço em consultoria, advocacia e instituições financeiras têm realizado 80 horas semanais em seus negócios. Se isso for mantido, o dano poderá repercutir não somente em empresas, mas na nação, corroendo o crescimento da produtividade em uma era quando a competição global não for mais intensa".

> *Os gerentes controlam os recursos; os líderes multiplicam a energia.*
>
> Anne Tessien

Cada vez mais, a maioria das pessoas diz que a vida é um fluxo intenso de "ter de fazer" em vez de "querer fazer". A cada nova "conveniência", como os celulares, Blackberries, e-mails e mensagens de texto, simultaneamente sobra algum "tempo livre" com dez novas coisas a fazer. É possível que fazer cada vez mais não seja a resposta?

DOMÍNIO DA RESILIÊNCIA

Particularmente, em definições de carreira, o potencial para se redirecionar é grande. As pessoas com alto desempenho naturalmente querem atingir mais e mais. As empresas de alto desempenho mostram um desejo insaciável de "empilhar" mais e mais responsabilidade em pessoas-chave. Em um nível mais alto, muitas empresas, pensando que necessitam operar cada vez mais enxutas, requerem poucas pessoas para realizar mais trabalho. Seguramente, no momento em que as pessoas precisam recorrer a maiores recursos de energia e direcionamento, as reservas podem estar exauridas. Encontrar maneiras de atualizar-nos e revitalizar-nos nunca foi tão essencial à nossa produtividade e satisfação. A pesquisa realizada por Tony Schwartz e Catherine McCarthy, no artigo da *Harvard Business Review* em outubro de 2007, "Manage Your Energy, Not Your Time", aponta essa questão. "O problema principal em trabalhar muitas horas é que o tempo é um recurso finito. A energia é uma história diferente. Definida na física como a capacidade para trabalhar, a energia provém de quatro grandiosas dimensões nos seres humanos: corpo, emoções, mente e espírito". Esse é um assunto notável para os indivíduos, equipes e empresas em que lidamos. Schwartz e McCarthy continuam: "Para reenergizar eficazmente suas forças de trabalho, as empresas precisam mudar o conceito de tirar proveito das pessoas para investir mais nelas, de modo que elas se tornem mais motivadas – e capazes – de trazer mais de si para o trabalho diário. Para recarregá-las, os indivíduos precisam reconhecer os custos dos comportamentos desgastados de energia e então ter responsabilidade de mudá-los, independentemente das circunstâncias que estejam enfrentando". A pesquisa que Schwartz e McCarthy descrevem no artigo da Harvard *Business Review*, chama muita atenção porque apresentou resultados tangíveis e impressionantes de um grupo de funcionários chamado "grupo de gerenciamento de energia piloto", contra o desempenho de um grupo de controle. O estudo demonstrou que "os participantes superaram os controles em uma série de métricas financeiras... Eles também demonstraram melhorias substanciais nos relacionamentos com seus clientes, seu engajamento no trabalho e sua satisfação pessoal". Resiliência e energia alimentam os resultados.

MOVENDO DO TEMPO E EFICÁCIA PARA ENERGIA E RESILIÊNCIA

GERENCIAMENTO DO TEMPO X	LIDERANÇA DE ENERGIA
Foco no gerenciamento	Foco na liderança
Controla recursos limitados	Multiplica energia
Objetivos e resultados	Paixão e propósito
Produtividade pessoal / equipe organizacional	Engajamento pessoal / equipe / organizacional
Tenta alcançar o topo das coisas	Está no topo das coisas
Sentimento de falta de tempo e desapontamento	Sentimento de engajamento e satisfação

Se vamos mudar do gerenciamento do nosso tempo para sustentar e gerenciar nossa energia – o estímulo real que nos ajuda a realizar coisas, assumir desafios difíceis e estar presente em nossos relacionamentos –, precisamos fazer isso em todos os domínios de nossa vida: físico, mental, emocional e espiritual. Certamente, nós também precisamos ter a energia física básica para desempenhar, que requer cuidados físicos: os princípios de uma boa saúde, boa nutrição, exercícios, dormir e um descanso que ajuda nossa produtividade. Além daquela energia natural derivada do engajamento em atividades significativas e de afirmação de vida, e opostas às atividades que drenam nossa energia e são desprovidas de significado.

Você já notou o quão diferente se sente em fazer algo que no final do dia você realmente gosta e quer fazer – por exemplo, ir para a aula de dança, participar de um evento esportivo, trabalhar no jardim ou ter um jantar agradável com amigos – oposto a algo que você realmente não gosta e não quer fazer – trabalhar em um relatório financeiro item por item, participar de uma reunião do comitê, limpar a garagem ou talvez ir para a aula de dança? (Um carregador de energia de uma pessoa pode ser um desgaste de energia para outra pessoa.) Vamos parar por um momento e lembrar como nos sentimos nessas situações. Quando somos forçados a fazer algo, nos sentimos vazios, cansados, entediados e ansiosos para chegar ao fim. Porém, quando fazemos algo de que realmente gostamos, nossa energia é abundante.

DOMÍNIO DA RESILIÊNCIA

Essa energia é a chave – o instrumento para a alegria, o propósito, a resiliência e o sucesso contínuo. Vamos dar um passo adiante nesse assunto. Se tivéssemos muito daquilo que queríamos em nossa vida, teríamos tempo para isso? Pare um momento e imagine o que você sentiria.

Um homem modesto e orientado a resultados, Rick tinha uma longa lista de conquistas. Entretanto, Rick ignorava um componente muito importante há algum tempo: ele mesmo e sua saúde. Como um novo executivo de uma empresa global, ele veio ao nosso programa *Executive to Leader Institute* com a mesma determinação com a qual enfrentava todos os seus desafios. Aprendemos que Rick amava realmente estar em destaque e ansiava por esse rejuvenescimento. O *feedback* nos informou como resultado que as pessoas ao seu redor não se sentiam conectadas a ele e faltava-lhe confiança. As pessoas tinham contato com ele somente em eventos formais, e elas não o conheciam muito bem. Rick também nos falou que seu médico havia recomendado para ele perder peso. Desafiamos Rick a criar uma prática diária que construiria energia, saúde e relacionamentos, todos de uma vez. A princípio, ele relutou para chegar a algo. Então, ele se comprometeu. Ele faria breves caminhadas diariamente, e três vezes por semana ele convidaria os funcionários e colegas para juntar-se a ele, sem nenhuma outra razão além de conhecer uns aos outros. Rick encontrou o que realmente estava procurando em sua vida. Ele estava energizado por eles, e essa energia era evidente aos seus colegas que se uniram a ele. Ele tornou-se mais feliz e mais energético. De fato, Rick se sentiu vivo. Como aumentou sua energia, ele a compartilhou com os outros. Os líderes devem acessar e expandir a energia em todos os caminhos possíveis para manter o sucesso.

> *Não é apenas o cenário que você perde indo rápido demais – você também perde o sentido de onde está indo e por que.*
>
> Eddie Cantor

Infelizmente, muitos executivos minimizam o valor da resiliência para aumentar a performance de liderança. Um tempo atrás, conversei com um executivo sênior de uma grande corporação que estava interessado em nossos programas de *coaching* e de desenvolvimento. Ele estava extremamente engajado com o modo como integramos o domínio pessoal, o domínio de liderança, o domínio interpessoal e o domínio de carreira/propósito em

148 LIDERANÇA AUTÊNTICA

nosso *Executive to Leader Institute*. Entretanto, ele era totalmente contra incluir o domínio da resiliência como parte desse programa. Ele se opôs fortemente à sua relevância. "O que significa uma vida mais resiliente se o meu desempenho de liderança for insuficiente?" Como eu já conhecia sua reputação em explodir com as pessoas com coisas insignificantes, eu sabia que ele precisava de mais resiliência, e eu precisava reforçar esse ponto. Entretanto, após uma prolongada discussão de como ser mais resiliente afeta como nós lideramos, tão bem quanto nossa capacidade em lidar com as inúmeras exigências de posições altamente responsáveis, ele ainda estava resistente. Em vez de pressioná-lo ainda mais, eu dei a ele alguns materiais e sugeri que fizéssemos o trabalho juntos em poucos dias. A reunião nunca aconteceu. O executivo de 42 anos de idade morreu de um ataque fulminante do coração dois dias depois. A incorporação de práticas de resiliência em nosso estilo de vida não é um luxo; é uma necessidade. Como líderes, a resiliência nos permite em primeiro lugar sobreviver e, em segundo, prosperar.

O QUE AS PESSOAS DE 100 ANOS DE IDADE SAUDÁVEIS E PRODUTIVAS PODEM ENSINAR AOS LÍDERES

Um estudo de cinco anos realizado pelo Dr. Leonard Poon, da University of Georgia, revelou alguns princípios interessantes que influenciam a resiliência. Nesse estudo com 97 pessoas ativas e produtivas com mais de 100 anos de idade, ele descobriu que elas tinham dominado quatro características comuns:

1. *Otimismo:* elas tendiam a ter uma visão positiva do passado e do futuro. Elas não foram dominadas pela preocupação ou negatividade.
2. *Engajamento:* elas eram ativamente envolvidas com a vida. Não eram observadoras passivas, permitindo que a vida simplesmente passasse por elas.
3. *Mobilidade:* elas eram ativas fisicamente. Uma delas era um instrutor aeróbico; o que mais andava e cuidava do jardim diariamente.
4. *Adaptabilidade a perda:* elas tinham uma extraordinária habilidade para se adaptar e aceitar a mudança e a perda. Embora a maioria delas tivesse perdido suas famílias e amigos, elas ainda possuíam o entusiasmo para aprender e viver.

DOMÍNIO DA RESILIÊNCIA

O estudo também revelou uma surpresa interessante. Essas pessoas com 100 anos de idade comiam o que queriam. De fato, a maioria delas tinha ricas dietas em gorduras e altas calorias. Qual era o segredo delas para ter um estilo de vida saudável? Elas eram pessoas felizes, envolvidas, ativas e resilientes. Elas tinham dominado a alegria de viver.

RESILIÊNCIA É UM PROCESSO DINÂMICO

O domínio da resiliência não é um processo rígido e estático; é um tipo de fluido concentrado que nos permite ir a qualquer direção com facilidade e agilidade. Ser resiliente significa que podemos recuperar nosso equilíbrio até mesmo no meio da ação. Separar nossa carreira, vida pessoal, família, emocional e espiritual em partes distintas e então tentar equilibrar as partes em uma escala não funciona. Gerenciar toda a dinâmica é a chave. Precisamos localizar a dinâmica que circula em todas as partes e, então, influenciar nossa resiliência naquele nível. O domínio da resiliência é praticar os comportamentos internos e externos que nos mantenham enraizados e centrados de modo que possamos lidar com toda a dinâmica externa. Assim que conquistarmos mais resiliência, poderemos fazer tudo com mais facilidade. Realmente, quando somos resilientes, podemos suportar mais peso com menos esforço porque estamos fortes em nossa estrutura. Temos aquela estrutura para gerenciar as crises imprevistas em vez da ansiedade e constante medo que mais um problema leve-nos para baixo. Encontrar o caminho para construir essa estrutura resiliente de dentro para fora é a chave para o domínio da resiliência.

Charlotte estava hesitante e medrosa em assumir outra função executiva. Ela tinha deixado sua empresa e cargo anterior porque estava completamente esgotada. O marido de Charlotte sempre foi totalmente favorável à sua exigente carreira profissional, e seus filhos adolescentes precisavam de um tipo diferente de acompanhamento, então, ela decidiu voltar atrás no jogo, porém não sem o *coaching* dessa vez. Charlotte é orientada à ação, de modo que era importante ajudá-la a encontrar novos comportamentos que pudessem implementar facilmente e obtivessem os resultados de forma rápida. Nós a ajudamos a formular um plano que abrangesse quatro domínios de resiliência: físico, mental, emocional e espiritual. Charlotte estava sobrecarregada, então, sugerimos uma rotina regular de treinamento de perda de peso, exercícios e alimentação equilibrada, que a ajudariam a atingir um peso mais saudável e mais energia física. Ela notou um aumento em sua resistência, e sua resistência aumentou dramaticamente quando ela perdeu 9 kg. Um aspecto importante do plano de domínio de resiliência de Charlotte foi ter em mente uma cabana e um barco no lago, por meio de imagens visuais. Mesmo quando Charlotte não podia estar realmente no lago para se recuperar, algumas imagens mentais e fotos daquele local foram acessadas durante várias estações, as quais foram extremamente poderosas para ela. O tempo com a família e amigos estendeu-se para momentos de silêncio, pequenos intervalos para caminhadas, visualizações e respirações ajudaram Charlotte a reiniciar sua vida profissional de um modo novo e mais seguro.

> *Energia e persistência conquistam todas as coisas.*
> Benjamin Franklin

DEZ SINAIS DO DOMÍNIO DA RESILIÊNCIA

Então, quais são alguns dos sinais do domínio da resiliência?

- Calma e energia abundante.
- Habilidade de focar profundamente.
- Motivação dirigida internamente.
- Otimismo.
- Relacionamentos íntimos e completos.
- Criatividade e inovação.
- Vitalidade e entusiasmo.
- Pouco ou nenhum uso de cafeína, nicotina ou álcool.
- Facilidade para fazer as coisas.
- Produtividade ótima.
- Sentimento de plenitude.

DEZ SINAIS DA FALTA DE RESILIÊNCIA

Quais são alguns dos sinais da falta de resiliência?

- Nervosismo e baixa energia.
- Devaneio, mente não focada.
- Motivação dirigida externamente.

DOMÍNIO DA RESILIÊNCIA

- Negatividade.
- Tensão nos relacionamentos.
- Tédio, falta de inspiração.
- Depressão e fadiga.
- Uso regular de cafeína, nicotina ou álcool.
- Realização por meio de tensão e esforço.
- Produtividade baixa.
- Sentimento de tristeza.

RESILIÊNCIA NA NATUREZA: DESCANSO E ATIVIDADE

Como vamos encontrar mais resiliência em nossa vida? O melhor modelo para resiliência existe na natureza. Toda resiliência na natureza envolve alternar ciclos de descanso e atividade. Os ciclos do dia e da noite e os ciclos das estações do ano constantemente equilibram uma fase de descanso com uma fase ativa. A natureza expressa sua vitalidade na fase ativa, reconectando sua vitalidade na fase de descanso. Em cada fase interage justamente a combinação correta para atingir o equilíbrio dinâmico. Nossa vida é semelhante a ela, mas com uma grande diferença: temos de escolher a quantidade e a qualidade da atividade tão bem quanto a quantidade e a qualidade do descanso. Quando escolhemos inadequadamente, nossa vida fica fora do prumo. Quando escolhemos bem, experimentamos a vitalidade. A natureza nos permite escolher livremente, mas ela nos oferece também um *feedback* imediato de quão bem escolhemos. Quando aprendemos a escutar melhor, nossa energia e resiliência aumentam.

Jack Groppel e Bob Andelman, autores do livro *The Corporate Athlete: How to Achieve Maximal Performance in Business Life*, de 1999, balançaram o mundo corporativo quando aplicaram os princípios do stress e recuperação usados em *coaching* de atletas mundiais para trabalhar com líderes corporativos, equipes e empresas. Em um artigo recente, "Stress & Recovery: Important Keys to Engagement", James Loer e Jack Groppel ecoam o que vemos na natureza e a aplicam ao "atleta corporativo": "O stress é o estímulo para o crescimento; a recuperação é quando o crescimento ocorre. Se não tiver alguma recuperação, você não terá crescimento". Para ilustrar esse assunto em termos esportivos, eles descrevem os quatro níveis de recuperação – físico,

152 · LIDERANÇA AUTÊNTICA

> *O stress está nos olhos de quem vê; ele pode inspirar uma visão intencional ou pode lançar uma sombra escura.*
>
> Dina Rauker

mental, emocional e espiritual – que um jogador de tênis profissional tem para mudar a recuperação dentro de segundos entre os pontos. Os autores afirmam: "Tudo o que eles fazem pode ser realizado pelas pessoas de negócios". Pressionando-nos adiante, eles sugerem perguntar a nós mesmos: "Quão valioso seria para as pessoas aprenderem a retomar a energia em pequenos intervalos de tempo durante seu dia de trabalho?" O resultado, eles diriam, é "mais produtividade no trabalho e amplas reservas para casa. Como consequência o desempenho aumenta e a lealdade melhora".

Muitos desequilíbrios em nossa sociedade provêm de duas grandes fontes: tendemos a exagerar nossa atividade, e tendemos a diminuir nosso descanso. A fórmula para a maioria de nós criarmos mais resiliência em nossa vida geralmente envolve dois aspectos:

1. Melhorar a qualidade de nossa atividade e reduzir um pouco a quantidade.
2. Melhorar a qualidade e a quantidade de nosso descanso.

OS ONZE PONTOS PARA O DOMÍNIO DA RESILIÊNCIA

Quais são os métodos para satisfazer tais requisitos? Embora possam ser muitos, encontrei onze pontos para o domínio da resiliência que podem ajudar a centrar nossa vida de forma integrada e completa:

1. Tenha propósito, mas esteja consciente: de todos os pontos de resiliência, descobrir nosso propósito é um dos mais importantes. É a nossa posição de força centrada. Quando temos propósito, é mais difícil para os outros nos tirarem do equilíbrio. Então, frequentemente, enquanto somos pegos na atividade de nossa vida, raramente nos perguntamos "Por quê?" Assim como Thoreau refletiu: "Não é suficiente estar ocupado; assim são as formigas. A questão é: com o que estamos ocupados?" Em vez de acumular simplesmente uma grande quantidade de realizações ou experiências, nossa vida pode se queimar no fogo da paixão que ilumina nosso caminho. Porém, temos

DOMÍNIO DA RESILIÊNCIA

de ser cuidadosos. Assim que nosso propósito apaixonado queimar fortemente, nossa devoção a ele pode causar-nos um desgaste de nossa energia. Tornamo-nos tão obcecados com nossa missão que começamos a ignorar nosso descanso, necessidades físicas ou relacionamentos. Nós devemos ser intencionais, mas não deixar que a paixão nos queime.

Eu falo frequentemente para as pessoas sobre minha habilidade de meditar diariamente, escrever livros e ter relacionamentos próximos enquanto administro uma empresa de consultoria e viajo pelo mundo. As pessoas me perguntam: "Como você faz isso? Você deve ser muito disciplinado com sua programação diária". Eu sempre fico surpreso. Não há uma programação disciplinada; há disciplina apenas quando eu quero incluir algo em minha programação. Eu medito, escrevo, tenho relacionamentos, administro minha empresa e viajo porque eu amo fazer isso. Se as pessoas me disserem: "Você deve amar realmente o que faz. Você deve ter propósito e paixão em sua vida", eu provavelmente ficaria um pouco envergonhado, mas ao mesmo tempo me sentiria confortável com esse comentário. Propósito e paixão nos obrigam a atingir múltiplos objetivos com maior energia e resistência.

2. Alimente sua energia em vez de gerenciar o tempo: o gerenciamento do tempo é uma função do relógio. Ele está fora de nós. É o domínio do gerenciamento. O gerenciamento de energia é o domínio da liderança. Ela vem de dentro, tem a capacidade de aumentar, ir além do que é. Portanto, fazer todo possível para manter nossa energia mais elevada e mais abundante do que os desafios que enfrentamos é a chave para a resiliência. Quando a energia está baixa, a vida e a liderança são entraves. Quando nossa energia está forte, podemos enfrentar tremenda pressão e desafios, e podemos prosperar. Se "o mundo pertence aos energéticos", como Emerson disse, então, vamos encontrar todas as práticas necessárias para melhorar nossos níveis de energia.

Quais as práticas que você abandonou que eram seus carregadores de energia? Quais as pessoas em sua vida que geram energia? Quais as pessoas que drenam sua energia? Qual condicionamento físico, diversão ou práticas espirituais lhe dão maior elevação? Coloque-os juntos em um plano de energia. Inclua somente as práticas que você realmente ama. Esses são seus indicadores sustentáveis de energia.

3. *Aprenda a se exercitar com prazer:* você deve estar surpreso ao ouvir isso de alguém que compete em triatlos há anos, porém podemos estar nos matando com excesso de exercícios. Inconscientemente, a maioria das pessoas não se exercita; elas se punem. Muitos estão tão desconectados de seu corpo que associam erroneamente o cansaço que sentem a um "ponto elevado". A mentalidade "sem dor, sem ganho" geralmente cria mais fadiga, estresse e risco de lesão do que qualquer tipo real de condicionamento físico. Precisamos realmente repensar em como devemos nos exercitar.

Precisamos ir a um nível mais profundo e nos perguntar: "Qual é o *propósito* de exercitarmo-nos?" Certamente, perder peso, parecer melhor ou definir um novo recorde pessoal são alguns propósitos superficiais. Se você for um atleta profissional, o propósito de exercitar pode ser expressar seu espírito no domínio físico como ninguém o fez anteriormente.

> *O condicionamento físico deve ser divertido. Se não for um jogo, não será condicionamento físico. O jogo, você sabe, é o processo. O condicionamento físico é meramente o produto.*
>
> George Sheehan

Entretanto, não somos atletas profissionais e precisamos encontrar um significado do condicionamento físico para nós. Não é o significado mais próximo do ideal grego de integração mente-corpo? Não é rejuvenescer, trazendo mais vitalidade, energia e alegria ao movimentar a nossa vida? Para mim, o propósito de exercitar é fortalecer nosso veículo de modo que ele possa suportar de forma mais eficaz todo nosso propósito de vida. É estar presente e alegre, "apreciando" o movimento do corpo e do espírito. Um quadro bastante emocionante para flexões, halteres e corridas, não é?

Alguns de nossos clientes executivos orgulhosamente nos disseram que eles "se exercitam todos os dias sem falhar". Quando perguntamos a eles se eles gostam, eles olham um pouco constrangidos e respondem: "Bem, não, mas eu pratico *todos os dias*, de qualquer forma!" Se você tiver de se esforçar para correr, então, encontre outra coisa que você goste de fazer.

As atividades que você gosta trazem energia e resiliência. As atividades que você não gosta criam desgaste e desequilíbrio de energia. A alegria da própria atividade faz tão bem à saúde quanto o efeito aeróbico. Além disso, se você não gostar, você será tão "bem-sucedido" em se tornar uma pessoa rí-

DOMÍNIO DA RESILIÊNCIA   155

gida ou você desistirá eventualmente de qualquer maneira. O que nós amamos permanece. Encontre o que você mais gosta de fazer para mudar seu físico.

A perspectiva mais iluminada que encontrei sobre exercitar está no livro *Body, Mind & Sport*, do Dr. John Douillard. Usando técnicas antigas de integração mente-corpo, ele orienta as pessoas por um programa para experimentar a "área", um exercício de elevação. As pessoas começam realmente a gostar de fazer exercícios quando encontram sua mente harmonizada profundamente no meio da atividade física dinâmica. Dentro desse novo paradigma, Douillard escreve: "Isso nos dá um novo objetivo de condicionamento físico excepcionalmente desafiador. Estamos muito contentes em ver quanto podemos fazer; queremos saber com quanto esforço podemos fazê-lo!" Procure ler o livro de Douillard para obter o programa completo. Enquanto isso, considere algumas dessas sugestões para os exercícios mais importantes:

- Encontre uma atividade (ou atividades) de que você goste.
- Defina um objetivo firme com o qual se sinta bem por meio do programa de exercícios. Se você sentir alguma tensão, vá mais devagar. Se você perder o fôlego ou não puder manter confortavelmente uma conversa com o parceiro de treinamento, desacelere.
- Inspire e expire *somente pelo nariz* em todo o treinamento. Se você tiver de respirar pela boca, você está se desgastando, então vá devagar.
- Aqueça-se sempre caminhando ou comece muito devagar sua atividade entre 10 e 15 minutos antes de iniciar o treinamento.
- Faça alongamentos suaves somente após estar aquecido – alongar, nunca esticar. Considere fazer um alongamento moderado e eficaz em sua rotina.
- Mantenha a consciência de seu corpo e como ele se sente durante todo o treinamento. Se você não sentir confortável durante os exercícios, vá devagar ou pare um instante até conseguir fazê-lo.
- Caminhe de 5 a 10 minutos para esfriar os músculos. Faça mais alongamentos suaves.
- Em seu condicionamento físico, note se você sente bem durante e após a atividade, não o quão difícil você se exercitou ou quão longe ou rápido você foi.

Se seguir esse processo regularmente, você apreciará a sessão de exercícios e ficará mais equilibrado. Os atletas estão sempre à beira da fadiga, doença e lesão, e por isso estão sempre um pouco desequilibrados. Exercite-se com prazer. Você melhorará seu condicionamento físico, energia e qualidade de vida, tudo em um único processo.

Se você tiver dificuldade em encontrar tempo para se manter ativo, lembre-se de que Thomas Jefferson fazia duas horas de exercícios todos os dias. Se alguém que escreveu a Declaração de Independência dos Estados Unidos se tornou presidente, e era secretário de estado encontrou duas horas por dia, você pode encontrar 20 ou 30 minutos algumas vezes por semana! Tente duas caminhadas de 20 minutos por dia. Use-as como pausas. Esvazie sua mente e faça exercícios ao mesmo tempo. Consulte um médico antes de você iniciar qualquer programa de exercícios.

4. *Evite hábitos prejudiciais à vida:* escolhas medíocres de estilos de vida provocam mais miséria, sofrimento, morte e desequilíbrio em nossa sociedade do que qualquer outra causa única ou múltipla.

O tabagismo, por exemplo, é a causa de mais de 420.000 mortes por ano somente nos Estados Unidos. Isso é sete vezes maior do que o número de americanos que morreram em toda a Guerra do Vietnã. A Organização Mundial de Saúde identificou que fumar é o assassino número 1 do planeta. Isso representa apenas uma escolha de estilo de vida! Que tal o abuso de álcool e drogas, tão bem quanto as escolhas medíocres nas áreas de alimentação, relacionamentos e exercícios? É estimado que mais de 70% de todas as doenças tenham origem em decisões medíocres de estilo de vida. Isso soa dramático, porém as decisões de estilo de vida podem levar você a duas direções: a vida ou a morte.

> *Não nos libertamos de um hábito atirando-o pela janela; é preciso fazê-lo descer a escada, degrau por degrau.*
>
> Mark Twain

É difícil entender que os hábitos prejudiciais à vida causam tanto desequilíbrio. A maioria de nós não se engaja em comportamentos que nos prejudicam. O problema é que temos certos hábitos errados para a felicidade. Nós, inconscientemente, trocamos uma dificuldade a curto prazo por um dano a longo prazo. Como podemos mudar os comporta-

DOMÍNIO DA RESILIÊNCIA

mentos que estão nos prejudicando? Mark Twain definiu o desafio de mudar certos comportamentos quando disse: "Não nos libertamos de um hábito atirando-o pela janela; é preciso fazê-lo descer a escada, degrau por degrau". Os passos para persuadi-los lá embaixo são vários:

- Admita que o hábito está prejudicando você e possivelmente os outros. Pense profundamente em todos os efeitos negativos que este hábito está lhe causando. Até reconhecer o problema, você não terá nenhuma motivação verdadeira para mudar.
- Conte com um profissional ou alguém responsável para ajudá-lo. É improvável que você faça por conta própria, caso contrário você já teria feito.
- Encontre comportamentos positivos para substituir os vícios passados. Substitua fumar por exercitar-se, sobremesas por frutas, refrigerantes por sucos, etc.
- Repita continuamente os três primeiros passos se os hábitos estiverem presentes novamente ou novos aparecerem.

Os hábitos que envolvem um uso excessivo de estimulantes como café e nicotina são particularmente indicativos da falta de resiliência. A necessidade de estimulantes artificiais indica uma profunda fadiga interna. Para ajudar a si mesmo a diminuir esses hábitos particulares, o descanso adicional e a meditação são indicados, pois aceleram amplamente o processo de recuperação.

> *Coragem e perseverança têm um talismã mágico, antes que dificuldades e obstáculos desapareçam no ar.*
>
> John Quincy Adams

5. Não leve a vida tão sério: humor e leveza energizam a mente, o corpo e o espírito. Quanto mais rígido e autocentrados formos, mais desequilibrados seremos. Lembre-se dos momentos em que você se sente mais forte e seguro. Não são nesses momentos que você pode rir e observar a vida de uma maneira divertida? Deixe ir embora a própria rigidez, o bom humor trará alegria e energia a sua vida. Harriet Rochlin escreveu: "O riso pode ser mais

158 LIDERANÇA AUTÊNTICA

satisfatório do que a honra, mais precioso do que o dinheiro, e mais purificador do que a oração".

Daniel Pink, em *A Whole New Mind*, escreve sobre Madan Kataria, um médico de Mumbai, na Índia, que gosta de rir e fundou o clube do riso, acreditando que o riso pode ser um "vírus benéfico, que pode infectar os indivíduos, comunidades e até nações". Com a proliferação dos clubes do riso, o Dr. Kataria deseja alastrar a epidemia que "melhorará nossa saúde, aumentará nossos lucros e talvez trará a paz mundial". Pink também escreve: "Brincar está emergindo das sombras da frivolidade e assumindo o lugar de destaque... Brincar está se tornando uma parte importante do trabalho, empresa e bem-estar pessoal". Você já viu um cachorro ativo solto em um campo aberto – a pura alegria e satisfação de sua corrida, alongando seu corpo, expressando sua liberdade? É maravilhoso testemunhar isso. Talvez seja hora de deixar de lado sua seriedade e correr alegremente em seu campo aberto!

Trate a vida como uma brincadeira. Esteja atento ao enredo, seus atores companheiros e faça isso muito bem. Porém, não leve muito a sério. Afinal de conta, é apenas um papel de uma peça cômica. Os líderes eficazes têm a perspectiva clara; eles são sérios em sua missão, estratégia, execução e em servir às pessoas, mas não são em sua função, imagem ou em si mesmos.

6. Desenvolva a consciência mente-corpo: estamos presos em nossa mente. Precisamos prestar mais atenção às mensagens de nosso corpo. Ele reflete tudo o que passa em nossa vida. É nosso mecanismo primário de *feedback* para revelar o impacto positivo ou negativo de nossos pensamentos, emoções ou escolhas. Comece a ouvir a sabedoria do corpo. Ele fala por meio da energia. *Tradução:* Faça mais isso! Ele fala por meio da fadiga: *Tradução:* Corte isso e dê-me um descanso! Ele envia mensagens dolorosas. *Tradução:* Estou lhe avisando gentilmente, mas se você me ignorar, eu falarei um pouco mais alto. Pare de fazer isso! Desenvolver a consciência de como a mente afeta o corpo e como o corpo afeta a mente é uma habilidade essencial. Criar a

> *Aprenda a organizar sua mente. Aprenda a simplificar seu trabalho... seu trabalho será mais direto e poderoso.*
>
> John Heider

DOMÍNIO DA RESILIÊNCIA

consciência mente-corpo pode ser uma das competências de dentro para fora mais curativas e energizantes.

7. *Gerencie o estresse mais eficazmente:* o estresse é uma realidade totalmente subjetiva. Se duas pessoas estão estressadas do mesmo modo, uma pode ter um colapso e a outra pode crescer com uma oportunidade desafiadora. O estresse é determinado em como processamos nosso mundo. Eu recentemente o experimentei, em primeira mão, em uma viagem de consultoria em Londres e Paris. Eu cheguei ao aeroporto atrasado para o voo e subi no avião quando as portas estavam se fechando. Para me recuperar, fui ao banheiro e então ele estava ocupado, esperei, fiz uma profunda respiração e parei. De repente, de dentro do minúsculo banheiro, eu ouvi um enorme barulho com batidas e ruídos fortes. Meu primeiro pensamento foi que alguém tivesse sido capturado ou teve um ataque do coração. Quando eu estava prestes a pedir ajuda, a porta se abriu. Um homem, deficiente físico com muletas debaixo de cada braço diante de mim. Por causa de suas pernas paralisadas, elas giraram seguindo o movimento de seu corpo contorcido. No meio de seu esforço para sair daquele lugar estreito, ele olhou para mim com um sorriso conhecido e disse: "Sou apenas uma borboleta me libertando do casulo!" Foi um momento maravilhoso que eu nunca esquecerei. Se pudéssemos "transformar nosso mundo" com a mesma dignidade, sentimento e resiliência.

Uma de minhas colegas, Janet Feldman, desenvolveu um "Modelo CIA" para "processar nosso mundo" discernindo entre três aspectos:

- O que podemos controlar?
- O que podemos influenciar?
- O que devemos aceitar?

Cada vez que você enfrentar uma situação ou evento estressante, atinja o equilíbrio se perguntando: "O que eu posso *controlar* nessa situação? O que eu posso fazer para *influenciar* essa situação? O que eu devo *aceitar* aqui?" A aflição é geralmente um subproduto do desperdício de energia tentando controlar as coisas que poderíamos apenas influenciar ou aceitar, ou então aceitar as coisas que poderíamos influenciar ou controlar. Tome as providências quanto ao que você pode controlar ou influenciar e enfrente mais claramente o que você deve aceitar.

8. *Nutra seus relacionamentos próximos:* poucas coisas na vida podem equilibrar-nos tão rápido quanto amar. Um dia difícil e estressante pode ser rapidamente esquecido diante do amor puro e inocente de uma criança. Poucas pessoas poderiam ajudar-nos a superar uma situação difícil como o apoio do cônjuge ou amigo. Os relacionamentos próximos podem ser nossas âncoras no mar da mudança. Porém, essa "proximidade" não vem *dos* outros para nós. Ela se origina de uma intimidade conosco primeiramente. Nós podemos oferecer simplesmente o que temos. Se nossa conta bancária emocional estiver baixa, ficar sem gastar é aconselhável. A chave é desenvolver a equidade emocional conosco em primeiro lugar. Então, seremos capazes de estar lá para as outras pessoas no momento necessário. Da mesma forma, elas estarão lá para nós. Mais cedo ou mais tarde, precisaremos de um "empréstimo emocional" de um de nossos relacionamentos próximos para equilibrar a conta de nossa vida.

Para ajudar um CEO a compreender o valor dos relacionamentos mais essenciais da vida, sua esposa o aconselhou: "Pouco tempo após deixar seu trabalho, a maioria das pessoas se esquecerá de você, mas sua família sempre se lembrará de você". O presidente e CEO da Novartis, o Dr. Daniel Vasella, deu esse conselho a seus alunos de gestão empresarial: "Seja você mesmo e não tente executar um papel. Dias difíceis nunca duram para sempre e depois seguem os dias bons. Sua família e amigos o apoiarão em momentos difíceis. Portanto, compreenda e respeite também suas necessidades e atinja o equilíbrio correto para si e para eles".

9. *Simplifique sua vida:* Will Rogers certamente definiu como podemos complicar nossa vida desnecessariamente quando escreveu: "Muitas pessoas gastam o dinheiro que elas não têm para comprar objetos de que não necessitam para impressionar as pessoas de que elas não gostam". Quanto mais vivemos de fora para dentro, mais complicadas e desequilibradas nossa vida se torna. Quanto mais nos esforçamos para melhorar *as coisas* na nossa vida, mais complexas nossa vida se torna. Assim como Lily Tomlin disse: "O problema com a corrida de rato é que, mesmo se você ganhar, você será ainda um rato!"

DOMÍNIO DA RESILIÊNCIA   161

Quais são os princípios fundamentais para simplificar a vida? Classifique as *necessidades versus desejos* e conecte ao seu propósito. Compreender e viver nossa vida de modo consistente com o que é realmente importante para nós é o processo necessário para voltar à base fundamental. Faça a si mesmo estas três perguntas essenciais:

- Focar na satisfação dos meus desejos (*versus* necessidades) é complicar minha vida desnecessariamente?
- Minha busca de desejos está me afastando da vida que eu realmente desejo viver?
- Eu estou vivendo meu propósito?

Se alguma das respostas for não, não entre em pânico. Sinta-se aliviado finalmente em ter enxergado as coisas mais claramente, e lembre-se de que você não tem de mudar tudo imediatamente. Dê alguns passos pequenos. Comece a reorganizar suas finanças. Torne as decisões de compra mais cautelosas. Em *The Law of Success*, Paramahansa Yogananda escreveu: "O problema na vida não são as posses. A questão é: as posses apoiam seu propósito?" Comprometa-se com o processo de identificação de seus *desejos versus necessidades*. Comece a simplificar sua vida fazendo mais escolhas que apoiem a visão da vida que você realmente deseja viver.

10. Tire férias verdadeiras: com que frequência tiramos férias apenas para retornar mais cansados e desgastados do que quando saímos? Tão divertido é expandir nossas fronteiras, conhecendo novos lugares, isso nos fornece a energia restauradora de que precisamos? Em vez de "esvaziar nosso balde", nós o completamos com mais estímulo e atividade. Por que não tentar férias verdadeiras da próxima vez? Por que não ter um verdadeiro descanso para pensar na sua perspectiva de vida? Alguns dos melhores exemplos de férias verdadeiras são:

- Vá a um SPA de saúde. Reserve alguns dias para uma boa alimentação, massagem e descanso. Se você não puder realmente viajar para um SPA, considere criar seu próprio SPA desligando a TV, descansando mais, fazendo uma caminhada longa, fazendo uma massagem, lendo seu assunto favorito.

162 LIDERANÇA AUTÊNTICA

- Vá a um retiro. Transforme sua perspectiva em uma rotina espiritual silenciosa e tranquila ou um retiro pessoal. Não vá a um retiro que preencha seu dia com atividades. Para avançar, você pode querer se retirar primeiramente.
- Tire férias por conta própria. Se seu cônjuge ou outra pessoa importante estiver seguro o suficiente para deixar você ir sozinho, isso poderá ser um grande modo de se reconectar. Deve ser um local especial que você adoraria ir.
- Fique em casa por uma semana. Algumas de minhas melhores férias foram ter ficado em casa. Se você viaja muito, esta pode ser a forma mais luxuosa para fugir.

Tente uma dessas opções para suas próximas férias e reconheça os efeitos de resiliência ao longo dos meses.

11. Integre mais reflexão e introspecção ao seu estilo de vida: como líderes, com que frequência temos tempo para refletir? Apesar de sermos pensadores estratégicos em nossas empresas, com que frequência voltamos realmente a repensar em nós mesmos, nossa vida, e nossas empresas? Nesse assunto, Larry Perlman, ex-presidente e CEO da Ceridian, explicou: "Eu prefiro que um executivo sênior saia em um final de semana para fazer uma reflexão pessoal do que um seminário de liderança. Liderança não é aprender teoria. É descobrir como se posicionar em seu trabalho e em sua vida pessoal para dar contribuição às pessoas".

Se aspirarmos fazer mais, então deveremos ser mais. Reservar tempo para refletir e para ser é fundamental aos líderes. É ainda o ponto em que tudo gira ao redor. Quanto mais dinâmicos e eficazes quisermos ser na vida exterior, mais calmos e tranquilos precisaremos ser interiormente. Quanto mais dinâmico o sistema da natureza, mais silencioso será o interior. O olho do furacão é silencioso e calmo – o centro de toda a energia. O texto antigo *The Bhagavad-Gita* define a essência da resiliência: "Consagrado no Ser, cumpra seu dever". Isso é o equilíbrio verdadeiro e o propósito verdadeiro. Considere integrar meditação, reflexão, oração, leitura, diário, música, natureza ou outro processo que traga energia à sua vida dinâmica.

> *Aquele que não descansar não resistirá.*
>
> Ovídio

REFLEXÃO
CONSTRUINDO ENERGIA E RESILIÊNCIA

Saia do ritmo frenético da vida apressada. Deixe estas questões orientá-lo a se comprometer com as práticas que melhoram a sua energia e resiliência.

1. O que você pode fazer para melhorar a qualidade de sua atividade ou reduzir a quantidade para obter mais resiliência em seu estilo de vida?
2. O que você pode fazer para melhorar a qualidade de seu descanso e revitalizar-se?
3. Quais hábitos você precisa substituir com comportamentos mais positivos?
4. Quais são seus motivadores internos para atingir mais resiliência?
5. Quais são seus motivadores externos para atingir mais resiliência?
6. Qual é a sua visão de vida mais resiliente que você deseja viver?
7. Como é a sua busca por desejos *versus* necessidades desnecessárias que complicam sua vida e o afastam de sua visão de vida?
8. Qual é seu plano para ganhar mais energia?

PLANO DE DESENVOLVIMENTO
DE LIDERANÇA
DOMÍNIO DA RESILIÊNCIA

Reserve um tempo agora para investir em sua energia e resiliência. Considere um impacto positivo as escolhas conscientes que você fará em todos os aspectos de sua vida. Reflita em "Como eu posso armazenar e ganhar energia?" Se você quiser seguir adiante, crie outro plano de como você melhorará a energia e resiliência de sua equipe e empresa.

1. Áreas para construir consciência:

    • _____
    • _____
    • _____

2. Novos compromissos a fazer:

    • _____
    • _____
    • _____

3. Novas práticas a começar:

    • _____
    • _____
    • _____

4. Obstáculos potenciais:

    • _____
    • _____
    • _____

5. Cronograma e medidas de sucesso:

    • _____
    • _____
    • _____

CAPÍTULO SEIS

DOMÍNIO DO SER

Liderando com Presença

O Ser é a nossa essência, a fonte de nosso caráter, o princípio de quem somos. O Ser apoia e dirige toda nossa energia, realização, eficácia e contribuição. Acessar e expressar o Ser – nosso Eu mais interior – é a chave para liderar com presença, autenticidade e dinamismo. Embora possa ser um território desconhecido para muitas pessoas, podemos aprender as práticas para liderar a partir dessa presença mais profunda.

A JORNADA PESSOAL DO SER

Explorar o Ser é uma jornada contínua particularmente útil na *Liderança Autêntica*. Muito cedo em minha vida eu aprendi a explorar o Ser por meio da meditação. Embora a meditação seja uma técnica que funcione para mim, ela certamente não é a única. A meditação é apenas uma modalidade. Há outras maneiras muito eficazes e facilmente acessíveis para nossa vida cotidiana. Consideraremos algumas delas neste capítulo, como temos feito em todo o livro. Em relação à técnica ou técnicas a escolher, é importante compreender que essas práticas são meramente pontes para nos abrir, "prestar atenção", como o cientista e autor Jon Kabat-Zinn diria, acessar os níveis mais profundos e silenciosos de nós mesmos.

Por vários meses em 1972, eu morei em um apartamento pequeno na costa do Atlântico. Pelo menos, é uma descrição superficial do que eu estava fazendo lá. Na verdade, eu não fazia nada, estava aprendendo a ir ao silêncio do Ser.

Olhar para trás, foi uma das experiências mais intensas e valiosas da minha vida. Embora eu não compreendesse isso completamente naquele tempo, estava criando um silêncio interior que duraria a vida toda. Eu estava aprendendo a estar presente com o Eu.

166 LIDERANÇA AUTÊNTICA

Dia após dia, semana após semana, mês após mês, eu explorei as profundezas da consciência. Essa jornada me levou a um profundo silêncio e calma que após a terceira semana meu pulso estava em 32 batimentos por minuto enquanto meus olhos estavam abertos! A combinação da vigília interna e do descanso físico foi transformadora. Pela primeira vez, eu compreendi que a vida se expande de dentro para fora. Eu estava consciente de como meus medos e ansiedades foram criados a partir de dentro. Eu experimentei os bloqueios internos e aprendi a me livrar deles para permitir que a energia fluísse naturalmente. Descobri um novo tipo de felicidade, aquela que estava desconectada de qualquer evento ou objeto externo. O estresse, a fadiga e a tensão foram dissolvidos por uma profunda serenidade interior. E o fato de como a vida é criada por dentro e projetada para fora ficou muito mais claro para mim.

> *Dentro de você há um santuário silencioso para que você possa retirar-se a qualquer momento e ser você mesmo.*
>
> O Dhammapada

Durante esse curso de meditação, nosso grupo reunia-se todas as noites com o professor Maharishi Mahesh Yogi. Ele nos encorajou a compartilhar nossas experiências e a fazer perguntas. Passar meus dias imersos para explorar essas profundezas interiores foi uma oportunidade rara e maravilhosa. Conversar às noites com aquele sábio professor foi pura magia. As sessões foram fluindo livremente. Nós falamos sobre o propósito da vida, os estados mais avançados de consciência, até o significado da espiritualidade. Eu particularmente me lembro da noite quando Maharishi estava nos orientando em como nossa vida interior apoia a exterior, e ele disse: "O filho de um milionário não nasce para ser pobre. O homem nasce para desfrutar. Ele nasce da Bem-aventurança, da Consciência, da Sabedoria, da Criatividade. É uma questão de escolha se passamos frio na varanda ou estamos felizes no calor de uma sala de estar. Enquanto nossa vida exterior estiver conectada aos valores interiores do Ser, então, todos os caminhos da vida exterior serão enriquecedores e gloriosos". *Insight* e sabedoria, assim como essa, preencheram aquelas noites em que eu recebi maior conhecimento

> *A glória verdadeira brota da conquista silenciosa de nós mesmos.*
>
> Joseph Thompson

ACESSANDO OUTRO NÍVEL PARA RESOLVER OS DESAFIOS DA LIDERANÇA

Estar presente em níveis mais profundos de nós mesmos para compreender todos os tipos de situações é um processo tão natural que nós podemos, até mesmo, estar conscientes disso. Você já teve a experiência de perder a chave do seu carro, correr freneticamente ao redor da casa, verificar muitas vezes todos os lugares comuns em que você guarda? Irritado, você desiste, senta, e fecha seus olhos para se recompor. Em um estado livre da mente, o local obscuro da chave aparece. De forma semelhante, você já ficou angustiado com algum problema muito complexo, e quando caminhava num estado relaxado, a solução desenrola sob seus pés?

Recentemente, eu estava realizando o *coaching* a Laura, uma CEO que era excepcionalmente eficaz em obter resultados. A ideia de ir ao nível mais profundo de vida e criar mais silêncio em sua rotina era muito estranha. Pergunte a alguém – seus colegas de trabalho, família e amigos – e eles diriam a você: "Laura é realizadora". Convencida de que seu sucesso se tratava de sua marcha firme em ter realizado mais e mais, ela ficou irritada e dispersa com minha sugestão para que ela incorporasse algum tempo de reflexão ou pausas em sua agenda frenética. Ela se opôs: "Eu não preciso dar uma pausa; eu preciso produzir mais". Um dia quando Laura chegou à sessão de *coaching*, ela parecia distraída e desconfortável. Quando eu perguntei se ela tinha algo em sua mente, ela disse: "Eu não sei o que aconteceu hoje. Eu fiquei completamente paralisada debatendo uma questão cronicamente difícil. Em vez de tomar outra medida, eu decidi dar uma pausa antes de ver você. Fui para casa e levei meu cachorro para dar uma caminhada no parque. Eu não estava pensando em nada. Eu fiquei tão feliz de estar lá fora, me movimentando e respirando o ar fresco. De repente uma luz, a solução veio até mim. Eu fiquei chocada. De onde veio?"

Como sinais de *insight* intuitivo, consciência do Ser, paz, espírito ou qualquer coisa que desejamos chamar, vem até nós em um momento calmo. Aparece no silêncio entre nossos pensamentos – o espaço entre o problema e a análise. À medida que avançamos para dentro, o poder do pensamento é

168 LIDERANÇA AUTÊNTICA

maior. Apenas os níveis atômicos são mais poderosos do que os níveis moleculares, nossos níveis mais profundos de pensamento têm mais energia e poder. A terceira lei da termodinâmica elucida esse fluxo natural de energia e poder: à medida que a atividade diminui, a ordem aumenta. Como a mente se acalma, ela se torna mais ordenada, mais capaz de compreender e gerenciar os desafios difíceis. Como resultado, somos capazes de ir além das questões individuais, combinamos variáveis aparentemente não relacionadas, e chegamos a novas soluções ou perspectivas.

Se a liderança é o ato de ir além do que é, como explicamos no início deste livro, ela vai além do que é dentro de nós mesmos. A jornada interna ao ponto central até a experiência silenciosa do Ser é o "Propósito com P maiúsculo". Você deve estar pensando: "isso é tão esotérico". Mas não é. Distante de esoterismo, isso deve ser a força enraizada e mais prática que podemos ter como pessoas e líderes. David Rock, autor de *Quiet Leadership*, e Jeffrey Schwartz, cientista e autor de *The Mind and the Brain: Neuroplasticity and the Power of Mental Force*, nos dizem que a meditação e outras práticas reflexivas são formas de "atenção normal sustentada". O cientista Richard Davidson comparou os cérebros dos monges tibetanos, que são meditadores veteranos, com os cérebros de estudantes de primeiro ano de faculdade e os constatou muito diferentes. A pesquisa realizada com os grupos-piloto que estudaram e praticaram a meditação de atenção por até oito semanas mostrou um aumento significativo em focar a atenção prolongada e mais rapidamente quando distraído, oposto ao grupo de controle, que não recebeu treinamento. Rock e Schwartz nos dizem que a autoconsciência mais profunda e a mente calma, especialmente a região da amídala, que é estimulada pelo estresse, aumenta o funcionamento do córtex pré-frontal, região do processador analítico do cérebro, em que o neurocientista e autor (com Craig Pearson) de *Upgrading the Executive Brain: Breakthrough Science and Technology of Leadership*, Alarik Arenander, PhD, denomina "CEO do cérebro". Não é uma ideia nova ou exótica. Blaise Pascal, o filósofo francês e matemático, escreveu: "Todas as misérias do homem derivam de não ser capaz de se sentar silenciosamente em uma sala isolada".

> *Nenhuma quantidade de ter ou fazer humano compensa o déficit do ser humano.*
>
> John Adams

DOMÍNIO DO SER

Maharishi Mahesh Yogi, o criador da meditação transcendental, disse: "A genialidade do homem está escondida no silêncio de sua consciência, naquele estado determinado da mente, de onde todo o pensamento emerge... Não é o silêncio inerte de uma pedra, mas um silêncio criativo onde todas as possibilidades residem".

Ao longo dos anos, sugerimos uma fórmula progressiva que conecta o silêncio à liderança. Sem silêncio, não há reflexão. Sem reflexão, não há visão. Sem visão, não há liderança. Tão contraintuitivo que possa parecer, o silêncio e a reflexão são realmente caminhos de desempenho para uma visão mais expandida e mais eficaz à liderança inovadora.

No livro *Presence: An Exploration of Profound Change in People, Organizations and Societies*, Peter Senge, C. Otto Scharmer, Joseph Jaworski e Betty Sue Flowers – coautores – consideram por que é tão difícil para as pessoas efetivarem a mudança. As entrevistas com mais de 150 cientistas renomados, líderes sociais e empresários contribuíram para a conclusão dos autores de que nós precisamos da habilidade de visualizar os problemas usuais sob uma nova perspectiva para melhor compreender como as partes e a totalidade estão relacionadas. Senge e os outros discutem que é essencial dar um passo atrás para se obter uma perspectiva maior do todo. "Quando a experiência do passado não é agradável... um novo tipo de aprendizado é necessário". Eles nos dizem que "presenciar é quando nos retiramos e refletimos... [desse modo] permitindo a manifestação do conhecimento interior". Só depois disso é que podemos agir rapidamente com o fluxo natural". Cultivar uma consciência mais profunda, um conhecimento interior por meio das práticas reflexivas de explorar o Ser, poderá apoiar a confiança e a fluidez necessárias para liderar além de conhecer o desconhecido. Em *Presence*, Scharmer aponta algo que o economista Brian Arthur disse em uma entrevista: "Os gerentes pensam que a decisão rápida é o que conta. Se a situação é nova, ir mais devagar é necessário... Então, agir rápido e com o fluxo natural provém do conhecimento interior. Você deve ir mais devagar o suficiente para enxergar realmente o que é necessário".

David Rock e Jeffrey Schwartz nos dizem que os "momentos de *insight*", que eu chamaria de sinais de *insight* intuitivo, precisam ser adotados pelos líderes em todos os níveis da empresa. Esse "novo tipo de conhecimento" provém de uma consciência mais profunda e requer o não fazer... uma profunda quietude.

REALIZANDO COISAS PELO NÃO FAZER

Os problemas mais resistentes que enfrentamos raramente são resolvidos em seus próprios níveis. Ken Brousseau e Addy Chulef da Decision Dynamics nos dizem que "os líderes necessitam compreender o contexto, o significado do negócio, a complexidade, e o desconhecido, enquanto escutam abertamente, ao mesmo tempo mantendo um 'norte verdadeiro' e sendo flexíveis". A mente necessita ir ao nível mais profundo, mais compreensivo. Ela nunca para de me surpreender com a quantidade de "trabalho" que podemos realizar pelo "não trabalho". Para a maioria dos líderes, as ideias mais inovadoras e as soluções criativas geralmente aparecem não durante as horas tradicionais de trabalho, mas durante os momentos silenciosos e internos, assim como nadar, caminhar, cuidar do jardim ou meditar. A mente está livre, relaxada e capaz de compreender as partes e o todo ao mesmo tempo. Em um comentário da *Fortune* na CNNMoney.com em março de 2006, Anne Fisher escreve em apoio ao tempo para refletir: "O que os cientistas só começaram a perceber recentemente é que as pessoas têm seus melhores pensamentos quando elas não estão concentradas no trabalho". Fisher cita o psicólogo holandês na revista *Science*, que diz: "A mente inconsciente é um solucionador excelente para problemas complexos quando a mente consciente está ocupada em outro lugar ou, talvez melhor ainda, não toda sobrecarregada". O presidente de uma empresa de produtos de consumo me relatou que sua natação diária era "Zen como as experiências que eu classifico pacificamente em assuntos muitos complexos e difíceis. Eu não vou à piscina para 'fazer' nada. Apenas isto acontece quando eu entro naquela calma, ainda no estado consciente". No artigo já mencionado da *Fortune*, Fisher nos lembra que Arquimedes descobriu o princípio do deslocamento quando "estava deitado em sua banheira". Como Wolfgang Amadeus Mozart escreveu: "Quando estou, por assim dizer, completamente em mim mesmo, totalmente sozinho e com bom ânimo – dizem que viajar em uma carruagem ou caminhar após uma boa refeição... é nessas ocasiões que as ideias fluem melhores e mais abundantemente".

A PROCURA POR ALGO A MAIS

Como líderes, com que frequência temos tempo para relaxar e pensar? Nosso trabalho é estar acima e além da rotina diária, mas muitas vezes estamos imersos apenas em fazer. Os líderes esperam estar à frente da curva estraté-

DOMÍNIO DO SER

gica quando raramente temos a chance de tomar fôlego e pensar em novas alternativas?

Certa vez, eu estava conversando com Paul Walsh, CEO da Diageo, sobre o que ele pensava dos líderes do próximo milênio. Ele respondeu rapidamente: "Mais tempo para refletir e pensar de modo provocativo sobre a dinâmica atual e futura". Outro CEO colocou assim: "Como líderes, nosso real desafio é encontrar mais tempo para pensar e mais tempo para ser. Quando fazemos isso, ficamos mais atualizados e mais criativos. Infelizmente, somos testados em conseguir e, algumas vezes, nos esquecemos de onde vem nossa energia e criatividade". Os líderes estão constantemente procurando por algo a mais. Nós queremos mais realização, mais felicidade, mais satisfação. É uma tendência natural. O fundamental, entretanto, é como podemos satisfazer melhor esse desejo inerente. Nós tentamos "nos preencher" de fora para dentro? Ou somos capazes de nos dar algo realmente satisfatório de dentro para fora?

> *A alma trará frutos exatamente na medida em que a vida interior seja desenvolvida. Se não houver vida interior, por maior que seja meu zelo, boa intenção, trabalho árduo, nenhum fruto surgirá.*
>
> Charles de Foucald

O domínio do Ser é "algo mais" que podemos "dar" para nós mesmos de um modo autossuficiente. É aprender a transformar nosso estado de consciência em uma força e satisfação maiores por nós mesmos. Nenhuma intervenção ou estímulo externo é solicitado. Podemos fazer tudo por *nós próprios* sem efeitos secundários e nocivos. Imagine ter o poder para transformar-se física e emocionalmente quando você estiver cansado e estressado. Isso é o poder do Ser. Imagine os problemas tornando-se oportunidades, irritação em compaixão e alienação em conexão. Então, por que você não se conecta mais com esse estado do Ser?

> *Penso que o que estamos procurando é uma experiência de estar vivo, assim, nossas experiências de vida no plano puramente físico terão ressonâncias dentro do nosso Ser e na realidade mais interna, para que realmente sintamos o entusiasmo de estar vivo.*
>
> Joseph Capmbell

NÃO COLOQUE "DESCARTES" ANTES "DA ORIGEM"

Nossa cultura veloz e sem fôlego, focada externamente, é projetada "perfeitamente" para evitar o contato verdadeiro com níveis mais profundos de nós mesmos. O "ruído" do primeiro plano e do segundo plano de nossa vida é tão dominante que raramente temos a chance de conectar com qualquer silêncio dentro de nós. De fato, tornamo-nos tão orientados ao estímulo que até a nossa "diversão" e "felicidade" se associam às altas doses crescentes de distração artificial. Muitas pessoas que saem de férias e têm muita *diversão*, retornam exaustas! Outras se afivelam em amplas faixas protetoras e pulam de pontes para experimentar "a emoção de viver"! Apesar de diversão, trabalho, realização, brincadeira e satisfação serem partes importantes de uma vida completa, muitas vezes essas experiências são uma busca viciante à próxima experiência estimulante para preencher o vazio interior. Tornamo-nos "viciados" ao estímulo externo, sempre procurando pela próxima "dose" para nos sentirmos melhor. A velocidade e a facilidade de acesso cada vez maiores, os dispositivos eletrônicos sem fio projetados para ganhar tempo e nos entreter, contribuem para a vida em que estamos conectados a tudo, mas não em nós mesmos. A esse tipo de mentalidade "estou estimulado, portanto eu sou", às vezes, falta a alegria de viver. Nós nos tornamos um mundo de *fazedores humanos* perdendo a conexão com a nossa herança como *seres humanos*.

Os líderes provavelmente concordariam com Descartes: "Penso, logo existo". Porém, o domínio do Ser tem uma visão diferente: "Eu sou, logo penso". Estar vivo, ser eficaz, ser realizado, primeiro requer um estado do Ser. Portanto, o Domínio do Ser não coloca Descartes antes da origem.

Pensar é o efeito; Ser é a causa. Ser é consciência em sua pura forma, a fonte do pensamento. Não é um pensamento; é a fonte do pensamento. Não é uma experiência; é a própria experiência. Em *No Man Is an Island*, Thomas Merton escreveu:

> Nós somos aquecidos pelo fogo, não pela fumaça do fogo. Somos levados ao mar pelo navio, não pelo rastro do navio. Assim como o que somos é procurado nas profundezas de nosso próprio Ser, não em nossa reflexão externa dos nossos próprios atos. Nós devemos encontrar nosso Eu verdadeiro não na futilidade agitada pelo impacto de nosso Ser sobre os seres ou coisas ao nosso redor, mas em nosso próprio Ser que é o princípio de todas as nossas ações.

DOMÍNIO DO SER

173

Eu não preciso me ver, eu meramente preciso ser eu mesmo. Eu devo pensar e agir como um Ser vivo, mas eu não devo mergulhar todo o meu ser no que penso e faço.

As pessoas que se projetam inteiramente em atividade, e as procuram completamente fora de si mesmas, são como loucos que dormem na calçada em frente de sua casa em vez de dormir dentro, onde é seguro e quente.

TÉCNICAS PARA REVELAR O SER

Para compreender o relacionamento prático do Ser em nossa vida, precisamos olhar para nossa experiência diária. A maioria de nós concordaria que a ação bem-sucedida está baseada no pensamento eficaz. Se nossos pensamentos são claros e focados, então, nossas ações serão precisas e eficazes. Porém, os dias que não nos sentimos bem, nossos pensamentos são menos eficazes e nossas ações menos bem-sucedidas. Assim, o sentimento é mais essencial do que o pensamento; o sentimento dá origem ao pensamento, que dá origem à ação. Sentimento, pensamento e ação têm uma coisa em comum – eles estão sempre mudando. Às vezes, sentimo-nos grandes, pensamos claramente e agimos eficazmente. Outras vezes, não. Mas o sentimento, o pensamento e a ação têm uma "coisa" não mutável em comum – o Ser. Para sentir, pensar e agir, nós precisamos primeiramente Ser. O puro estado do Ser provém de todas as áreas da vida. Quanto mais despertarmos a nossa verdadeira natureza – o Ser – mais eficaz serão nosso sentimento, pensamento e ação. É o alicerce, a plataforma para uma vida magistral.

Outro modo prático para compreender o valor do Ser são os estados diferentes de consciência. Normalmente, experimentamos três estados de consciência: vigília, sonho e sono profundo. Cada estado de consciência possui uma propriedade única de funcionamento fisiológico mensurável. O mesmo ocorre para

> *Comparado com o que deveríamos ser, estamos semiacordados.*
>
> William James

o sonho e o sono profundo. O Ser é um estado distintamente diferente de consciência – o quarto maior estado. É um estado de alerta em descanso em que a mente está completamente acordada em sua própria natureza e o corpo está intimamente descansado, ainda mais profundamente do que durante o sono profundo. Assim como expandimos a mente e o corpo para

174 LIDERANÇA AUTÊNTICA

experimentar uma gama mais ampla de suas potencialidades, adquirimos eventualmente a experiência natural do Ser ou pura consciência permeando os outros três estados de consciência. Como resultado, começamos a viver verdadeiramente a vida de dentro para fora. Toda a experiência que temos é um contexto de nossa natureza interior acordada.

Então, como é uma experiência do Ser? Há muitos caminhos para experimentar o Ser, assim como há pessoas. Algumas experiências vêm por meio da meditação, outras, por meio da oração, algumas vêm por meio da natureza e outras acontecem naturalmente. Franz Kafka escreveu:

> Você não precisa fazer nada; você não precisa sair de sua sala. Permaneça sentado à sua mesa e ouça. Você nem precisa esperar; apenas fique calmo, quieto e solitário, e o mundo oferecerá livremente a você ser desmascarado. Não há escolha; o êxtase surgirá sob seus pés.

Abraham Maslow, em *Toward a Psychology of Being*, descobriu que as pessoas realizadas tinham uma alta frequência de tais "experiências de pico". Essas experiências foram descritas como momentos de grande admiração, felicidade puramente positiva, quando todas as dúvidas, todos os medos, todas as inibições, todas as fraquezas, foram deixadas para trás. Elas se sentiram unidas ao mundo, agradecidas a ele, realmente pertencentes a ele, em vez de estar olhando para fora – elas tinham o sentimento de realmente ter visto a verdade, a essência das coisas. Maslow identificou 14 temas recorrentes ou "valores do Ser" experimentados pelas pessoas realizadas:

• integridade	• beleza
• perfeição	• bondade
• realização	• singularidade
• justiça	• empenho
• vivacidade	• alegria
• riqueza	• verdade
• simplicidade	• autossuficiência

A menos que esses valores sejam uma experiência cotidiana para nós, precisaremos de alguma assistência para obter *insights* do Ser. Embora haja

DOMÍNIO DO SER

muitas outras técnicas, uma das melhores formas que encontrei foi pela da meditação. Uma vez que a meditação simplesmente significa "pensar", ou, como Jon Kabat-Zinn diz: "prestar atenção", todos nós meditamos. Para chegar ao puro estado do Ser, devemos aprender como ir além dos nossos pensamentos – até a meditação transcendental. A meditação é uma técnica para nos ajudar a chegar a esse estado naturalmente.

Eu tenho praticado muitas formas de meditação ao longo dos anos. Minha preferência pessoal é o programa de meditação transcendental (MT). *Não* é a única maneira de meditar, apenas uma maneira que funciona bem para mim e para muitos outros. Fui atraído por esse programa porque era fácil de aprender e não exigia quaisquer mudanças de crença ou comportamento. Eu também gostei do fato de que era um dos programas mais elaborados de desenvolvimento humano, com mais de 600 estudos de pesquisa documentando seus benefícios à mente, ao corpo e ao comportamento. Entre esses estudos, há uma pesquisa para ajudar a redução do cortisol (hormônio do estresse), tensão muscular, alta pressão sanguínea, colesterol sérico, hipertensão e ansiedade. Os estudos mostram que para as pessoas que praticam a meditação transcendental: "A hospitalização é 87% mais baixa para doença cardíaca... e meditadores com mais de 40 anos de idade têm aproximadamente 70% menos problemas médicos do que outros com a mesma idade".

Outra modalidade, a meditação de atenção, um programa chamado *Mindfulness-Based Stress Reduction (MBSR)*, desenvolvido por Jon Kabat-Zinn, está ganhando ampla aceitação e está sendo ensinada em todo o mundo. Há 10 ou 15 anos, isso era quase desconhecido. O programa *MBSR* combina a meditação e outras técnicas com práticas diárias para se viver com atenção, no presente momento. Pesquisas abundantes e experiências com *MBSR* indicam a redução do estresse e o alívio de dores crônicas e depressão, bem como a influência benéfica no sistema imunológico. Paul Erdhal, vice-presidente executivo de liderança e desenvolvimento da Meditronic, Inc. disse que Bill George, CEO precedente, criou uma cultura na Meditronic em que a meditação era confortável e encorajadora. Ele também disse que, embora seus programas de desenvolvimento de liderança não incluíssem a prática da meditação, eles incluíam muitas ferramentas e oportunidades para a reflexão. *Introduction to Mindfulness Meditation* é oferecido aos funcionários por meio do Work-Life Employee Assistance Program (EAP) na Meditronic. Steve Clark, um psicólogo do EAP, recomenda aos funcionários de todos os níveis participarem do curso, e muitos participantes o aprovam. O *feedback* mais comum é que eles se sentem "mais focados". De acordo com David Rock e Jeffrey Schwartz, "A meditação ajuda o cérebro a superar o desejo de responder automaticamente aos eventos externos", uma habilidade que é vitalmente importante aos líderes em todos os níveis, dada a enxurrada de distrações da vida diária.

O valor prático da meditação pode ser mais bem compreendido em termos de seu profundo descanso. Toda noite, quando dormimos, deixamos o campo de atividade, fechamos nossos olhos e "transcendemos" nossa atividade diária. Essa atividade física e mental resoluta resulta em descanso e alívio do estresse, que nos prepara para a ação dinâmica no próximo dia. A meditação profunda é semelhante, porém com uma grande diferença. Mantemos nossa consciência assim que experimentamos desordenadamente o descanso profundo. Experimentamos um estado de alerta em descanso, em que a mente está alerta, mas calma, e o corpo está profundamente descansado, ainda mais do que durante o sono. Quando abrimos os olhos, sentimonos revitalizados, pensamos mais claramente e agimos mais eficazmente. Quando aprendemos a entrar em nosso Ser, nos tornamos naturalmente mais e mais nós mesmos. É muito parecido com a experiência de tomar um banho refrescante. Se o banho for verdadeiramente refrescante, você se sentirá revigorado. Você não precisa convencer-se de que está revigorado; você não precisa criar um modo de estar revigorado. Você não precisa acreditar que está revigorado. *Você está revigorado.* Isto não é o poder do pensamento positivo. É o poder de Ser Positivo. Como William Penn escreveu: "O silêncio verdadeiro é o descanso da mente; é para o espírito o que o sono é para o corpo; alimento e vigor".

REFLEXÃO
EXPLORANDO O LÍDER INTERIOR

Reserve um tempo agora para explorar o líder interior. A seguinte reflexão não está relacionada em praticar a meditação transcendental ou aplicar outra técnica formal de meditação. Pretende apenas ser uma pequena amostra – o *aperitivo* de se voltar para dentro. Se quiser a refeição completa, você pode considerar a instrução de meditação pessoal.

Encontre um lugar quieto e sente-se confortavelmente. Feche seus olhos. Alongue seu corpo para que ele se solte e relaxe. Deixe sua consciência seguir o fluxo de sua respiração, inspire e expire. Quando sua mente vaguear, volte calmamente à sua respiração. Observe sua consciência a se organizar. Deixe seus pensamentos, sensações, ansiedades e preocupações aparecerem como em uma grande tela. Deixe seus pensamentos virem e irem. Apenas retorne à sua respiração. Se sua consciência da respiração começar a desaparecer, apenas deixe sua consciência desaparecer. Não é necessário forçar nada. Não é necessário resistir a nada. Não é necessário fazer nada. Apenas esteja consciente de todo o processo em um modo de não julgamento. Se a "imagem sumir" e você se encontrar pensando novamente, você já deve ter transcendido ao Ser. Apenas retorne sua consciência suavemente à sua respiração. Após 15 a 20 minutos, deite-se por cinco minutos e então vagarosamente se levante. Observe como esse estado de consciência calmo, centrado e revigorado pode ser levado à sua liderança... e à vida.

CONECTANDO-SE AO NOSSO EU INTERIOR

Vários anos atrás, ministrei uma palestra intitulada "Meditação e a Vida Dinâmica" em uma universidade. Esse evento bem atendido tentou apresentar novos paradigmas sobre a meditação como a preparação para a vida eficaz *versus* um recuo da vida. O auditório tinha tantas dúvidas sobre a meditação requerer concentração, contemplação ou afastamento do mundo que o resultado da palestra

> *Há um meio de aquisição da solidão que para mim, que percebo em todos os homens; é eficaz ir à janela e olhar as estrelas. Se elas não o surpreenderem e o tirarem de questões comuns, não saberei o que é.*
>
> Ralph Waldo Emerson

foi superior à expectativa. Como eu tinha outro evento naquela noite e uma longa distância a viajar, cortei algumas questões, peguei meu carro e comecei a dirigir. Em pouco tempo, ocorreu-me a ideia de que se eu quisesse dar "meu melhor" na próxima palestra, eu precisaria revigorar-me. Então, parei o carro próximo a uma floresta densa. Encontrei um lugar tranquilo e meditei. Como minha mente e meu corpo mergulharam repetidamente em um profundo descanso, meu vigor, clareza e vitalidade retornaram.

Quando eu estava prestes a abrir meus olhos e retornar ao carro, ouvi alguns passos. Eu vi um grande animal engraçado a quase 1 m de distância pisoteando e movendo sua cabeça para a frente e para trás. Enquanto me divertia com sua brincadeira, um segundo, terceiro e quarto veados se juntaram a nós. Antes de retornar ao carro, eu me diverti por cerca de 15 minutos observando aquelas criaturas magníficas da floresta, que não pareciam se incomodar com a minha presença. Revigorado e renovado por meio da minha meditação, continuei meu percurso e cheguei à minha próxima apresentação sentindo-me revitalizado. É por isso que a conexão com o Ser é uma preparação maravilhosa para a ação. É também uma grande preparação para ver a vida com novos olhos. Assim como Marcel Proust escreveu: "A verdadeira viagem de descoberta não consiste em ver novas paisagens, mas em ter novos olhos".

Embora a meditação seja um grande caminho para conectar a nossa potencialidade interior, não é a única maneira. A meditação é uma técnica de levar a nossa mente a partir da superficialidade da vida até as profundezas do Ser. Quais são as outras técnicas? Já que estamos falando sobre o nível de vida que é a base de todas as nossas experiências, temos potencial para localizar aquele nível em qualquer experiência. Então, quais são as melhores maneiras de fazer isso? Tenho certeza de que você tem seus próprios caminhos para o Ser, porém aqui estão alguns que funcionam bem para muitas pessoas:

- *Reverência à natureza*

  A maioria de nós, em algum momento de nossa vida, é direcionada à imensidão e à grandiosidade na natureza. Quando olhamos para o céu em uma noite completamente estrelada, observamos o Grand Canyon, mergulhamos em oceanos tropicais, caminhamos ao longo de um riacho em nossa vizinhança, experimentamos um *momento de admiração* além da nossa compreensão intelectual. David Whyte, poeta e palestrante motivacional, sugere que "o que encontramos na natureza é o conhecimento intuitivo de que pode ser possível descansar em nós mesmos, a calma". Aquele momento profundo, silencioso e ilimitado de apreciação que vai além e entre nossos pensamentos é a experiência do Ser interior. Passar o tempo na natureza, praticar a técnica de apreciação profunda e desejar ampliar suas fronteiras também são exemplos.

- *Música*
  Música, por que ela nos comove direta e profundamente, é provavelmente a arte mais poderosa. Ela pode abrir os portões da alma diretamente com suas vibrações organizadas. As vibrações que movem cada um de nós são diferentes. *Water Music,* de Handel, ou cantos gregorianos "me levam para bem longe". Encontre uma música que o acalme e relaxe ao máximo. (Eu também gosto do Rolling Stones, porém somente o escuto quando quero *expressar energia* em vez de conectá-la.) Mergulhe profundamente na música suave – ela pode ser um caminho maravilhoso para explorar o seu Ser. T. S. Eliot escreveu: "A música ouvida profundamente não é ouvida de qualquer modo. Porém, você é a música enquanto ela durar".

- *Consciência do momento presente*
  Raramente compreendemos o momento presente plenamente, vivemos frequentemente nossa vida no passado ou no futuro. O Ser é o infinito contido no momento presente eternamente. Pensar sobre o Ser no presente não é Ser no presente – é *pensar sobre* o Ser no presente. Não é algo que podemos criar um estado de espírito. É apenas algo que podemos tornar-nos conscientes. Quando você estiver atrasado para um compromisso, for pego na hora de maior trânsito, ou estiver perdendo um prazo, pegue o estado da mente estressado e sintonize no presente. Você se revigorará, poupará a energia desperdiçada e será mais eficaz.

Quando você se tornar consciente da testemunha silenciosa após toda sua atividade dinâmica, o Ser estará presente. Gay Hendricks e Kate Ludeman ensinam em *The Corporate Mystic*: "Os místicos corporativos colocam uma grande atenção em aprender a estar no momento presente porque eles descobriram que este é o único lugar em que o tempo pode ser ampliado. Se você estiver no presente – não pego no pesar do passado ou na ansiedade do futuro –, o tempo se tornará essencialmente maleável". Se formos sempre eficazes no momento presente, a capacidade e a satisfação poderão nos escapar?

- *Crianças no jogo*
  Quão profunda é a meditação de uma criança no jogo? É o puro Ser em ação. A alegria, a energia, o foco, a espontaneidade e a vivacidade das crianças podem ensinar a todos nós a atingir nosso objetivo. Assim como John Steinbeck escreveu: "Gênio é uma criança que persegue uma borboleta no alto de uma montanha".

- *Amor*
  O amor é a união transcendental do universo. O amor unifica e conecta tudo. É a vibração do Ser em nossa vida. No momento de puro amor e apreciação, transcendemos nossas limitações e conectamos com tudo o que há. O amor é o caminho para o Ser e o caminho do Ser para o mundo.

- *Eventos traumáticos*
  Tão difíceis quanto as mudanças dramáticas em nossa vida, o trauma desses eventos pode abalar-nos tanto que deixamos de lado tudo o que parecia ser muito importante. Ao fazê-lo, podemos conectar com algo mais profundo dentro de nós mesmos. Considere ser mais aberto à vulnerabilidade de mudanças inesperadas como um caminho para o Eu interior.

- *Leitura inspiradora*
  Ler os relatos das pessoas em sua jornada à realização pode ser uma ajuda útil em nosso caminho. Apesar de lermos sobre as experiên-

cias das pessoas, os *insights* podem ser colaboradores e motivacionais à medida que avançamos. Às vezes, eles proporcionam clareza e validação. Outras vezes, aprendemos sobre a área de desenvolvimento pessoal que precisamos explorar. De vez em quando, tornamo-nos inspirados e despertos de nossa essência.

> *Não é necessário ir à Índia para encontrar paz. Você encontrará o lugar profundo de silêncio em seu quarto, em seu jardim ou ainda em sua banheira.*
>
> Elizabeth Kübler-Ross

O SER E A PRESENÇA EXECUTIVA

Muitos executivos que eu treinei ao longo dos anos têm o que poderia ser chamado de *competência inconsciente* quando se trata da presença do Ser. É inconsciente porque eles não estão cientes disso. Quando eu pergunto sobre suas experiências de silêncio interior apoiando sua eficácia, eles normalmente me olham perplexos. Alguns até se tornam muito desconfortá-

> *Há duas maneiras de viver sua vida... Como se nada fosse um milagre... ou como se tudo fosse um milagre.*
>
> Albert Einstein

veis e rotulam tais perseguições como "muito esotéricas ou impraticáveis". Apesar dessa falta de consciência, as pessoas eficazes frequentemente têm um grau de competência nessa área. Elas têm o que as pessoas chamam "presença executiva" – um comportamento sólido, confiante, calmo não facilmente abalado por circunstâncias externas. Apesar de experimentarem alguns benefícios do Ser, elas não fazem a conexão conscientemente. Embora não estejam completamente conscientes disso, o seu Ser – sua presença interior – alimenta a confiança em outros para segui-los.

Ajudar as pessoas a mudar da competência inconsciente à competência consciente quando se trata do domínio do Ser é fundamental. É um dos caminhos mais práticos para impactar a eficácia e a satisfação simultaneamente. Desprovido da competência consciente, nossa conexão com os benefícios do Ser é casual e esporádica. Como resultado, é provável permanecer em nosso nível atual de realização e assim limitar nosso desempenho externo. É como um atleta naturalmente talentoso que necessita tornar-se mais consciente de seus talentos e da situação ao seu redor para se mover ao próximo

182 LIDERANÇA AUTÊNTICA

nível. Dar uma pausa para o Ser nos permite jogar em um novo nível – o jogador, o jogo e o processo de jogar são todos aprimorados permanentemente. Jim Secord, o CEO precedente da Lakewood Publications e editor da revista *Training*, enxerga esses benefícios práticos de interiorização nesses princípios. Refletindo nos períodos mais desafiadores em sua carreira, ele disse: "Se eu tivesse sido incapaz de me interiorizar nos princípios e práticas espirituais durante os tempos difíceis, eu não teria sido capaz de ultrapassar os desafios de liderança".

BENEFÍCIOS DO SER À LIDERANÇA

O Ser é a alma da liderança; é o espírito se expressando por meio do líder. Se você tivesse a boa sorte de estar na presença de líderes tais como Nelson Mandela, Jimmy Carter, Maya Angelou ou Dalai Lama, você provavelmente teria mudado seu sentimento de paz e alegria. A qualidade transcendental de seu silêncio torna tudo o que eles dizem mais profundo e mais claro em nosso coração. No sentido evidente de tranquilidade, que é intocável mesmo por circunstâncias muito estressantes ou de risco de vida, está a essência da liderança eficaz.

Um dos monges do Dalai Lama, que foi preso e torturado há anos pelos chineses após a invasão do Tibet, foi entrevistado durante uma visita a Minneapolis. O repórter perguntou ao monge calmo e pacífico do que ele teve mais medo durante os anos de abuso. Ele respondeu honesta e humildemente: "Eu tive muito medo de perder minha compaixão pelos chineses". Foi um momento deslumbrante, enriquecedor, espirituoso e um aprendizado para todos os presentes; isso é Ser em ação.

Os indivíduos que direcionam seu caminho a este nível pessoal não são apenas líderes de pessoas e causas, mas líderes de vida. Eles são líderes comprometidos em liderar nosso mundo para um futuro mais enriquecedor, e são aqueles que, por meio da virtude, podem honrar verdadeiramente aquele compromisso. Atingir esse nível de desenvolvimento, entretanto, não é o domínio exclusivo de poucos. Ele está nos aguardando; é a essência do que somos.

> *Às vezes, eu me sento e penso, e, às vezes, eu apenas me sento.*
>
> Satchel Paige

DOMÍNIO DO SER 183

Como líderes, quais são alguns dos benefícios práticos em trazer consciência do Ser à nossa experiência cotidiana consciente?

- Nossa calma interior atrai as pessoas para nós. Elas ficam mais confortáveis com a nossa presença cada vez mais calma e dinâmica. As pessoas tendem a procurar seriamente nosso conselho e recomendação.
- Estamos mais bem preparados para lidar com a mudança repentina porque estamos mais calmos e centrados.
- Nossa direção ao sucesso externo é reforçada pela nossa consciência mais profunda e por valores fundamentais. Como resultado, nosso sucesso externo terá mais significado, contexto e profundidade.
- Podemos resolver problemas difíceis e desafiadores mais facilmente. Nossa mente pode ficar acima, abaixo e ao redor de situações aparentemente difíceis.
- O descanso profundo do Ser nos oferece a habilidade de revigorarnos e nos permite atingir mais com menos esforço.
- Mais equilíbrio de vida é alcançado porque temos a energia e a tranquilidade de lidar dinamicamente com os desafios da vida. As pessoas sentem nosso equilíbrio e confiam em nossa conduta calma e profunda.
- Temos a percepção distinta que estamos crescendo para nos tornar mais originais e autênticos. As qualidades de caráter fluem por meio de nós mais frequente e naturalmente.

Se quisermos fazer mais, primeiro, precisamos ser mais. Assim como Emerson escreveu: "Nós apenas nos expressamos pela metade, e temos vergonha do divino que cada um de nós representa". Dedique mais tempo para refletir e ser. Assim como os líderes conduzem por meio da virtude, comprometa-se a ampliar a profundidade de seu caráter ao nível mais essencial – o Ser.

QUATRO PONTOS DE CONSCIÊNCIA PARA LIDERAR COM PRESENÇA

Lembre-se dos seguintes pontos assim que começar a liderar com presença:

1. ***Tenha seu próprio caminho do ser:*** encontre seu próprio caminho para revelar o Ser. É a sua estrada, e somente você pode viajar nela. Somen-

te você pode julgar quais os "veículos" que o ajudarão em sua jornada. Considere a meditação, a oração, a reflexão, a música, a natureza e outras "técnicas" que combinam com você. Comece a caminhar, isso já representa mais da metade da jornada.

2. **Resolva os desafios da vida indo ao nível mais profundo:** os problemas são raramente resolvidos em seu próprio nível. Aprenda ir ao nível mais profundo para visualizar as coisas de um modo mais compreensível. Assim que sua mente aprender a se manter alerta, a habilidade em escolher e organizar sua vida será incrível. Compreenda o poder do não fazer – aqueles momentos exclusivamente abertos e relaxados quando o complexo se torna simples, e o insolúvel é solucionado.

3. **Aprenda a meditar:** considere, pelo menos, a possibilidade de aprender a meditar adequadamente. Pode ser o melhor investimento em seu desenvolvimento que você já fez. Se você tiver particularmente uma forte resistência em passar um tempo com você mesmo em reflexão ou meditação, então, a necessidade de fazê-lo provavelmente é grande. Permita que a resistência esteja lá, mas ainda reserve o tempo para fazê-lo. À medida que você experimentar os benefícios, a resistência diminuirá.

4. **Integre a reflexão à sua vida:** trilhar o caminho do Ser envolve comprometer-se a um estilo de vida que valoriza mais a solidão, a reflexão e a meditação. Faça algumas "pausas do Ser" investindo algum tempo em interiorizar-se. Aprecie a solidão. Faça algumas caminhadas. Selecione suas prioridades. Experimente o silêncio. Reduzir o "barulho" da vida normal e ficar em contato com a natureza poderá ajudá-lo a conectar-se. Tente não preencher todo seu tempo com distrações sem fim. Não basta fazer algo – esteja presente! Aprecie o luar sobre a água, o perfume de pinheiro ao ar fresco, o quebrar das ondas, pois isso o trará mais próximo de si mesmo. Porém, lembre-se de que este não é o fim. É a preparação para uma vida mais dinâmica e poderosa. Não é uma fuga, mas sim uma descoberta – um processo de encontrar e conectar-se com a essência da vida.

DOMÍNIO DO SER

PLANO DE DESENVOLVIMENTO
DE LIDERANÇA
DOMÍNIO DO SER

Reflita sobre o aprendizado que você teve neste capítulo. Considere novas áreas de consciência, compromisso e prática, bem como os obstáculos potenciais, recursos e sinais ou medidas de sucesso. Reflita sobre a questão: "Como eu posso trazer mais presença pacífica para minha liderança e para minha vida?"

1. Áreas para construir consciência:
   * _____
   * _____
   * _____

2. Novos compromissos a fazer:
   * _____
   * _____
   * _____

3. Novas práticas a começar:
   * _____
   * _____
   * _____

4. Obstáculos potenciais:
   * _____
   * _____
   * _____

5. Cronograma e medidas de sucesso:
   * _____
   * _____
   * _____

CAPÍTULO SETE

DOMÍNIO DA AÇÃO
Liderando por meio do Coaching

Liderança Autêntica é a jornada de desenvolvimento contínuo para descobrir e aplicar os talentos e valores que alimentam o propósito a fim de direcionar um impacto positivo no mundo ao nosso redor. Incorporando os princípios de cada área de domínio em nossa vida, aprofundamos nossa autenticidade, ampliamos nossa influência e aumentamos o valor que criamos. Forjamos uma plataforma formidável e ágil para aprender e liderar. O domínio da ação é um processo contínuo, por meio do *coaching* de nós mesmos e dos outros, para reunir nossas potencialidades a fim de *ir além do que está...* dentro e fora. Paul Reilly, presidente da Korn/Ferry International, reforça a necessidade obrigatória de tomar a decisão ao *coach* e desenvolver os líderes-chave: "Em cinco anos, 50% de todos os executivos de Nível C se aposentarão. Entretanto, a necessidade nunca foi tão urgente de cultivar os principais talentos, realizar o *coaching* como parte do plano de desenvolvimento de cada líder, e reconhecer o potencial de liderança em todos os níveis das empresas". Como resultado, o domínio da ação nos fornece os planos interno e externo focados para servir aos nossos colaboradores.

Quando considero o poder do *coaching* e o potencial inexplorado que todos nós temos, eu me lembro da experiência que tive há alguns anos no Lago Superior. (Eu sei que você deve estar pensando: "Esse cara não pode ficar fora desse maldito lago!") Denise, minha ex-mulher há 20 anos e felizmente ainda minha grande amiga, me acompanhou nessa viagem para a costa norte. Nós ficamos em uma cabana pequena e rústica em uma montanha com vista para o lago, e estávamos esperando por águas calmas o suficiente para explorar as grutas e praias escondidas, acessíveis apenas por água. Por três dias, ficamos desapontados; a água estava muito agitada para se aventurar. No quarto dia, o lago estava totalmente calmo – nenhuma ondulação à vista.

188 LIDERANÇA AUTÊNTICA

Animados, pegamos nosso equipamento e nos dirigimos ao lago tranquilo e sereno. Ficamos felizes em mergulhar naquela água em um dia tão perfeito. Nossa canoagem foi fácil e suave. Olhando para os lados de nossa embarcação nas profundezas frias, vimos um mundo maravilhoso ainda ameaçador que aguçou nossa curiosidade e vulnerabilidade. Ver as placas gigantes de rocha e pedras polidas por milhares de anos, nos deu uma perspectiva vigorosa e ainda misteriosa. Denise fantasiou em esvaziar o lago e explorar as montanhas e vales abaixo. Nosso primeiro desbravamento real sobre falésias e rochas foi a 8 km abaixo do lago em um magnífico hotel com chalés antigos. Parando na paisagem para um descanso tranquilo, voltamos na canoa e aproveitamos o sol por cerca de 15 minutos.

Nós nos iludimos em pensar que é mais seguro ficar na zona de conforto. Entretanto, isso pode ser mau negócio, especialmente se quisermos percorrer todo o caminho do sucesso na vida... O momento que escolhemos ficar na zona de conforto é o momento que assinamos nossa sentença de morte como um indivíduo criativo.

Gay Hendricks e
Kate Ludeman

De repente, um vento frio, não uma brisa suave, nos sacudiu em nossos devaneios. Eu notei que a bandeira do hotel não estava reta – um sinal de alerta. Nós saltamos, pegamos os remos e decidimos voltar. O lago gradualmente exibia energia. A princípio, brincamos com as ondas, e como foi divertido. Após 2 km, as brincadeiras acabaram. Fomos apanhados pelas ondulações fortes do Lago Superior. As ondas estavam quebrando tão altas que as áreas mais perigosas eram as mais próximas dos penhascos rochosos da costa. Não havia escolha; tivemos de nos manter dentro do lago por segurança. As ondas estavam tão altas que a cabeça da Denise ficou abaixo do topo delas. Quando descemos nas ondas, a canoa encalhou com uma batida forte. Percebendo que estávamos em uma situação de vida ou morte, encorajamos um ao outro e afirmamos a nossa vontade de superar esse desafio árduo. Ao lidar com as ondas formidáveis, eu perdi meu colete salva-vidas, que se enganchou sob nossa canoa. Isso não só nos retardou, mas se virássemos... você poderia visualizar a cena. Apenas continuamos em meio aos fortes ventos. Após algum tempo, estávamos finalmente em uma "zona" – um lugar calmo no meio das águas turbulentas. De fato, ficamos tão absorvidos que depois de quatro ho-

DOMÍNIO DA AÇÃO

189

ras de remo, alcançamos realmente nossa cabana. Superados com alegria e alívio, chegamos em nossa pequena enseada – nosso refúgio – e desabamos nas rochas como dois leões-marinhos exaustos depois de uma noite de pesca.

Aquela noite, refletimos como um dia de aventura, ficamos surpresos com os níveis de força interior e potencialidade que tivemos. Ultrapassamos nossos limites muitas vezes. Transcendemos tão completamente que fomos a um lugar espontâneo, totalmente inesperado por cada um de nós. Quão longe poderíamos ir? Eu não sei. Tudo o que eu sei é que fomos muito além do que pensávamos ser possível.

> *Não conheço fato mais encorajador do que a habilidade inquestionável do homem para elevar sua vida por meio do esforço consciente.*
>
> Madre Teresa

Qual é a nossa potencialidade para a realização de dentro para fora? A vida tem realmente infinitas possibilidades como os grandes sábios e pensadores disseram na história? Nosso mundo é realmente o campo de todas as possibilidades, um time com vida, energia e opções aparentemente sem fim? Ou nossa vida tem um horizonte limitado de sucesso e possibilidade?

Os pesquisadores em neurofisiologia do cérebro estão começando a nos fornecer alguns *insights* profundos sobre a nossa verdadeira potencialidade. Usando estimativas conservadoras, os pesquisadores projetaram que há 100 trilhões de junções de neurônios no cérebro humano. Isso significa que nossos estados mentais possíveis são maiores do que o número total de átomos do universo. Pense sobre isso... a potencialidade do nosso cérebro pode encontrar mais possibilidades do que a quantidade de átomos do universo. É possível compreendermos o infinito? Talvez. O nosso campo de possibilidades é imensamente maior do que pensamos? Definitivamente.

Por anos, os cientistas acreditaram que a estrutura do cérebro era rígida e não poderia ser alterada. As pesquisas abundantes nos últimos 10 a 15 anos têm mostrado que nosso cérebro é muito mais flexível do que se pensava anteriormente. Os cientistas de biomedicina, neurologia e psicologia estão estudando as implicações da "plasticidade" do cérebro. Sharon Begley, uma cientista colunista da revista *Newsweek*, relata que a pesquisa determinou que, por meio do processo denominado neurogênese, nós podemos produzir novos neurônios, alterar nossas células cerebrais e mudar as peculiaridades de nosso cérebro. Em seu livro *Train Your Mind, Change Your Brain*, Begley escreve: "A questão sobre se o cérebro pode mudar e se a mente tem o poder de mudá-lo, está emergindo como a mais atraente do nosso tempo". Os cientistas Richard Davidson, Fred Cage, Helen Neville, Michael Meaney, Daniel Goleman, Jeffrey Schwartz, Jon Kabat-Zinn e muitos outros em uma diversidade de disciplinas científicas estão colaborando uns com os outros, e o Dalai Lama, que está encorajando o estudo do cérebro dos monges tibetanos para aprender mais sobre como a meditação, como uma forma de treinamento mental, realmente treina nossa mente e altera nosso cérebro. Begley nos diz:

> A pesquisa de Davidson apoia a ideia de que os adeptos da meditação budista têm longa permanência: o treinamento mental que está no cerne da prática meditativa pode alterar o cérebro e assim, a mente de uma forma duradoura – a conexão fortalecida a partir dos lóbulos pré-frontais profundos até o medo e a ansiedade gerados pela amídala, deslocando a atividade no córtex pré-frontal do lado direito descontente para o lado esquerdo do bem-estar. A conexão entre os neurônios pode ser fisicamente modificada por meio do treinamento mental, assim como os bíceps podem ser modificados pelo treinamento físico.

A consciência sem compromisso e prática é a liderança na adolescência.

Renee Garpestad

As implicações desse conhecimento para o desenvolvimento de liderança, o aprendizado da agilidade, o crescimento e o *coaching* em todos os níveis são profundos. Pouco se questiona sobre a distância que a nossa potencialidade alcança. A verdadeira questão é: "Quão bem estamos usando este potencial?" Nós estamos tocando o concerto da vida com um dedo? William James escreveu: "A maioria das pessoas vive, mesmo física, intelectual ou moralmente, em uma área muito restrita de seu ser potencial. Elas fazem uso de uma parte muito pequena de sua possível consciência, e de seus recursos de alma em geral, assim como um homem que, fora de todo o seu organismo corporal, opta pelo hábito de usar e mover somente seu dedo mindinho".

DOMÍNIO DA AÇÃO 191

Liderança Autêntica é tocar a música de nossa vida com profundidade, paixão e habilidade ímpar. Como podemos assegurar que não temos um maravilhoso concerto ocasional, porém, em vez disso, nos tornarmos gradualmente a própria melodia harmoniosa?

MESCLANDO TRÊS PASSOS INTER-RELACIONADOS DO DOMÍNIO DA AÇÃO

Realizar o *coaching* de nós mesmos e dos outros é a chave para tomar a decisão da liderança e catalisar nosso potencial máximo. Todas as tradições ao longo dos tempos tiveram *coaches* excepcionais – conselheiros, filósofos, sábios, professores, mentores, xamãs, gurus, mestres – para ajudar as pessoas a enxergar sua vida e comportamentos a partir de perspectivas novas, vantajosas e mais profundas. Esses *coaches* ajudaram seus "aprendizes" – buscadores, discípulos, estudantes, seguidores – a enxergar o mundo com outros olhos, conhecer que é possível em ir além ou transcender o que eles pensavam que era possível, e vislumbrar seu potencial máximo. Isso é sempre o início da jornada transformadora para a liderança autêntica na vida.

A melhor maneira de tomar a decisão para nós mesmos é por meio do *coaching*. Para o seu *coaching* e o *coaching* dos outros, obter um impacto transformador e duradouro, três caminhos inter-relacionados necessitam ser mesclados: *consciência, compromisso* e *prática*. Se os três passos estiverem presentes e operacionais, as importantes descobertas ocorrerão e o crescimento será mantido. Se um dos três estiver ausente, os resultados se dissiparão ao longo do tempo. Você pode aprender as melhores técnicas e disciplinas para praticar, porém se faltar o compromisso, você não continuará seus esforços. De maneira semelhante, todo o entusiasmo e o compromisso do mundo não chegarão longe se você não aderir a um plano de ação funcional. E sem a consciência de suas forças e fraquezas, como você saberá com o que se comprometer ou o que você necessita fazer?

Não muito tempo atrás, dois executivos foram encaminhados ao nosso escritório para o *coaching* de liderança. Eles tinham o mesmo nível de salário, e tinham aproximadamente 20 anos de sucesso ininterruptos em algumas das empresas da *Fortune 500*. Ambos se destacavam no trabalho. Eles também precisavam trabalhar em sua liderança e eficácia interpessoal já que queriam continuar a avançar em suas empresas. Cada um abordou

192 LIDERANÇA AUTÊNTICA

seu desenvolvimento de maneiras dramaticamente diferentes. Uma pessoa estava aberta para aprender e disposta a se comprometer com o processo de crescimento de dentro para fora. A outra pessoa sentia que já "tinha tudo resolvido".

No início do *coaching*, eles mostravam boa vontade. Após alguns dias, um executivo perdeu o entusiasmo, assim que ficou mais próximo de seu verdadeiro *feedback* sobre seu estilo e personalidade. Ele começou a considerar o processo como "lotes de trabalho" e dizia: "Eu não tenho certeza quão relevante *é*". Ele começou a perder alguns compromissos. Assim que ele recuou, começou a especular se o programa "valia a pena". Ele se tornou cada vez mais habilidoso em cumprir sua profecia e a racionalizar a falta de benefício.

A outra pessoa aderiu ao programa. Participou de toda sessão de *coaching*, se entregou na autoexploração, escutou o *feedback* e procurou maneiras de compreender e aplicar a informação à sua carreira, equipe e vida. Além disso, explorou profundamente seu significado principal e propósito; projetou uma nova visão para uma vida mais autêntica e uma liderança mais autêntica, aquela que fosse congruente com seus valores verdadeiros; começou a ler e refletir mais; compartilhou seus *insights* com os outros; começou a se abrir com as pessoas no trabalho; começou a admitir suas forças e fraquezas para os outros; começou a pedir por sua ajuda e a valorizar suas contribuições. Ele, então, continuou em curso; tornou-se um líder ágil, descentralizado e muito eficaz; e tornou-se corajoso. Quando as ondas se tornaram perigosas e desafiadoras durante a mudança de seu próprio mar, ele remou arduamente e ficou focado. Ele nunca perdeu a visão de seu propósito e acreditou que poderia e iria além dos seus limites. Ele pegou o caminho da "liderança de dentro para fora". Em um ano, foi promovido a presidente da corporação.

E a outra pessoa? Ele foi substituído seis meses depois, continuou com o mesmo padrão rígido de não assumir a responsabilidade e projetar suas limitações externamente. E provavelmente ainda culpa sua antiga empresa por seus infortúnios.

Agora, vamos aplicar os três passos inter-relacionados ao domínio da ação – construir consciência, compromisso e prática para realizar o *coaching* de si mesmo.

DOMÍNIO DA AÇÃO

PASSO UM DO DOMÍNIO DA AÇÃO: CONSTRUIR CONSCIÊNCIA

Já que você trilhou a jornada até aqui, farei uma suposição de que você construiu pelo menos algum grau adicional de autoconsciência por meio da leitura e reflexão. Talvez, você já tenha experimentado consciências bem elevadores, aquelas que fizeram você parar e pensar, acenar com a cabeça e saber qual impacto que elas tiveram. A consciência é o primeiro passo

> *Liderança é a arte de realizar mais do que a ciência do gerenciamento diz que é possível.*
>
> Colin Powell

no caminho do *coaching*, construir consciência é o processo de trazer novas informações ao nosso campo de visão. Ela pode manter nossa atenção em um talento recentemente enaltecido ou, ainda, pode envolver o processo mais doloroso de conhecimento em que o comportamento seja intencionalmente autodestrutivo ou que afeta outros de um modo prejudicial à vida. A consciência engloba a *disciplina interior* em olhar dentro de nós mesmos e iluminar nossas forças e nossos desafios de crescimento, e a *disciplina exterior* em observar nós mesmos por meio de nossos olhos e os olhos dos outros, assim como nos engajamos em fazer uma importante mudança de comportamento.

Tente criar um inventário. Na criação de seu inventário, incorpore qualquer *feedback* que você queira obter, incluindo uma avaliação 360º no trabalho ou comentários feitos pelas pessoas ao longo dos anos sobre suas forças, talentos, necessidades de desenvolvimento, personalidade e valores. Esse *feedback* pode vir de colegas, chefes, pessoas que trabalharam para você, amigos ou cônjuge. É importante não apenas tentar se descobrir, mas ouvir atentamente o que os outros dizem. Assim como vimos, a autoconsciência pode ser reforçada de dentro para fora. Tipicamente existe uma "diferença de percepção" entre como nos vemos e como os outros nos veem. Nossa intenção aqui é encarar a verdade, obter uma imagem clara e completa. De acordo com Malcolm Gladwell em *Blink*, se você realmente quiser saber como você está se apresentando aos outros, pergunte a eles e observe honestamente como você está se comportando. Esse não é apenas um bom exercício psicológico; é fundamental para a liderança e alto desempenho. Em seu livro inovador *Working with Emotional Intelligence*, Daniel Goleman escreve:

"As pessoas que são autoconscientes são também melhores em desempenho. Provavelmente, sua autoconsciência os ajuda em um processo de melhoria contínua... Conhecendo suas forças e fraquezas e aproximando seus trabalhos em conformidade, foi encontrada uma competência praticamente em todo líder em um estudo com centenas de profissionais de empresas incluindo AT&T e 3M".

Construir consciência requer a vontade de se espelhar e ter um olhar honesto. Isso é um ato de coragem. Ver, conhecer e abraçar os aspectos positivos e negativos de quem somos, exige bravura contínua. Porém, vale a pena o esforço. Assim como a escritora francesa Anaïs Nin disse: "A vida encolhe ou expande na proporção de sua coragem". Como líderes, nosso impacto encolhe ou expande na proporção direta de como olhamos corajosamente a nós mesmos – luz e sombra. *Construir Consciência é o caminho da coragem.*

REFLEXÃO
CONSTRUIR CONSCIÊNCIA

Reserve um tempo para refletir sobre a consciência que você experimentou enquanto lia os capítulos anteriores. Reveja cada área de domínio. Quais são os aprendizados-chave de cada um? Qual tema de consciência foi mais significativo?

Se você quiser tomar outra atitude, faça um inventário de suas forças e fraquezas como líder de sua equipe, empresa e família. Olhe para trás em sua vida e faça o seu melhor para reconhecer e incluir em seu inventário suas melhores realizações, assim como seus momentos menos significativos. Observe as atividades e aspectos da vida nos quais você se sobressai, em que as coisas vêm facilmente para você e fluem naturalmente ao sucesso e satisfação, bem como as situações difíceis nos relacionamentos pessoais e no trabalho, nas quais você luta e esbarra em problemas recorrentes, onde você apenas não parece alcançar o objetivo desejado. Tudo isso ilumina quem você é, quais são suas capacidades, e em que você pode estar precisando trabalhar melhor.

PASSO DOIS DO DOMÍNIO DA AÇÃO: CONSTRUIR COMPROMISSO

A consciência abre as portas para níveis mais elevados de performance. Entretanto, a consciência por si própria não é suficiente. Para direcionar a eficácia de liderança duradoura, exige-se a motivação originada do compromisso emocional. Construir compromisso inicia pela compreensão das consequências de nossas ações. Entretanto, não é suficiente apenas compreender *intelectualmente* se nós continuarmos no mesmo curso, ficaremos aquém dos nossos objetivos, se prejudicaremos a nós ou aos outros. Temos de *sentir* isso. Quando temos uma conexão emocional profunda com o impacto de um comportamento, nossa vida pode mudar permanentemente. É por isso que o trauma pode trazer uma grande mudança – uma lição. Noel Tichy e Warren Bennis colocaram assim: "Os líderes corajosos frequentemente obtêm sua coragem a partir de seu medo sobre o que acontecerá se eles não caminharem e se saírem bem". Tenho visto executivos ignorarem repetidamente seu condicionamento físico e necessidades de autocuidado até caírem na cama de um hospital lutando pela vida. Uma vez que percebemos claramente e experimentamos emocionalmente as consequências vantajosas e desvantajosas de um comportamento, um compromisso significativo para a transformação – "uma saída corajosa" – pode começar.

É importante reconhecer as consequências de qualquer comportamento prejudicial à vida que podemos ter, porém é igualmente valioso compreender os benefícios ricos à vida em fazer algo a mais, menos ou diferente. A motivação acontece quando experimentamos emocionalmente as razões positivas e persuasivas de fazer algo, bem como as razões dolorosas de evitar a consequência desvantajosa. Ambas devem ser evidentes para fomentar a força criativa necessária para sustentar nossa motivação. O que nós ganharemos? O que podemos perder? Refletir sobre a interseção decisiva dessas consequências opostas leva-nos a tomar a decisão.

> *Nada no mundo pode tomar o lugar da persistência. Nem o talento; não há nada mais comum do que homens fracassados com talento. Nem o gênio; gênio sem recompensa é quase um provérbio. Nem a educação; o mundo está repleto de errantes educados. Persistência e determinação sozinhas são onipotentes.*
>
> Calvin Coolidge

REFLEXÃO
CONSTRUIR COMPROMISSO

Se você quiser iniciar seu compromisso de fortalecimento pessoal, tente este exercício. Comece decidindo quais compromissos você está disposto a fazer em prol de uma maior conscientização a partir da leitura deste livro, aqueles que você identificou no exercício Construir Consciência.

Pronto para seguir ao próximo nível? Identifique várias coisas que você gostaria de fazer mais, menos ou diferente a fim de melhorar sua vida e a eficácia de liderança. Faça uma lista dos itens mais importantes e, a partir dessa lista, escolha um. (Se você já souber a princípio, não precisa se incomodar com o processo de fazer a lista.) Agora, vislumbre seu futuro em um drama com duas partes.

Na primeira parte, você dominou aquele novo hábito ou comportamento e o fez parte de sua vida. Com o que sua vida se parece? Como seu ambiente mudou? Como você se sente? Como as pessoas o responderam? O que você ganhou material, espiritual ou socialmente realizando esse compromisso e honrando-o? Não olhe esse cenário apenas do lado externo; mergulhe nas visões e sons. Tente colocar-se completamente em sua vida como ela seria. *Sinta-a* em seu corpo, *sinta-a* em seu coração, *sinta-a* em seus relacionamentos, *sinta-a* em seu interior.

A segunda parte pode não ser tão divertida, porém ela é extremamente importante para o processo. Visualize sua vida sem o novo comportamento. Você não o escolheu. Ou você decidiu fazê-lo, mas não seguiu adiante. Como os outros o notaram? O que você falhou em realizar, como você falhou em crescer, por que você não se comprometeu em seguir adiante? Como você se sentiu? Qual oportunidade foi perdida? Novamente, não se observe apenas externamente, analise-se intelectualmente, sinta realmente. Deixe sua imaginação fluir e visualize este cenário escuro. Encare-o. Experimente-o, e veja as consequências difíceis.

DOMÍNIO DA AÇÃO

Após considerar essas duas realidades, faça sua escolha. Comprometa-se em fazê-la ou em não fazê-la. Diga a si mesmo: isso é o que vou ganhar se eu me comprometer com esse curso de ação, e o que eu vou perder se não o fizer. Isso é o que eu pretendo ganhar, isso é o que eu pretendo perder. Eu sugiro algo realmente substancial aqui. Por exemplo, se você não alinhar sua vida com seu senso de propósito, onde você vai acabar? Ou se você continuar a dominar as interações com as pessoas, com o que sua vida vai se parecer?

Por experiência, eu sei que algumas pessoas obtêm isso imediatamente. Outras precisam praticar em casa por algumas semanas e prestar atenção antes de realmente sentir em seu corpo e experimentar em seus relacionamentos. Porém, uma vez alcançado, o comportamento começa a mudar. Então, se você conseguir, eu o estimulo a mantê-lo por algumas semanas. Firmando-se a ele, e praticando construir compromisso, você pode mudar sua vida.

Sonhe alto com seu compromisso. Les Brown, um autor e palestrante verdadeiramente inspirador, que eu admiro, uma vez disse: "Nós não falhamos porque sonhamos muito alto e erramos; nós falhamos porque sonhamos muito baixo e acertamos". Construir compromisso implica elaborar uma visão do futuro

> *Seja um selo postal: grude em algo até que você o obtenha.*
>
> Margaret Carty

baseado em uma compreensão autêntica de quem somos nós, onde estamos e onde queremos ir. É criar uma visão – positiva e negativa – sobre o que está em jogo. James Collins e Jerry Porras escreveram sobre a visão como "conhecer intimamente o que pode ou deve ser feito... Não é previsão do futuro, é criar o futuro tomando a decisão no presente". *Construir compromisso é o caminho da visão.*

PASSO TRÊS DO DOMÍNIO DA AÇÃO: CONSTRUIR PRÁTICA

Construir prática é o processo de engajamento consistente em novos comportamentos para enriquecer nossa vida. É a fase de aplicação do crescimento. Embora seja fundamental construir consciência e construir compromisso,

198 LIDERANÇA AUTÊNTICA

eles não são suficientes para a transformação; a ação consistente e os comportamentos novos, tangíveis e pragmáticos serão exigidos.

Admirar nossos grandes *insights* e sentir orgulho de nossos novos compromissos, por si mesmos, não nos levará ao nosso destino desejado. Lao Tzu, que escreveu possivelmente o texto mais profundo sobre liderança e vida – *Tao Te Ching* – refletiu: "Um sábio praticará o Tao. Um tolo somente o admirará".

A prática torna as potencialidades possíveis. Em janeiro de 2005, na revista *Training & Development*, Jack Zenger, Joe Folkman e Robert Sherwin tornaram um caso impressionante para construir prática ou o que eles chamam "A promessa da fase 3". Em sua pesquisa, eles identificaram três fases de aprendizado: fase I, trabalho de pré-sessão; fase II, eventos do aprendizado; fase III, *follow-up* e *coaching*. Os resultados desse estudo de três fases foram impressionantes. As empresas normalmente investiam apenas 10% de seus recursos na fase I ou pré-trabalho, 85% dos recursos na fase II ou eventos do aprendizado e 5% na fase III ou *follow-up* e *coaching*. Espere um minuto. Onde está o maior valor ganho? Na fase III *follow-up*. Pense a respeito. 50% do valor foi encontrado na fase III, e a maioria das empresas gastou apenas 5% de seus recursos ali. Os estudos realizados pela ASTD renderam-se aos resultados similarmente dramáticos. Os eventos do aprendizado seguidos do *coaching* culminaram 73% em melhores resultados do que os eventos de treinamento sozinhos. O *coaching* cada vez mais fez a diferença entre o substancial retorno sobre o investimento e o mínimo retorno sobre o investimento para os programas de liderança e de aprendizado. Os estudos recentes documentaram que mais de 60% de todos os programas de desenvolvimento de liderança corporativos agora incluem um componente de *coaching*.

Construir prática implica conceber caminhos novos e disciplinados de comportamento para enriquecer nossa vida e a dos outros. Às vezes, as práticas são *disciplinas internas*, tal como a meditação, para centralizar-nos em meio a todas as pressões dinâmicas. Outra disciplina interna útil é examinar nossas crenças a cada momento, para ver se elas estão nos abrindo ou nos fechando. E, ainda, outra disciplina pode ser aprender a "ler" nossas reações físicas para calibrar nossos estados emocionais genuínos.

Às vezes, as práticas são *disciplinas externas*, em começar o dia meia hora mais cedo para um planejamento mais eficaz; mostrar mais apreço aos

DOMÍNIO DA AÇÃO

funcionários ou aos membros da família; prestar atenção às capacidades; ou exercitar-se em um horário habitual. Tanto em uma *disciplina interna* quanto em uma *disciplina externa*, temos de fazê-la consistentemente. "Para manter a lâmpada acesa", Madre Teresa disse: "nós temos de colocar óleo nela". Para continuar crescendo, temos de colocar em prática tudo isso. *Construir prática é o caminho da disciplina*. A disciplina nos conecta aos benefícios, e os benefícios geram a prática contínua e autossustentável.

Quando Pablo Casals, quem muitos consideram o maior violoncelista, tinha 92 anos de idade, ele estava praticando cinco horas por dia – mais do que seus melhores alunos. Um dia, um estudante frustrado se aproximou de Casals e perguntou: "Pablo, por que você está praticando cinco horas por dia? Você está pondo seus alunos envergonhados. Por que você está praticando tão firme?" Humildemente, Pablo respondeu: "Estou praticando muito porque eu FINALMENTE comecei a ter progresso!" De modo semelhante, após ganhar o concurso Buick Invitational em Torrey Pines de 2008, o *US Today* relatou que Tiger Woods atribuiu "a melhor fase de sua carreira" às horas no âmbito "mudando seu balanço". Tiger explicou: "Uma das razões que fiz as mudanças é que eu já sabia que poderia atingir outro nível. Estou acertando os lances que eu nunca acertei antes. Estou ficando ainda melhor". Pablo Casals e Tiger Woods são verdadeiros mestres. Mestres medem o progresso pelo que eles acreditam que seja possível, não pelo que os outros dizem a respeito de sua grandeza. Reunindo talento, caráter e prática, eles criam uma fórmula vitoriosa para a grandeza verdadeira.

Portanto, o que é possível para você como um líder? Com esta visão como um cenário, comprometa-se com seu plano diário de práticas para elevar sua capacidade de liderança ao próximo nível.

Localizar uma prática ou comportamento que lhe dê um impulso ótimo é o primeiro passo. Porém, é fundamental encontrar uma prática que se estenda a você, por um lado, mas também que seja agradável e benéfica suficiente para que você a aceite ou, no mínimo, retorne mais tarde.

Pessoalmente, tenho de me disciplinar para a prática de pessoas e capacidades interpessoais com os colegas. Divirto-me quando faço isso, mas geralmente é o último da lista de prioridades. Eu, naturalmente, gosto de criar coisas que fazem a diferença na vida das pessoas. Ir devagar quando sou obrigado a criar requer disciplina e prática. Às vezes, é realmente difícil, então, tenho de fazer a prática da caminhada no escritório... relacionar-me, escutar, contar histórias, compartilhar e saber o que está acontecendo. Eu me lembro de aplicar minha criatividade com as pessoas, não apenas as ideias, a manter minhas forças, interesse e motivação engajados. Se eu a emolduro como presença, paixão e processo de criar ideias, então isso se conecta ao meu propósito e tem real valor para mim. Quando eu faço isso de um modo verdadeiro e engajado, o moral e a energia aumentam. Quando eu não faço, a energia e o custo de empobrecimento moral são cobrados.

> *Nós temos um plano "estratégico". Chama-se fazer coisas.*
>
> Herb Kelleher

Então, quais são as práticas e novos comportamentos com os quais você vai se comprometer? Lembre-se de que você não precisa, ou quer, 50 coisas para praticar. Nem mesmo dez. Uma ou duas coisas, bem selecionadas e bem praticadas, são suficientes para fomentar a transformação. Eu, recentemente, encontrei um grande jogador da NBA que havia elevado seu jogo ao próximo nível. Ele já era excelente, um dos melhores jogadores da liga. Entretanto, seu arremesso estava bom, não grandioso. Felizmente, ele estava consciente desse aspecto negativo e diligentemente focou sua prática com 2.500 arremessos – quatro a seis horas contínuas de arremessos diariamente. Ele fez disso sua rotina diária sete dias por semana durante nove meses. O resultado: seu jogo se tornou excelente. Seu jogo interno estava melhor porque ele agora tinha um jogo externo, também.

O que você precisa praticar 2.500 vezes por dia, ou mesmo dez vezes por dia, para levar seu "jogo" ao próximo nível? Você precisa reforçar seu "jogo interno" ou seu "jogo externo"?

O que você vai praticar? Pare. Não continue lendo. Dê uma pausa. Então, responda à questão. O que você vai praticar? Qual o novo comportamento que você pode praticar que, ao longo do tempo, o moverá adiante? Todo o benefício deste livro baseia-se em sua resposta profunda. Escolha bem. Fique com ela. O que você praticar, você se tornará.

REFLEXÃO
CONSTRUIR PRÁTICA

Revise seus planos para construir consciência e construir compromisso. Reflita sobre quais comportamentos e práticas específicas dariam a você um maior impulso. Seja muito claro, específico e pragmático aqui. Se sua maior necessidade de desenvolvimento for o relacionamento com as pessoas, então, uma prática mais provável em escutar, receber e estar aberto, renderá maiores retornos. Se sua necessidade de desenvolvimento for centrada em uma expressão mais corajosa, a prática pode se manifestar na próxima vez que você sentir inibição, hesitação ou stress em uma reunião. A prática se manifesta de um modo consistente em seus valores e princípios. Se sua necessidade de desenvolvimento for energia e resiliência, sua prática pode ser uma meditação diária e programa de condicionamento físico para reavivar sua vitalidade. As práticas, à primeira vista, parecem insignificantes, comuns e não tão excitantes. Porém, ao longo do tempo, seus benefícios acumulam e criam um impacto transformador. Reflita e identifique as práticas que lhe darão maior impulso para crescer.

A ARTE DE REALIZAR O *COACHING* AOS OUTROS

Aproveitando o que aprendeu sobre o *coaching* de si mesmo, faça a transição à arte de realizar o *coaching* aos outros. Emerson escreveu: "Marcamos com uma luz na memória algumas conversas que tivemos com alma, que tornaram nossa alma mais sábia, que falaram o que pensávamos, que nos disseram o que sabíamos, que nos deram a licença para ser o que somos interiormente". Realmente, de todas as habilidades de liderança, o *coaching* pode ser o mais importante. Por quê? Ajudar a fomentar o crescimento de todos

> *É melhor conhecer algumas questões do que todas as respostas.*
>
> James Thurber

ao nosso redor nos dá a sustentabilidade à nossa liderança e perpetua a criação de valor contínuo e excelência.

Coaching é a arte de desenhar, mediante o potencial, na tela da alta performance. É a mão suave, mas firme de liderança que orienta o caminho como um amigo cuidadoso e ajuda o "aprendiz" a ver com clareza o perigo ou definir um curso mais positivo.

A liderança é mais abrangente do que apenas um trabalho. O líder de um grupo de qualquer tamanho, de uma família, clube, congregação ou sala de aula, até de uma empresa multinacional ou uma nação, define o tom para todos os membros do grupo. Quando você é um líder, outras pessoas olham para você, dependem de você. Os líderes seguram sua vida e destinos em suas mãos; porque a liderança é um chamado sagrado.

Esse chamado é mais bem honrado quando o líder define o maior exemplo de comportamento pessoal e profissional, então, ele atrai as pessoas a tomar o caminho desafiador também. Para acompanhar as duas tarefas, nada é mais vital do que o *coaching*. O *coaching* eficaz, para apresentar as forças e talentos de todas as pessoas do grupo ou da empresa, serve uma regra dual. É uma generosa contribuição para o crescimento e a realização de cada indivíduo. Ao mesmo tempo, é uma das estratégias mais práticas para maximizar a eficácia e o sucesso do grupo. Quanto maior a capacidade e plenitude do desenvolvimento de cada indivíduo do grupo, mais forte ele será. Cada pessoa do grupo que não esteja vivenciando suas capacidades, está arrastando o grupo para baixo, diminuindo sua eficácia. Roger Lacey, vice-presidente da área de planejamento estratégico da 3M Company, compartilhou essa perspectiva em liderança de equipe: "Finalmente, estratégia, liderança e formação de equipes devem encontrar sua intersecção de alta performance. Quando as empresas impulsionam a estratégia com liderança mundial e formação de equipes, o impulso duradouro é possível".

> *Você deve ser a mudança que deseja ver no mundo.*
>
> O Dhammapada

Nos últimos anos, a LeaderSource trabalhou com a Novartis, uma empresa farmacêutica global de 32 bilhões de dólares, formada em 1997 e resultante da união entre Sandoz e CIBA. A Novartis desenvolveu uma cultura acelerada e orientada a resultados. Em 2001, a empresa contratou 70% de

DOMÍNIO DA AÇÃO

seu talento sênior no mercado. Felizmente, a cultura em "obter resultados" também valorizou o *coaching* e o desenvolvimento de liderança.

Os investimentos significativos foram feitos para avaliar, desenvolver, realizar o *coaching* e o *mentoring* dos talentos de alto nível. O Dr. Daniel Vasella, presidente e CEO da Novartis, e Thomas Ebeling, CEO de várias divisões da Novartis nos últimos dez anos, foram substancialmente apoiados e envolvidos em uma variedade de iniciativas de liderança. Em 2005, apenas 30% do talento sênior foi contratado no mercado. Milhões de dólares foram economizados na seleção de profissionais. Milhões a mais foram alavancados para produzir e manter os resultados. Thomas Ebeling, um dos melhores *coaches* de CEO que eu já conheci, comentou:

> O *coaching*, o desenvolvimento de liderança e o *mentoring* não são tarefas que você apenas delega ao departamento de Recursos Humanos. O *coaching* é uma das habilidades mais críticas de liderança para aperfeiçoar e manter o desempenho do indivíduo e da equipe. Investir tempo em *coaching* e *mentoring* oferece um extraordinário retorno sobre o investimento. Ele impacta nos resultados, retenção, moral e identificação do talento... Ao longo da minha carreira, eu aprendi que o *coaching* é um investimento extremamente valioso e energizante. Como sou tão orientado a resultados, é surpreendente quando digo às pessoas que o *coaching* e o *mentoring* têm sido uma das minhas realizações mais gratificantes.

O *coach* verdadeiro tem um interesse mais amplo e uma regra mais refinada do que dar ordens. Se você estiver em uma expedição de escalada à montanha, lutando contra o relevo difícil, perdido em um nevoeiro ou avalanche, incapaz de ver o topo da montanha ou o caminho à frente, você será grato a um guia experiente, que o direciona de baixo para cima: "Vá à direita. Cave. Cuidado com as pedras soltas. Você está indo bem". O guia tem a experiência, a perspectiva e o conhecimento fundamental que você não tem. Assim como os jogadores de um time esportivo, em uma ação momentânea do campo, têm pequena perspectiva, um *coach* eficaz se eleva acima do campo do jogo para obter uma imagem completa, a partir da qual chama as jogadas e direciona a ação.

Alguns *coaches* simplesmente declaram seu conhecimento. Grandes *coaches* combinam o conhecimento e a assistência para ajudar os jogadores irem além de seus limites preestabelecidos. Em seu livro *Masterful Coaching*, Robert Hargrove aponta: "Quando a maioria das pessoas pensa no aprendizado, não pensa em ter de mudar a si mesma. Elas tendem a pensar no aprendizado como... adquirir ideias, dicas, técnicas, etc. Raramente, ocorre a elas que os problemas que estão enfrentando são inseparáveis de quem são ou do modo como pensam e interagem com as outras pessoas". O *coaching* nos ajuda a ver mais a pessoa por inteiro e a situação completa, bem como a dinâmica entre os dois aspectos.

Uma equipe sênior de uma empresa global estava se confrontando. Eles lidavam com as operações da América do Norte, responsáveis por 40% da receita global da empresa de alta tecnologia. As vendas e os lucros estavam constantes. O ritmo de novas iniciativas estava baixo. A energia e o moral estavam deteriorados. O novo CEO, repleto de energia, direcionamento e muito hábil com as pessoas, estava comemorando após quatro meses. Por quê? O relacionamento disfuncional de cinco membros-chave da equipe estava paralisando a eficácia da equipe de 20 pessoas. O problema? As cinco pessoas difíceis eram altamente competitivas, brilhantes e valorizadas em suas respectivas funções. A solução fácil, demitir todos os cinco, não era tão fácil assim. Os cinco membros da equipe pensavam estar corretos e o restante do grupo é que era "impossível de trabalhar" e "não confiável". Enquanto as reuniões eram repletas de conflitos e desculpas, os comentários dos membros da equipe sobre cada um deles eram ácidos.

> *A vida é uma série de colisões com o futuro; não é a soma do que vemos, mas o que ansiamos ser.*
>
> José Ortega & Gassett

O processo típico de formação de equipe direcionado ao evento não chegaria a essa dinâmica fundamental. Em vez disso, iniciamos um trabalho intensivo e profundo com cada indivíduo. Era imperativo que cada um dos membros daquela equipe resolvesse seus problemas e tivesse responsabilidade pessoal. Só então, pudemos começar a obter conversas autênticas e iniciar o *coaching* em sua dinâmica interpessoal. Com o avanço dessas áreas, começamos uma iniciativa de equipe mais ampla. Além disso, o CEO precisava intervir e tomar algumas decisões difíceis para a transição de duas pessoas. Ao longo de um período de seis a nove meses, a equipe se reengajou, as vendas e os lucros foram recuperados, e o

DOMÍNIO DA AÇÃO

moral retornado. A transformação não é um evento, mas um processo desafiador de trabalho por meio da necessidade do *coaching* de líderes, equipes e empresas simultaneamente.

Os atletas, os atores e os políticos têm *coaches*. Cada vez mais, os profissionais têm *coaches*. Muito frequentemente os *coaches* empresariais visam um fascínio em ensinar e em obter resultados de melhoria da imagem. Isso não é suficiente. Precisamos desenvolver uma nova linhagem de *coaches* que enfoque a transformação de liderança em uma performance excepcional e sustentável, cujo objetivo seja desenvolver a pessoa íntegra em vez de aprimorar a fachada externa. Para realizar isso, os *coaches* precisam mudar o profissional ou corrigi-lo, preocupados inicialmente com as competências, aprendizado, habilidades e técnicas para um modelo transformador focado fundamentalmente na mudança de visão das pessoas sobre si mesmas, seus valores e senso de propósito. Então, os *coaches* precisam ajudar as pessoas a aplicar novas habilidades e comportamentos.

Influenciado pelo trabalho de Hargrove, o *coaching* atual serve uma das cinco categorias:

- Especialista: constrói habilidades, competências e conhecimento;
- Padrão: revela antigos padrões e constrói novos padrões de crença e comportamento;
- Transformador: fomenta a mudança fundamental em pontos de vista, valores e identidade;
- Transcendental: compreende o propósito;
- Integrativo: harmoniza a profundidade do trabalho pessoal (dentro-fora) com a complexidade da dinâmica externa (fora-dentro) com a equipe, empresa, mercado e necessidades sociais.

A maioria dos programas internos de *coaching* nas empresas lida com o *coaching* especialista, e muitos se referem a esse tipo de *coaching* como *mentoring*. Muitos *coaches* externos começam e finalizam seu nível de impacto aqui, também. A maioria dos recursos externos de *coaching* lida com o *coaching* especialista e padrão. Um número crescente de *coaches* realiza o *coaching* transformador, mas poucos se engajam no *coaching* transcendental ou integrativo. Idealmente, como o setor de *coaching* está se aperfeiçoando, mais

206 LIDERANÇA AUTÊNTICA

coaches empreendedores e mundiais emergirão, adeptos aos cinco níveis e que poderão aplicar maior flexibilidade às necessidades particulares dos líderes, equipes e empresas.

REALIZANDO O *COACHING* AOS OUTROS PARA CONSTRUIR CONSCIÊNCIA

Como líderes, somos constantemente confrontados com a tarefa de construir consciência. A consciência da mudança das condições de mercado, das emergentes realidades econômicas, da necessidade de novo capital, de preocupações com o custo e questões operacionais, domina nosso tempo e atenção. Geralmente, a maior tarefa para construir consciência está no domínio humano e interpessoal. Eu me aventuraria em dizer que 70% dos problemas empresariais atuais são de natureza humana e interpessoal. Os problemas das pessoas são normalmente bastante complexos, ainda quando indivíduos, equipes ou gerentes em conflito nos trazem suas preocupações, não podemos facilmente atender de um modo reativo, e procurar uma simples correção?

Ajudar os outros a construir consciência requer disciplina por parte do *coach* em ficar fora do especialista ou fixar-se nas abordagens de *coaching*. Se não a tivermos, a consciência que construirmos será apenas nossa própria consciência. Estaremos impondo nossa consciência ao aprendiz em vez de construir a consciência dele de dentro para fora. St. Theresa de Lisieux explicou assim: "Uma das coisas mais difíceis sobre ser um líder espiritual é encorajar as pessoas ao longo do caminho que você não escolheria para si mesmo". Construir consciência requer abertura para ajudar aqueles a quem estamos realizando o *coaching* a escolher sua própria realidade e começar a traçar possibilidades alternativas para o futuro.

CONSTRUINDO CONSCIÊNCIA COM OS OUTROS

Para orientar sua habilidade em construir consciência com as pessoas a quem você realizou o *coaching*, mantenha os seguintes princípios em mente:

- *Permaneça aberto e traga clareza:* muitas das "respostas" estão dentro da pessoa, equipe e empresa; seu trabalho é ajudar a esclarecer e revelá-las.

DOMÍNIO DA AÇÃO

- *Use perguntas para ajudar a pessoa identificar a situação atual:* antes de avançar, precisamos saber onde estamos, compreendendo os comportamentos e crenças benéficos à vida e prejudiciais à vida. "Sei que posso mudar como eu ajo se estiver consciente das minhas

> *Seja simplesmente o que você é e fale pelo seu coração – é tudo o que o homem possui.*
>
> Hubert Humphrey

crenças e pretensões", escreveu Margaret Wheatley, autora de *Leadership and the New Science*. Pouquíssimas pessoas reservam tempo, ou possuem habilidades introspectivas necessárias, para fazer isso sem o estímulo apropriado de um *coach*. Lembre-se do nativo americano dizendo: "As primeiras pessoas tinham as perguntas e foram libertas. As outras pessoas tinham as repostas e ficaram escravizadas para sempre". *Perguntas são a linguagem de coaching.* Elas são as ferramentas poderosas à transformação porque, segundo o pensamento de Bertrand Russel, "Em todos os assuntos, é muito saudável agora e sempre, perguntar coisas que ao longo do tempo foram reconhecidas".

- *Seja corajoso:* assim como Robert Hargrove aconselha: "Seja corajoso o suficiente para discutir o indiscutível". O trabalho do *coach* é iluminar regiões obscuras previamente inexploradas.

- *Pratique a conversação direta, mas com cuidado:* ajude os aprendizes com compaixão e veja tanto suas limitações quanto seus dons. Tenha em mente: franqueza sem cuidado criará resistência, enquanto a franqueza com compaixão criará abertura. Confronte-a de uma maneira cuidadosa.

- *Ajude os aprendizes a explorar as diferenças entre suas intenções e as percepções das outras pessoas:* discrepâncias entre como as pessoas veem a si mesmas *versus* como as outras pessoas as percebem, geralmente, retêm a chave para o novo autoconhecimento e para a superação de pontos obscuros. Ajudar as pessoas a ver aspectos de si mesmas por meio dos olhos dos outros pode ser desafiador, porém eficaz. Use as ferramentas do *feedback* 360º e mescle-as ao trabalho do domínio pessoal para criar o processo 720º (de dentro para fora e de fora para dentro).

- *Construa consciência pelo exemplo:* os maiores professores e *coaches* ensinam muito bem tanto pelo seu ser quanto pelo que fazem. Se você estiver se esforçando por autenticidade, abra-se para suas forças e deficiências, alinhe-se ao seu propósito de vida, e sirva as outras pessoas, você criará constantemente mais valor em tudo o que fizer. Aqueles aos quais você realizar o *coaching* modelarão sua vida em relação ao que você está vivendo. O *Bhagavad-Gita*, um livro antigo inestimável sobre desenvolvimento de liderança, nos orienta: "Tudo o que um grande homem fizer, o mesmo poderá ser feito por outro homem. Qualquer padrão que definir, o mundo o seguirá". Ou como Anne Sophie Swetchine tão brilhantemente diz: "Há um poder transcendental no exemplo. Nós modificamos os outros inconscientemente quando caminhamos corretamente".

- *Ajude as pessoas a descobrir e alinhar-se ao que é significativo e importante para elas:* quando os aprendizes descobrirem os princípios essenciais que orientam suas contribuições significativas no mundo, ajude-os a explorar quão alinhadas ou desalinhadas as várias partes de sua vida (por exemplo: pessoal, familiar, comunidade, carreira, espiritual) estão com esses valores. Um *coach* transformador e eficaz é um arqueólogo que ajuda a desenterrar as estruturas importantes – que são as contribuições significativas fundamentais – que apoiam nosso passado, e é um arquiteto, que nos ajuda a construir um futuro mais alinhado a esses princípios e valores.

REALIZANDO O *COACHING* AOS OUTROS PARA CONSTRUIR COMPROMISSO

Para obter compromisso, devemos ajudar as pessoas a prever os resultados positivos e negativos – o que elas ganharão e o que elas perderão – se continuarem em seu caminho atual. Quando as emoções registrarem profundamente as razões persuasivas à mudança e os comportamentos prejudiciais forem deixados para trás, a transformação ocorre. Nas palavras de Margaret Wheatley: "A maior fonte de coragem é perceber que, se não agirmos, nada mudará para melhor".

Para orientar sua habilidade em construir compromisso com as pessoas a quem você realiza o *coaching*, mantenha os seguintes princípios em mente:

DOMÍNIO DA AÇÃO   209

- *Ajude as pessoas a classificar as consequências:* ao orientar as pessoas a compreender as consequências benéficas e prejudiciais à vida a partir de seu comportamento ou caminho atual, você as ajuda a sentir a força criativa que elas querem obter e para onde elas estão direcionando o resultado de suas ações. Ajudar as pessoas a prever esses futuros alternativos e fazer novas escolhas de vida é a essência para construir compromisso. Lembre-se de que a pessoa deve compreender e sentir essas consequências por ela mesma e não apenas perceber sua versão das consequências.

- *Permita que seu compromisso reaja com os compromissos dos outros:* normalmente, é o engajamento emocional do *coach* que serve como impulso para a transformação ocorrer. "Lá vem esse encontro misterioso na vida quando

> *Para encontrar a si, pense por si mesmo.*
>
> Sócrates

alguém conhece quem somos e o que podemos ser, ativando os circuitos de nosso potencial mais alto", escreveu Rusty Berkus.

- *Procure por aberturas:* o compromisso é muito mais provável ocorrer quando a vulnerabilidade estiver suficientemente elevada. Procure por essas aberturas e impulsione seu potencial de crescimento. As situações que podem tornar as pessoas mais abertas ao compromisso incluem menos avaliações positivas de performance, *feedback* 360º intenso, traumas de vida, contratempos de carreira, separações conjugais, compromissos desfeitos por outros, desafios novos ou excepcionais, necessidade por novas habilidades, falta de preparação, medo do fracasso e responsabilidades de nova carreira ou vida pessoal. Procure por essas aberturas como uma oportunidade para acelerar o desenvolvimento.

- *Tenha certeza de que o compromisso lida com a prática:* o compromisso sem a prática é como um explorador que analisa os mapas da expedição, mas nunca chega em casa. Se o compromisso não lidar com a prática, então, é sua responsabilidade como *coach* ajudar o aprendiz a fazer pelo menos uma dessas coisas: (1) Explorar mais profundamente as consequências de estar em sua trilha atual, a fim de atingir um engajamento emocional mais verdadeiro, lidando com a prática real; (2) Encontrar novas práticas que são mais adequadas à pessoa. Nem tudo funciona para todos.

- *Seja paciente*: como *coaches*, estamos motivados a ajudar as pessoas a crescer agora. Entretanto, como líderes, cada um de nós precisa desdobrar-se em nosso próprio ritmo. Se você for impaciente, seja impaciente em desenvolver suas próprias habilidades aperfeiçoadas como um *coach*.
- *Lembre-se do porquê*: os *coaches* lembram as pessoas o que está em jogo e por que elas estão fazendo algo em primeiro lugar. Use o "poder do porquê" para descobrir os medos ocultos da pessoa, suas pretensões, crenças e motivações. Espere pelo momento certo de abertura e pergunte carinhosamente: "por quê?" Se o "por quê?" não chegar ao cerne das coisas, você pode perguntar duas ou três vezes a fim de mergulhar profundamente na conversa. Os sábios antigos diziam que cinco "porquês" normalmente o levariam à essência de tudo.

REALIZANDO O *COACHING* AOS OUTROS PARA CONSTRUIR PRÁTICA

Construir prática é o terceiro estágio de *coaching* transformacional. Sem a prática, não há transformação. A prática respira a vida em nossa consciência e compromisso. Podemos estar completamente cientes e comprometidos com objetivos nobres, mas se falharmos em praticá-los, é provável que alguém acenda as luzes e então feche os olhos. "Enfim", disse Max De Pree, "é importante lembrar que não podemos nos tornar o que desejamos ser permanecendo como somos".

Há algum tempo, um novo cliente um pouco cético chegou a mim com sua avaliação 360º mais recente e o lembrente "Eu disse a você" estampado em seu rosto. Quando eu perguntei a ele o porquê do olhar peculiar, ele disse: "Eu tive a mesma avaliação 360º nos últimos cinco anos. Toda vez, os mesmos resultados! Que processo inútil!" Tentei explorar com ele os detalhes do que ele realmente tinha praticado como parte do processo. Não foi surpresa descobrir que ele não tinha praticado nada. Você sabe a moral da história: "nada praticado, nada ganho".

DOMÍNIO DA AÇÃO

Iniciar a prática torna possível o provável; um passo adiante, a prática permanente torna o possível real. As práticas envolvem a repetição consistente de novos comportamentos que transformam nossa vida. O exercício é uma prática para construir saúde. A meditação é uma prática para manifestar nossa vida espiritual. Refletir ao final de cada dia como nossas interações interpessoais foram, é uma prática que constrói eficácia de relacionamentos. Não deixar que os medos ou crenças limitadores sabotem nossos objetivos pode ser uma prática ao longo da vida para a maioria de nós, ajudando-nos a avançar quando o caminho mais fácil é permanecer onde estamos, trancados em nossos sistemas limitadores de crença.

Para a prática se tornar um hábito, geralmente precisamos estar engajados consistentemente, pelo menos por 40 dias. Um dia aqui e um dia lá não efetuarão a transformação. A princípio, nossa prática requer disciplina, isto é, fazer algo que não estamos inclinados a fazer. Ao longo do tempo, entretanto, a disciplina é substituída pelos benefícios ricos à vida, os quais estamos ganhando; então, a prática torna-se mais autossustentável e requer menos esforço. Se "cairmos fora do vagão" de nossa prática, por assim dizer, voltaremos a recuperar os benefícios.

Para orientar sua habilidade em construir prática com as pessoas com as quais você realiza o *coaching*, mantenha os seguintes princípios em mente:

- *Crie a prática junto com a pessoa:* uma prática deve impulsionar limites, mas também ser adequada à pessoa. Pergunte à pessoa a quem você está realizando o *coaching*: "Qual o novo comportamento que você pode praticar e que, ao longo do tempo, o ajudará a avançar?" Então, reserve um tempo para pensar em conjunto e cocriar uma prática significativa. Mantenha as práticas simples e definidas. Certifique-se de que a pessoa queira fazer da prática uma tentativa.

- *Mantenha a pessoa responsável:* defina a frequência com que a pessoa fará a prática (diariamente, duas vezes por semana, etc.) e qual a duração (uma semana, um mês, etc.). Reúna-se com

> *"Venham para a borda",*
> *ele disse. Eles responderam:*
> *"Nós estamos com medo".*
> *"Venham para a borda",*
> *ele disse. Eles vieram. Ele os*
> *empurrou... e eles voaram.*
>
> Guillaume Appollinaire

a pessoa para auditar o progresso e a falta de progresso. Mantenha a pessoa responsável, defina novos objetivos e crie novas práticas, se necessário.

- *Evite intelectualizar.* Pensar em fazer algo não é o mesmo que fazer algo. Então, certifique-se de que suas práticas sejam comportamentos que envolvem a pessoa em um novo modo em vez de apenas pensar em comportar-se de uma nova maneira, mas nunca realmente partir para a ação.

- *Simplesmente faça... ou faça algo mais*: enquanto algumas práticas são mais dinâmicas (exercitar, declarar nosso ponto de vista, expressar nossos valores) e outras são mais reflexivas (parar para nos centrar, refletir sobre nosso dia), a chave para a prática é tomar atitude. Uma prática inicial pode não ser aquela que revolucione a vida da pessoa, mas é o início do processo que lidará com uma prática que tenha impacto. Às vezes, a contribuição mais importante que um *coach* pode fazer é manter as pessoas tentando novas práticas e, então, ajudá-las a lutar com os desafios que aparecem até que elas estabeleçam uma prática duradoura e a melhoria ocorra.

Envolva-se com o processo de construir consciência, compromisso e prática, bem como realizar o *coaching* a si mesmo e a todos aqueles que você encontrar em seu caminho. Os resultados serão a mudança de vida.

PENSAMENTOS FINAIS PARA SUA JORNADA ADIANTE

Após vários anos de *coaching* de líderes a portas fechadas, é um desafio e uma alegria reservar um tempo para compartilhar esses princípios com você. David Bohm escreveu certa vez: "A habilidade de perceber ou pensar diferente é mais importante do que o conhecimento ganho". Com este espírito, espero que este livro tenha sido mais do que simplesmente uma excursão intelectual interessante que leva a um "livro inteligente" e recolhe a poeira sobre uma "estante inteligente". Espero que tenha sido uma instigante viagem para você. Eu também espero que você tenha crescido desde a abertura da capa. Porém, meu real desejo é que, ao longo do tempo, você se comprometa em integrar os princípios-chave compartilhados e respirá-los em sua vida. Espe-

DOMÍNIO DA AÇÃO

ro que cada dia você "respire mais profundo" até que a inspiração seja completamente sua.

Um amigo compartilhou uma pequena história do *Talmud* que resume toda a história de vida e liderança: "Cada folha de grama em toda a criação tem um anjo curvado sobre ela sussurrando três palavras de encorajamento: cresça... cresça... cresça". Esse é meu desejo para você: cresça em autenticidade, cresça em influência e cresça em criação de valor.

CONCLUSÃO

A JORNADA CONTINUA

Como na maioria dos casos, "distanciar-se" por um tempo pode trazer uma perspectiva nova e objetiva. Refletindo sobre o livro, comecei a pensar: "Qual é o real propósito deste livro?" Não quero dizer apenas palavras ou conceitos, mas o verdadeiro potencial de contribuição. Qual o valor que isto pode potencialmente servir?

Certamente, o principal propósito de *Liderança Autêntica* é proporcionar às pessoas as ferramentas ao crescimento pessoal e transformação levando ao desenvolvimento de liderança. Porém, sua contribuição do potencial verdadeiro é mais do que isso. Seu propósito é maior do que apenas ajudar um grupo de indivíduos isolados a crescer.

Imagine uma massa crítica de líderes autênticos que expressem seus dons e criem valor enriquecedor à vida. Imagine uma empresa assim, ou uma comunidade, ou uma família. Prever um mundo melhor parece menor do que uma fantasia idealizada quando você imagina o que esses líderes autênticos poderiam atingir. À medida que você avança, eu o desafio a não ficar perdido em seu próprio crescimento – o propósito de sua transformação é irradiar seus dons em serviço dos outros. O crescimento é muito mais significativo quando toca e enriquece a vida dos outros.

Há algum tempo, eu estava trabalhando com um CEO reconhecido por suas extraordinárias habilidades visionárias e resultados de desempenho. Ao longo de sua carreira, ele esteve sempre à frente de sua curva estratégica. Ele tinha um senso inato para o que estava "por vir" antes de seus parceiros ou concorrentes. Seu recorde histórico de apresentações de produto e sucesso no mercado eram testemunhas de seus dons excepcionais.

Em suas sessões de *coaching*, focamos em continuar a impulsionar sua excelência estratégica enquanto o ajudava a encontrar mais equilíbrio em

216 LIDERANÇA AUTÊNTICA

sua vida. Após seis meses de *coaching*, as condições do mercado global mudaram dramaticamente e sua empresa se encontrou em uma posição extremamente vulnerável. Pela primeira vez em sua carreira, ele tinha perdido uma importante iniciativa estratégica. Ele poderia facilmente ter desviado a culpa para outras pessoas. Felizmente, ele não o fez. Ele enfrentou as tropas e tomou plena responsabilidade da supervisão estratégica. Ele pediu a todos o apoio para avançar. Sua autenticidade, coragem emocional e autoestima foram fortes o suficiente para ele assumir a responsabilidade verdadeira. Como era de se esperar, o moral disparou, a energia da empresa foi reorientada e a empresa surgiu ainda mais forte.

> *A única maneira de descobrir os limites do possível é ir além deles para o impossível.*
>
> Arthur C. Clarke

Tão poderoso quanto um líder autêntico pode ser em uma empresa, a massa crítica de líderes, crescendo de dentro para fora, pode acelerar amplamente o progresso organizacional. O presidente e CEO de uma empresa me convidou para tomar um café da manhã e discutir sobre um novo candidato de *coaching*. Quando cheguei ao restaurante, fiquei surpreso ao ser cumprimentado por toda a equipe executiva de gestão, exceto o candidato ao *coaching*. Em nossa reunião, focamos os "problemas" de seu colega executivo e como cada membro da equipe percebia o que ele precisava melhorar. Após ouvir as suas preocupações, eu estava confiante de que poderíamos ajudar o indivíduo, mas aquele não era o verdadeiro problema. Expressar o que senti foi a necessidade real da empresa, e desafiei a equipe: "O que cada um de vocês está fazendo para crescer como líderes a fim de expandir sua empresa?" Apesar de seus planos de negócios extremamente agressivos, ninguém pôde responder à minha questão. Esclarecendo minha dúvida, eu disse: "Podemos ajudar Fred, mas o problema real da empresa não é melhorar o desempenho dele. O real problema é: como vocês estão se preparando para o sucesso?"

Deixando a reunião, eu senti que, embora tivesse isolado suas reais necessidades, tinha perdido provavelmente uma conta potencial. Dois dias depois, entretanto, o presidente e CEO me chamou e disse: "Nós ouvimos seu conselho e sentimos que você está correto no objetivo. Gostaria de discutir como todos os membros de nossa equipe sênior, incluindo eu, poderíamos nos engajar ao *coaching* juntamente com Fred". Dentro de quatro meses, toda a equipe sênior estava profundamente envolvida no *coaching*. Uma porção crítica de indivíduos estava agora transformando rapidamente a empresa. O presidente estava pronto agora para deixar as responsabilidades de CEO. Como os membros da equipe sênior não queriam o cargo do CEO, uma pesquisa externa foi iniciada. Os membros-chave da equipe começaram a transformar suas regras, e novas posições foram criadas, as quais energizaram a empresa e abordaram questões estratégicas. Uma linguagem comum sobre crescimento e transformação permeou a empresa. Uma nova cultura, aquela que suportaria o crescimento e a transformação, estava agora em seu caminho. Assim como essa empresa, aquelas que investirem de uma forma proativa em desenvolvimento pessoal como fazem em desenvolvimento de negócios, prosperarão nas próximas décadas.

Espero que você continue a jornada que começamos. Eu também desejo que você compartilhe suas bênçãos com os outros – compartilhe com sua empresa, com seus clientes e com seus entes queridos. Todos juntos podemos começar a criar um mundo melhor.

> *Enquanto não estivermos comprometidos, haverá a hesitação, a possibilidade de recuar e a ineficácia. Ousadia é talento, poder e magia. Comece agora.*
>
> Goethe

BIBLIOGRAFIA

Arbinger Institute. *Leadership and Self-Deception: Getting Out of the Box.* San Francisco: Berrett-Koehler, 2002.

Arenander, Alarik T., e Craig Pearson. *Upgrading the Executive Brain: Breakthrough Science and Technology of Leadership.* <www.theleadersbrain.org>.

Begley, Sharon. *Train Your Mind, Change Your Brain: How a New Science Reveals Our Extraordinary Potential to Transform Ourselves.* New York: Ballantine, 2007.

Bennis, Warren. *On Becoming a Leader.* Reading, MA: Addison-Wesley, 1990.

Bennis, Warren e Patricia Ward Biederman. *Organizing Genius: The Secrets of Creative Collaboration.* Reading, MA: Addison-Wesley, 1996.

Bennis, Warren e Burt Nanus. *Leaders: The Strategies for Taking Charge.* New York: Harper Business, 1985.

Bennis, Warren e Robert J. Thomas. *Leading for a Lifetime: How Defining Moments Shape Leaders of Today and Tomorrow.* Cambridge, MA: Harvard Business School Press, 2007.

Block, Peter. *Stewardship: Choosing Service over Self-Interest.* San Francisco: Berrett-Koehler, 1996.

Bolman, Lee e Terrence E. Deal. *Leading with Soul: An Uncommon Journey to Spirit.* San Francisco: Jossey-Bass, 1994.

Boyatzis, Richard E. e Annie McKee. *Resonant Leadership: Renewing Yourself and Connecting with Others through Mindfulness, Hope and Compassion.* Cambridge, MA: Harvard Business School Press, 2005.

Branden, Nathaniel. *Six Pillars of Self-Esteem.* New York: Bantam Books, 1995.

Bridges, William. *Transitions: Making Sense of Life's Changes.* Reading, MA: Addison-Wesley, 1980.

Brousseau, Kenneth R., Michael J. Driver, Gary Hourihan e Rikard Larsson. "The Seasoned Executive's Decision-Making Style", *Harvard Business Review* (fevereiro 2006), 111-121.

Byron, Thomas. *Dhammapada: The Sayings of the Buddha*. Boston: Shambala, 1976.

Campbell, Joseph. *The Power of Myth*. New York: Doubleday, 1988.

Carter, Jimmy. *Beyond the White House: Waging Peace, Fighting Disease, Building Hope*. New York: Simon & Schuster, 2007.

Cashman, Kevin com Jack Forem. *Awakening the Leader Within: A Story of Transformation*. Hoboken, NJ: John Wiley & Sons, 2003.

Cavanaugh, Joseph. *Respectfully, Joe Cavanaugh* [vídeo]. St. Paul, MN: Kelley Productions e Twin Cities Public Television, 1994.

Charan, Ram, Stephen Drotter e James Noel. *The Leadership Pipeline: How to Build the Leadership Powered Company*. San Francisco: Jossey-Bass, 2001.

Chouinard, Yvon. *Let My People Go Surfing: The Education of a Reluctant Businessman*. New York: Penguin, 2005.

Collins, Jim. *Good to Great: Why Some Companies Make the Leap... and Others Don't*. New York: HarperCollins, 2001.

Costa, John Dalla. *The Ethical Imperative: Why Moral Leadership Is Good Business*. Cambridge, MA: Perseus, 1998.

Covey, Stephen R. *The 7 Habits of Highly Effective People*. New York: Simon & Schuster, 1990.

Csikszentmilahyi, Milahy. *Flow: The Psychology of Optimal Experience*. New York: Harper Perennial, 1991.

DeFoore, Bill e John Renesch, eds. *The New Bottom Line: Bringing Heart and Soul to Business*. San Francisco: New Leaders Press, 1996.

Dotlich, David, PhD, Peter Cairo, PhD e Stephen Rhinesmith, PhD. *Head, Heart and Guts: How the World's Best Companies Develop Leaders*. San Francisco: Jossey-Bass, 2006.

Douillard, John. *Body, Mind & Sport: The Mind-Body Guide to Lifelong Fitness & Your Personal Best*. New York: Crown Publishing, 1995.

BIBLIOGRAFIA

Driver, Michael J., Ken R. Brousseau e Philip Hunsaker. *The Dynamic Decision Maker: Five Decision Styles for Executive and Business Success*. New York: Excel, 1998.

Eichinger, Robert W., Michael M. Lombardo e Dave Ulrich. *100 Things You Need to Know: Best People for Managers & HR*. Minneapolis: Lominger Limited, 2006.

Einstein, Albert. *Einstein on Humanism: Collected Essays of Albert Einstein*. Secaucus, NJ: Carol Publishing, 1993.

Emerson, Ralph Waldo. *The Collected Works of Ralph Waldo Emerson*. Cambridge, MA: Belknap, 1984.

Garfield, Charles. *Peak Performance*. New York: Warner Books, 1989.

George, Bill com Peter Sims. *True North: Discover Your Authentic Leadership*. San Francisco: Jossey-Bass, 2007

Gladwell, Malcom. *Blink: The Power of Thinking without Thinking*. New York: Little, Brown, 2005.

Goleman, Daniel. *Emotional Intelligence: Why It Can Matter More Than IQ*. New York: Bantam, 1994.

Goleman, Daniel. *Social Intelligence: The New Science of Human Relationships*. New York: Bantam, 2006.

Goleman, Daniel. *Working with Emotional Intelligence*. New York: Bantam, 1998.

Goleman, Daniel, Richard Boyatzis e Annie McKee. *Primal Leadership: Learning to Lead with Emotional Intelligence*. Boston: Harvard Business School Press, 2004.

Goss, Tracy. *The Last Word on Power: Executive Re-invention for Leaders Who Must Make the Impossible Happen*. New York: Bantam Doubleday Dell, 1996.

Greenleaf, Robert K. *Servant Leadership: A Journey into the Nature of Legitimate Power and Greatness*. Mahwah, NJ: Paulist Press, 1977.

Groppel, Jack L. e Bob Andelman. *The Corporate Athlete: How to Achieve Maximal Performance in Business and Life*. New York: John Wiley & Sons, 1999.

Halpern, Belle Linda e Kathy Lubar. *Leadership Presence: Dramatic Techniques to Reach Out, Motivate and Inspire*. New York: Gotham Books, 2004.

Hargrove, Robert. *Masterful Coaching: Extraordinary Results by Impacting People and the Way They Think and Work Together.* San Francisco: Jossey-Bass, 1995.

Hawley, John A. *Reawakening the Spirit in Work.* New York: Simon & Schuster, 1995.

Heider, Joseph. *Tao of Leadership.* New York: Bantam Books, 1986.

Hendricks, Gay e Kate Ludeman. *The Corporate Mystic: A Guidebook for Visionaries with Their Feet on the Ground.* New York: Bantam Books, 1996.

Hillman, James. *The Soul's Code: In Search of Character and Calling.* New York: Random House, 1996.

Jaworski, Joseph. *Synchronicity: The Inner Path of Leadership.* San Francisco: Berrett-koehler, 1996.

Jung, C. G. *Basic Writings of C.G.Jung.* New York: Random House, 1993.

Kabat-Zinn, Jon. *Coming to Our Senses: Healing Ourselves and the World through Mindfulness.* New York: Hyperion, 2005.

Kabat-Zinn, Jon. *Full Catastrophe Living: Using the Wisdom of Your Body and Mind to Face Stress, Pain and Illness.* New York: Bantam Dell, 2005.

Kabat-Zinn, Jon. *Wherever You Go There You Are: Mindfulness Meditation in Everyday Life.* New York: Hyperion, 1994.

Kets DeVries, Manfred. *Leaders, Fools and Imposters: Essays on the Psychology of Leadership.* San Francisco: Jossey-Bass, 1993.

Kouzes, James M. e Barry Z. Posner. *The Leadership Challenge.* San Francisco: Jossey-Bass, 2007.

Leider, Richard. *The Power of Purpose: Creating Meaning in Your Life and Work.* San Francisco: Berrett-Koehler, 2005.

Loehr, Jim e Tony Schwartz. *The Power of Full Engagement: Managing Energy, Not Time, Is the Key to High Performance and Personal Renewal.* New York: Simon & Schuster, 2003.

Lombardo, Michael M. e Robert W. Eichinger. *FYI, For Your Improvement: A Guide for Development and Coaching.* Minneapolis: Lominger Limited, 2004.

Lowen, Alexander. *Narcissism: Denial of the True Self.* New York: Collier Books, 1995.

BIBLIOGRAFIA

Maharishi Mahesh Yogi. *Bhagavad-Gita: A New Translation and Commentary.* Fairfield, CA: Age of Enlightenment Press, 1967.

Maslow, Abraham. *Toward a Psychology of Being.* New York: Van Nostrand-Rheinhold, 1968.

Melrose, Ken. *Making the Grass Greener on Your Side.* San Francisco: Berrett-Koehler, 1995.

Merton, Thomas. *No Man Is an Island.* New York: Walker, 1986.

Morris, Tom: *True Success: A New Philosophy of Excellence.* New York: Putnam, 1994.

Mourkogiannis, Nikos. *Purpose: The Starting Point of Great Companies.* New York: Palgrave Macmillan, 2006.

O'Neil, John. *Success and Your Shadow.* Boulder, CO: Sounds True Audio, 1995.

Osbourn, Carol. *Inner Excellence: Spiritual Principles of Life Driven Business.* San Rafael, CA: New World Library, 1992.

Parry, Danaan. *Warriors of the Heart.* Bainbridge Island, WA: Earthstewards Network, 1997.

Patnaude, Jeff. *Leading from the Maze: A Personal Pathway to Leadership.* Berkeley, CA: Ten Speed Press, 1996.

Pearman, Roger R., Michael M. Lombardo e Robert W. Eichinger. *You: Being More Effective in Your MBTI Type.* Minneapolis: Lominger Limited, 2005.

Pink, Daniel H. *A Whole New Mind: Moving from the Information Age to the Conceptual Age.* New York: Penguin, 2005.

Rechtschaffen, Stephan. *Time Shifting: Creating More Time to Enjoy Your Life.* New York: Doubleday Currency, 1996.

Rock, David. *Quiet Leadership: Six Steps to Transforming Performance at Work.* New York: HarperCollins, 2006.

Scharmer, Otto C. *Theory U: Leading from the Future as It Emerges.* Cambridge, MA: Society for Organizational Learning, 2007.

Schneider, Bruce D. *Energy Leadership: Transforming Your Workplace and Your Life.* Hoboken, NJ: John Wiley & Sons, 2007.

224 LIDERANÇA AUTÊNTICA

Schultz, Howard e Dori Jones Yang. *Pour Your Heart into It: How Starbucks Built a Company One Cup at a Time.* New York: Hyperion, 1997.

Schwartz, Tony e Catherine McCarthy. "Manage Your Energy, Not Your Time", *Harvard Business Review* (Outubro 2007).

Segal, Jeanne. *Raising Your Emotional Intelligence: A Practical Guide.* New York: Henry Holt, 1997.

Seligman, Martin E. P. *Authentic Happiness: Using the New Positive Psychology to Realize Your Potential for Lasting Fulfillment.* New York: Free Press, 2004.

Seligman, Martin E. P. *Learned Optimism: How to Change Your Mind and Your Life.* New York: Vintage, 2006.

Senge, Peter M. *The Fifth Discipline: The Art and Practice of the Learning Organization.* New York: Doubleday Currency, 1994.

Senge, Peter, C. Otto Scharmer, Joseph Jaworski e Betty Sue Flowers. *Presence: An Exploration of Profound Change in People, Organizations and Society.* New York: Doubleday Currency, 2005.

Siegel, Daniel J. *The Developing Mind: How Relationships and the Brain Interact to Shape Who We Are.* New York: Guilford Press, 1999.

Sternberg, Esther M. *The Balance Within: The Science Connecting Health and Emotions.* New York: W. H. Freeman and Company, 2001.

Suzuki, D. T. *Essays in Zen Buddhism.* New York: Grove/Atlantic, 1989.

Teilhard de Chardin, Pierre. *The Phenomenon of Man.* San Bernardino, CA: Bongo Press, 1994.

Tichy, Noel M. *The Leadership Engine: How Winning Companies Build Leaders at Every Level.* New York: HarperCollins, 2002.

Tichy, Noel M. e Warren Bennis. *Judgement: How Winning Leaders Make Great Calls.* New York: Portfolio, 2007.

Tzu, Lao. *Tao Te Ching of Lao Tzu.* New York: St. Martin's Press, 1996.

Useem, Michael e Warren Bennis. *The Leadership Moment: Nine True Stories of Triumph and Disaster and Their Lessons for Us All.* New York: Three Rivers Press, 1998.

BIBLIOGRAFIA

Wageman, Ruth, Debra A. Nunes e James A. Burruss (Center for Public Leadership.) *Senior Leadership Teams: What It Takes to Make Them Great.* Boston: Harvard Business School, 2008.

Whyte, David. *The Heart Aroused: Poetry and the Presentation of the Soul in Corporate America.* New York: Doubleday Currency, 1994.

Wilbur, Ken. *No Boundary.* Boston: Shambhala, 1979.

Wilson, Timothy D. *Strangers to Ourselves: Discovering the Adaptive Unconscious.* Cambridge, MA: Harvard University Press, 2002.

Zenger, John H. e Joseph Folkman. *The Extraordinary Leader: Turning Good Managers into Great Leaders.* New York: McGraw-Hill, 2002.

AGRADECIMENTOS

Escrever um livro é definitivamente uma odisseia em crescimento pessoal. Gostaria de incentivá-lo a escrever "seu livro", em algum momento de sua vida, mesmo que seja apenas o objetivo de desenvolvimento pessoal, pois é um processo muito revelador. Tornou-se evidente para mim que a escrita é menos do que publicar o que você sabe e mais do que estar aberto para aprender a chegar até o seu caminho. Estou muito grato por todo aprendizado ao longo dos anos com muitas pessoas maravilhosas. Quanto mais eu me aventuro na jornada da minha vida, mais dolorosamente consciente eu me torno de quão pouco eu realmente sei e o muito que as pessoas me ensinaram. Eu me sinto muito feliz por estar conectado a muitos seres humanos talentosos e em crescimento.

Os mais calorosos e sinceros agradecimentos a todas as pessoas maravilhosas da LeaderSource. Eu sou abençoado por estar com um grupo tão brilhante e cuidadoso. Um agradecimento especial a Janet Feldman, Bill Mc Carthy, Renee Garpestad, Faye Way, Katie Cooney, Joe Eastman, Anne Tessien, Sherri Rogalski, Mary Orysen, Sarah Flynn, Pat Costello, Dina Rauker, Lisa Franek, Mike Howe, John Ficken, Stephen Sebastian Cecile Burzynski, Leonard Przybylski, Jody Thone Lande, David Brings, Wayne Dulas, Joan Davis Holly Erickson, Kate Smith e Erin Olson por toda a ajuda, aprendizado e suporte na preparação deste livro. Agradeço também a Sidney Reisberg, que tem repercutido desde a publicação da primeira edição, mas cujo legado e aconselhamento estão vivos.

Agradeço aos meus novos colegas da Korn/Ferry International, Lominger International e Decision Dynamics. Há centenas de pessoas para agradecer, por onde começo e termino? Vocês acolheram a mim e a LeaderSource com carinho e classe à sua empresa melhor do mundo. Sincera gratidão a

228 LIDERANÇA AUTÊNTICA

Paul Riley, Gary Burnison, Ana Dutra Gary Hourihan, Bob Eichinger, Dee Gaeddert, Ken Brousseau, Addy Chulef, Jack McPhail, Francisco Moreno, Marc Swaels, Joachim Kappel, Don Spetner, Tim Dorman, Marti Smye Mike Destafino, Linda Hyman, Marnie Kittelson, George Hallenbeck e Ken DeMuese, por todo o suporte, conhecimento e inspiração. Estou muito feliz por estar ligado a todos vocês, bem como a grandiosas pesquisas, recursos e talentos que nossas empresas associadas representam. Agradecimento especial a Dee e George pelo trabalho excepcional em nosso novo desenvolvimento de dentro para fora e de fora para dentro e pelo modelo de *coaching*. Quando completo, ele definirá um novo padrão industrial. Essa abordagem abrangente influenciou e avançou definitivamente muitos princípios deste livro. Agradeço por sua brilhante colaboração!

Agradeço aos milhares de clientes que tive a sorte de servir ao longo dos últimos 30 anos. Sua gratidão e apoio foram inspiradores, promovendo recompensas. Gostaria de nomear todos vocês, mas preencheria o livro todo – agradeço ao privilégio de conhecê-los e servi-los.

Agradeço a Warren Bennis, quem eu considero o "padrinho do desenvolvimento de liderança", um modelo de presença pessoal e de liderança que apenas posso aspirar. Quero agradecer ao trabalho extraordinário e influente de Jim Collins, autor de *Good to Great: Why Some Companies Make the Leap... and Others Don't*, e seu trabalho em avanços organizacionais; os coautores de *Primal Leadership: Learning to Lead with Emotional Intelligence* Daniel Goleman, Richard Boyzatis e Annie McKee, e a Daniel Goleman por trazer a inteligência emocional à atenção ao mundo; John Zenger e Joseph Folkman, por suas contribuições extensivas de pesquisa e seu livro *Extraordinary Leader: Turning Good Managers into Great Leaders*; Peter Senge, um proeminente líder do pensamento em mudança e aprendizado e autor de *The Fifth Discipline*, e coautor de *Presence: An Exploration of Profound Change in Individuals, Organizations and Society*; Robert Hargrove, autor de *Masterful Coaching* e seu trabalho significativo no campo de *coaching*. Todos vocês são líderes verdadeiramente autênticos, cujas influência e criação de valor têm se estendido ao redor do mundo.

Agradeço a mais de 60 CEOs e outros executivos que compartilharam seus pensamentos, sentimentos e experiências de vida comigo enquanto preparava o livro. Nossas trocas vigorosas foram úteis, estimulantes e perspicazes. É uma pena que os CEOs não tenham mais tempo de falar sobre a essência do

AGRADECIMENTOS

que eles fazem – agradeço pelo tempo cedido. Agradecimento especial a Paul Walsh, Ken Melrose, Daniel Vasella, Thomas Ebeling, Bruce Nicholson, Alex Gorsky, Bill George, Corey Seitz, Roger Lacey, David Wessner, Mike Peel, Kevin Wilde, Gus Blanchard, Larry Perlman, Jurgen Brokatsky-Geiger, Neil Anthony, Jim Secord, Ron James, David Prosser, John Hetterick, Al Schuman, Bob Kidder, Rob Hawthorne, Chuck Feltz, Robert James, Tom Votel, Mac Lewis, John Sundet e Tom Gegax por sua participação abundante.

Agradeço a Ken Shelton, Trent Price, Robert Chapman e toda a equipe da Executive Excellence para a publicação da edição original. Sua orientação, persistência e entusiasmo foram fundamentais a este livro quando, um pouco mais de dez anos atrás, outras pessoas o acharam "muito vanguardista". Agradeço por compartilhar comigo.

Agradeço a todos da Berrett-Koehler Publishers – Steve Piersanti, Jeevan Simvasubramaniam, Johanna Vondeling, Richard Wilson, Kristen Franz Michael Crowley Tiffany Lee Maria Jesus Aguiló, David Marshall e o restante de sua equipe excepcional e de trabalho árduo. Jeremy Sullivan, agradeço aos revisores Barbara Schultz e Jeff Kulick. Gratidão sincera a Debbie Masi Production Editor, e sua equipe por sua habilidade extraordinária, paciência e compromisso de qualidade superior. Você quebrou novas barreiras com sua abordagem em gestão editorial, e me sinto orgulhoso e modesto de estar entre sua família distinta de autores. Aprecio seu verdadeiro entusiasmo com o meu trabalho, e mais ainda a autenticidade, profissionalismo e humor sem fim, com os quais você desempenha tão bem. Você está liderando seu setor com propósito, visão e eficácia.

Agradecimentos incríveis a Margie Adler por sua edição e pesquisa. Tivemos bons momentos trabalhando juntos, e este livro não teria acontecido sem você. Sua clareza, persistência, consistência, calma, tolerância e brilho foram surpreendentes. Eu não poderia ter tido uma parceira melhor neste projeto. Um milhão de agradecimentos.

Agradeço a Peggy Lauritsen e sua equipe de design para o belíssimo design da capa e do miolo original. Por seus excelentes esforços em em divulgar o original, agradeço a Fred e Sarah Bell Haberman – seu entusiasmo e crença neste livro sempre me deram forças. Agradeço a Aaron Berstler e Kohnstamm Communications por seu marketing profissional e excepcional e pela assistência em relações públicas no livro. Agradeço ao escritor Jack

Forem por seu encorajamento e amizade. Foi sua confiança a partir do momento em que você me disse que eu era um "escritor muito bom" que me apoiou vários anos com os projetos. Agradeço a James Flaherty por ser o "*coach* dos *coaches*" e compartilhar a sabedoria com nossa equipe.

Agradecimento especial a Bob Silverstein por rejeitar meu manuscrito inicial 12 anos atrás e, então, compartilhar comigo que eu precisava "encontrar meu estilo". Embora eu estivesse arrasado a princípio, foi o melhor *feedback* que recebi – isso literalmente transformou toda a minha abordagem à escrita.

Agradeço a Denise, minha ex-esposa, que apoiou muitos anos os primeiros projetos e revisões da edição original. Foram muitos dias e finais de semana, também, quando "eu não podia sair para me divertir". A graça com que você me concedeu permissão para criar foi um dom precioso.

Meu amor e gratidão a Soraya, minha noiva, que "prepara múltiplos lugares" em casa para eu escrever porque eu gosto de mudar espontaneamente do escritório à sala de estar, ou da mesa da cozinha à sala de jantar, assim como a energia se movimenta. Vinda de família de escritores, Soraya conhece o valor de fomentar o processo criativo. Aqueles dias quietos e apoiados que você proporcionou foi um sacrifício para você, mas foram muito preciosos para mim. Obrigado por sua ajuda e por seu amor. Agradeço, também, a T. J., meu companheiro e amigo. Aos 15 anos, você era uma pessoa incrível, verdadeiro sábio ao passar dos anos e, agora, meu *coach* de vida muito perspicaz.

É impossível colocar em palavras minha gratidão pelo professor que influenciou meu coração, mente e alma – Maharishi Mahesh Yogi. Nos últimos dias de finalização do manuscrito desta edição, este grande sábio e professor mundial deixou seu corpo. Devo reconhecer que não haveria *Liderança Autêntica* sem a orientação interior e exterior de Maharishi. Sua sabedoria e sua prática transformaram completamente a minha vida. A última vez que estivemos juntos, ele disse: "Leve paz e felicidade ao mundo". Espero ter sido um estudante digno.

O meu mais importante agradecimento vai a você, leitor. Escrevi este livro para as pessoas como você – leitores interessados em crescimento pessoal e transformação. Agradeço pela oportunidade de vivenciar meu propósito com você.

SOBRE O AUTOR

Kevin Cashman é fundador e presidente da LeaderSource, uma empresa internacional de consultoria de desenvolvimento de liderança, *coaching* executivo, eficácia em formação de equipe e gerenciamento de talentos. Em 2006, a LeaderSource se associou a Korn/Ferry International a fim de oferecer seus serviços em 80 escritórios espalhados em 40 países.

Por mais de 25 anos, Kevin e sua equipe têm realizado o *coaching* a milhares de executivos seniores e equipes seniores para melhorar o desempenho. Ele é o fundador do *Executive to Leader Institute®* reconhecido pela *Fast Company* como "Mayo Clinic" de desenvolvimento de liderança por sua abordagem multidisciplinar ao *coaching* executivo. Alguns clientes como General Mills, Novartis, 3M, Medtronic, Johnson & Johnson, United Way of America, Zurich Financial, Carlson Companies e Thrivent Financial.

Kevin é autor de quatro livros sobre liderança e desenvolvimento de carreira. O seu *Liderança Autêntica* foi nomeado um dos livros de negócios Best-selling de pela CEOREAD e foi nomeado também um dos 20 melhores livros de negócios desta década. Kevin se destaca como um autor expressivo juntamente com Warren Bennis, Stephen Covey e Marshall Goldsmith nos livros *A New Paradigm of Leadership* (1997) e *Partnering: The New Face of Leadership* (2002). Ele é o editor e colaborador da revista *Executive Excellence* com Peter Senge, Charles Garfield e Ken Blanchard. Ele também escreveu inúmeros artigos sobre liderança, gestão de carreira e gerenciamento de talentos e tem destaque em *Wall Street Journal, Chief Executive, Human Resource Executive, San Francisco Examiner, Fast Company, Strategy & Leadership, Oprah, CNN* e outras mídias internacionais. Kevin é atualmente o colunista de liderança para *Forbes.com* e foi reconhecido recentemente como um dos Top 15 dos líderes do pensamento pela revista *Executive Excellence*.

232   LIDERANÇA AUTÊNTICA

Seu outro best-seller *Awakening the Leader Within*, é uma experiência de *coaching* interativo, que narra a jornada transformadora de um líder a um novo caminho de liderança e vida.

Palestrante notável em conferências e eventos corporativos, Kevin foi anteriormente o coanfitrião do programa de rádio *CareerTalk*. Ele é presidente, membro do conselho e companheiro da International Association of Career Management Professionals. Kevin é o Senior Fellow da Caux Roundtable, um consórcio global de CEOs dedicado a melhorar a liderança baseada em princípios internacionais. Ele também é membro do conselho da Center for Ethical Business Cultures, fomentando a liderança ética nas corporações, e é ex-membro do conselho do Youth Frontiers, proporcionando caráter e desenvolvimento de liderança a dezenas de milhares de crianças em idade escolar a cada ano.

Antes de fundar a LeaderSource, Kevin foi diretor regional de uma empresa internacional de desenvolvimento humano e vice-presidente de uma grande empresa de serviços vocacionais.

A formação educacional de Kevin inclui graduação em psicologia na St. John's University. Um adepto em equilíbrio dinâmico da vida, ele participou de mais de 50 triatlos e praticou e ensinou meditação por mais de três décadas.

Índice Remissivo

100 Things You Need to Know: Best Principles of Managers & HR (Eichinger), 98
360º de dentro para fora, 96-97
360º de fora para dentro, 96-97

A

A Whole New Mind (Pink), 157
Abertura, 101-102, 209
Aceitação, 159-60
Ações, 46
Adams, John Quincy, 157
Adams, John, 168
Adaptabilidade, 60
 perder, 149
Adaptação, 116-1, 128
Agilidade de mudança, 120-21
Agilidade de pessoas, 120-21
Agilidade de resultados, 120
Agilidade do aprendizado, 118-120
 iniciativas de mudança e, 131
 lidando com mudança e, 135
Agilidade, 58-60
 dimensões, 120
 lidando com, 136-39
Alienação, 75
Alongamento mental-emocional, 135-37
Ambiente, 25
Ambiguidade, 117-18
Amor, 108-110, 180
Andelman, Bob, 151
Antony, Neil, 90
Appollinaire, Guillaume, 211
Apreciação, 108-109
Aprendizado: mudança e, 116-20
 eventos, 198-99
 abertura para, 136-137
 fases de, 198-99
Área, 154-55

Arenander, Alarik, 168-69
Arthur, Brian, 168-69
Atenção, 101, 165-66
Autenticidade, 19, 74-76, 87-88
 aprofundando, 33-38
 definição de, 44
 imagem versus, 48
 relacionamentos e, 89
Autocentrado, 157
Autocompaixão, 35-36
Autoconfiança, 56-57, 136-37
Autoconhecimento, 53-54, 104-05
Autoconsciência, autoilusão *versus*, 59
Autoexploração, 191-92
Autoilusão, autoconsciência *versus*, 59
Autoliderança, 22-23, 56
Automudança, 137
Autorreconhecimento, 27-28
Autorresponsabilidade, 56
Avanço de carreira, 33-34

B

Begley, Sharon, 189
Bennis, Warren, 49, 67, 111, 195
Beyond the White House (Carter), 71
Birth of the Chaordic Age (Hock), 111
Blink (Gladwell), 193
Block, Peter, 95, 110, 129
Body, Mind & Sport (Douillard), 155-56
Bohm, David, 212
Bolman, Lee, 18
Boss, Medard, 86
Branden, Nathaniel, 87
Bridges, William, 119
Brousseau, Kenneth, 33, 117, 170
Brown, Les, 197
Bruce, Lenny, 108
Buber, Martin, 88

C

Calma interior, 182-83
Caminhos, objetivos *versus*, 79-82
Campbell, Joseph, 28, 171
Cantor, Eddie, 147
Caos, 123-24
Caráter, 31
    competição versus, 44-46
    consciência, 57
    fraquezas de, 52-53
    qualidades de, 47-49
    questões, 51
Carlyle, Thomas, 42
Carter, Jimmy, 71
Carty, Margaret, 197
Casals, Pablo, 199
Cavanaugh, Joe, 31
Chamada do despertar, 26
Chardin, Teilhard de, 78-79
Chopra, Deepak, 36
Chulef, Addy, 170
Churchill, Winston, 94, 111
Cigarros, 156
Cities on the Move (Toynbee), 129
Clareza, 15, 206
Clark, Arthur C., 216
Clark, Steve, 175
Clinton, Bill, 100
Coaching, 23-24
    ascensional, 90
    categorias, 206
    compromisso, 208-211
    consciência e, 206
    considerando, 58-59
    lidando por, 185-190
    outros, 201-206
Cocriação, 211
Collins, Jim, 36, 75, 91-92, 197
Competência consciente, 181-82
Competência inconsciente, 181
Competências: combinações de, 85-86
    conscientes, 181-82
    inconscientes, 180-81
    modelos, 17-19
Competição, 55
    caráter versus 44-47
    com mudança, 123-25
    consciência, 57
    prioridade de, 52-53
    qualidades de, 47-51

questões, 51
Compromisso, 79-80
    aos outros, 210-13
    construindo, 61, 194-97
    Domínio da ação e, 190-92
    reagindo, 209
Comunicação: influência autêntica e, 107-108
    confiança e, 67-68
    intenção, 96
Condicionamento físico, 155
Confiança, 50-51
    auto, 56-57, 136-37
    comunicação e, 67-68
    conflito construtivo e, 102-103
    mudança e, 127-28
Conflito, construtivo, 102-103
Confúcio, 101
Congruência, 21, 75-76
    integridade, 107-108
Conhecimento. *Ver* apreciação
Consciência ciente, 38-39, 56-57
Consciência do momento presente, 123, 136, 179
Consciência mente-corpo, 157
Consciência, 165
    estados de, 173-74
Consciência: Domínio da Ação e, 190-92
    ampla, 136
    caráter, 57
    ciente, 38-39, 56
    coaching, 205-206
    competição, 57
    construindo, 61, 193-94
    desenvolvendo, 57
    em outros, 206-207
    foco e, 126
    mente-corpo, 157-58
    momento presente, 123, 136, 179
    por exemplo, 207-208
    propósito e, 153-53
    Crenças sombrias e, 42-43. Ver também
        consciência do momento presente;
        autoconsciência
Consequências, 209
Consulting Psychology Journal (Passmore), 56
Contexto, 32-33
    liderança, 90
Controle: abertura *versus*, 49-50
    gerenciamento do stress e, 158
Conveniências, 144-45
Coolidge, Calvin, 195
Cooney, Katie, 142

Índice Remissivo

Coragem, 194-95, 206
Costa, John Dalla, 92
Crenças conscientes, 38-41, 42, 55
Crenças sombrias, 38-41
   controle e, 50-51
   dicas, 42-44
Crenças, explorando, 37-41. *Ver também* Crenças
   conscientes e crenças sombrias
Crescimento pessoal, 33
Crescimento: áreas, 55
   caminhos de, 28
Criação de valor, 19-20
   relacionamentos e, 89; Ver também poder da
   contribuição
Crianças, 180
Crítica, 108
Csikszentmilahyi, Milahy, 65, 75
Cudney, Milton, 39
Cuidados, 146
Cultura, 89
Curie, Marie, 44

D

Dalai Lama, 182, 190
Davidson, Richard, 132, 168
Day, Judith, 176
De Pree, Max, 210
Deal, Terrance, 18
Definindo o fio condutor, 72-73
Demain (Hesse), 56
Desafios, 117-18
   resolvendo, 166-70
Descanso, 153-54
Descartes, René, 172
Desenvolvimento executivo, 16
Desenvolvimento, 17-18
   caminhos de, 28-29
Diálogo interior, 42
Dinâmica de dentro para fora, 20-21
Disciplina, 193-194
   interna versus externa, 198-99
   prática e, 198-200
Disraeli, Benjamin, 64
Distração, 172-73
Domínio da ação, 187-88, 190-92
Domínio da mudança, 118-19
   caos e, 123-24
   plano de desenvolvimento, 140
alterações, 132-33, 137-39
Domínio da resiliência, 143, 147-48
   falta de, 150-51

plano de desenvolvimento, 164
   pontos de, 151-162
   sinais, 149-151
Domínio do propósito, 78-83
Domínio do ser, 171
   competência consciente e, 181-82
   plano de desenvolvimento, 185
Domínio interpessoal, 87-88, 96-99
   autêntico, 104-113
   plano de desenvolvimento, 113
   praticando, 98-100
Domínio pessoal, 32, 97-99
   autoconhecimento e, 53-54
   oito pontos, 56-60
   praticando, 57-58
Domínio, 16-17
   externo, 17-18
   práticas, 29. Ver também Domínio pessoal
Douillard, John, 154-56
Drabble, Margaret, 131
Drucker, Peter, 105

E

Eadahl, Paul, 175-76
Eastman, Joe, 81
Ebeling, Thomas, 109, 203
Eficácia, resiliência *versus*, 146-47
Eficácia, resultados *versus*, 23-24
Ego, 36-37
Eichinger, Bob, 75, 83, 98
Einstein, Albert, 23-24, 107-108, 110-11, 181
Emerson, Ralph Waldo, 46, 95, 178, 182-83, 201-202
Energia: construindo, 163
   gerenciamento, 144-45, 153-54
   liderança, 141, 147-48
   sustentada, 141
Engajamento, 148-49
Equipe: apreciação, 109-110
   ambiente, 24-25
   construindo, 204-205
   desenvolvimento, 103
   domínio do propósito e, 79-80
   escutar autenticamente e, 106
Escutar, 26
   autêntico, 104-106
   feedback e, 58
Estímulo externo, 171-73
Ética, 92-93
Eu interior, 178-80
Evoking Excellence in Others (Flaherty), 91-92
Executive to Leader Institute, 97-98, 147-48

236 LIDERANÇA AUTÊNTICA

Exercitar, 149-50, 153-56
Experiências de pico, 173-75
Experiências, 27

F

Falar, 206-207
Família, 159-61
Fazendo, sendo *versus*, 49-50
Feedback, 57-59
    720º, 96-97
    tempo real, 97-99
Feldman, Janet, 121-22, 159-60
Férias, 160-62
Fisher, Anne, 170
Flaherty, James, 91-92
Flexibilidade, 81-82
Flores, Fernando, 107-109
Fluxo, 64-65, 75
Foco: consciência e, 126-27
    alterações do domínio da mudança e, 132-33
    imediato, 136-37
Folkman, Joseph, 85
Forbes, Malcolm, 17-18, 35
forças da assinatura. *Ver também* Talentos principais
Forças, 55
Foreman, George, 37-39
Foucald, Charles de, 171-73
Fracasso, 81-82, 118-19
    comemorando, 127
Frankl, Victor, 72-73
Franklin, Benjamin, 149-150
Franqueza, 35, 101
    controle versus49-51
Fuller, Buckminster, 128

G

Gardener, John, 35
Gardner, Howard, 37
Garpestad, Renee, 190
Gegax, Tom, 99
George, Bill, 20, 70, 143-44, 175-76
Gerenciamento do tempo, 141, 153-54
    liderança de energia versus, 146-47
"Manage Your Energy, Not Your Time" (Schwartz & McCarthy), 145
Gide, André, 123-24
Gladwell, Malcolm, 193-94
Goleman, Daniel, 20, 36, 109-110, 193-94
Good to Great (Collins), 36,75, 91
Gorsky, Alex, 77-78
Gottman, John, 108-110

Greenleaf, Robert, 16, 129
Groppel, Jack, 150-52

H

Habilidades interpessoais, 90
Hábitos, prejudiciais à vida, 155-57
Hardy, Robert, 39
Hargrove, Robert, 204, 207
Harrison, Marvel, 45
Hawley, Jack, 72
Hawthorne, Rob, 79
Heider, John, 159
Hendricks, Gay, 48, 53, 180, 188
Heráclito, 31
Heroísmo, 28-29
Hesse, Hermann, 56
Hesselbein, Frances, 57
Hetterick, John, 20
Hinckley, Bryant, 112
Histórias, 109
Hock, Dee, 111
Holmes, Oliver Wendell, 78
Honestidade, 45
Hours with Our Leaders (Hinckley), 112
Humor, 156-58
Humphrey, Hubert, 207
Huxley, Aldous, 124

I

Identidade, 23-24, 25
Imagem, autenticidade *versus*, 48
Imprecisão, 78-79
Influência, 19
    autêntica, 92-93, 106-109
    gerenciamento do stress e, 159-160
    relacionamentos e, 88-89
Insight, 167-68
    momentos de, 169-70
Inspiração, 20
Integridade, 106-107
Intelectualizando, 212
Inteligência emocional, 21
Interpretação, 27
Intervalo de intenção e percepção, 96
Intervalo de percepção, 193
Introduction to Mindfulness Meditation (Day), 175
Introspecção, 162
Intuição, 167-68

J

James, Williams, 21, 173, 190

Índice Remissivo

Jaworski, Joseph, 71-72
Jefferson, Thomas, 156
Jogo, 157
    crianças no, 180
Jornais, 66, 68
Jung, Carl, 33, 108
    sombra, 40

K

Kabat-Zinn, Jon, 132, 165
Kafka, Franz, 174
Kataria, Madan, 157
Keith, Arthur, 75
Kelleher, Herb, 200
Kellog, Terry, 45
Kennedy, John F., 58
King, Martin Luther, Jr., 92
Kübler-Ross, Elizabeth, 181

L

Lacey, Roger, 202
Lanci, Gianfranco, 90-91
Lao Tzu, 33, 198
Lazer, 144
Leadership and the New Science
    (Wheatley), 207
Leading from the Maze (Patnaude), 40
Leading Minds (Gadner), 37
Leider, Richard, 64
Leitura inspiradora, 180
Letterman, Elmer, 40
Liderança: com caráter, 52
    contexto, 90
    definição, 18-20
    domínio de, 16-18
    essência de, 17
    linguagem de, 68
    percepção, 16
    por meio do coaching, 187-90
    sucesso versus, 23
    sustentável, 33-37. Ver também autoliderança
Líderes: de dentro, 177
    bom versus legado, 91-92
Lincoln, Abraham, 45, 135
Lindbergh, Anne Morrow, 102
Loer, James, 151
Lombardo, Michael, 75
Luce, Claire Booth, 32
Ludeman, Kate, 48, 53, 180, 188
Luz, 28

M

Madre Teresa, 189
Maharishi Maheshi Yogi, 166, 169
Manifestações externas, 17-18
Manual do proprietário, 53-54
Marco Aurélio, 34
Maslow, Abraham, 174
Masterful Coaching (Hargrove), 204
May, Rollo, 68
McCarthy, Bill, 126
McCarthy, Catherine, 145
McCarthy, Mary, 116
Meditação de atenção, 167-69, 174-76
Meditação transcendental (MT), 169, 175
Meditação, 15, 165-66, 170, 177
    alternativas, 178-80
    liderando com presença e, 183-84
    valor de, 174-76. Ver também Meditação de
        atenção; meditação transcendental
Medo, de mudança, 139
Melrose, Ken, 93, 127
Mente inconsciente, 170
Merton, Thomas, 172
Michener, James, 24
Miller, Jody, 144-45
Mindfulness-Based Stress Reduction (MBSR), 132,
    174-75
Mobilidade, 149
Modéstia, 36
Mortalidade, 77-78
Motivação, 195
Mourkogiannis, Nikos, 67
Mozart, Wolfgang Amadeus, 170
Mudança: competição, 123-125
    aprendendo e, 116-120
    confiança e, 127
    iniciativas, 129-132
    lidando com, 134, 135
    medo de, 138-39
    padrões e, 120-121
    prosperando em, 128-130
    resistência, 131
Música, 179

N

Não fazer, 170
Natureza, 151-52
    reverência a, 178-79
Neil Terry, 130
Nelson, Marilyn Carlson, 100-101

Neurociência, 130-32
Neurofisiologia, 189-90
Nicholson, Bruce, 103
Nietzche, Frederick, 74
Nin, Anaïs, 194
Níveis de recuperação, 153-54
No Man Is an Island (Merton), 172
Nosce te ipsum, 105
Novartis, 202

O

Objetivos: caminhos *versus*, 80-82
    propósito versus, 73
Obssessão, 73-74
Ortega y Gassett, José, 204
Otimismo aprendido, 65
Otimismo, 148
Ovídio, 162

P

Paciência, 209
Padrões autolimitadores, 31-33
Padrões, quebrando, 119-23
Paige, Satchel, 182
Paixão, 76
    mediando, 152-54
Parry, Danaan, 212-22
Pascal, Blaise, 168
Passmore, John, 56-57
Patnaude, Jeffrey, 40
Penn, William, 108-109, 176
Pensar, Ser *versus*, 172
Performance financeira, 67
Perlman, Lawrence, 90, 162
Personalidades, 48
Pessoas realizadas, 173-75
Pessoas, autênticas, 36
Pethic-Lawrence E., 129
Pink, Daniel, 157-85
Plano de desenvolvimento, 61
    Domínio da mudança, 140
    Domínio da resiliência, 164
    Domínio do propósito, 83
    Domínio do ser, 185
    Domínio interpessoal, 113
    exemplo, 62
Plasticidade do cérebro, 189-90
Poder da palavra, 70, 86-89
Poder de conexão, 86-88
Poder de contribuição, 91-95
Poder pessoal, 91-95

Poon, Leonard, 148
Porque, poder do, 208
Porras, Jerry, 197
Potenciais resolutos, 15
Potencialidade, 189-90
Powell, Colin, 193
Prática: Domínio da ação e,
    190-92
    compromisso a, 209
    construindo, 61, 197-202
    disciplina e, 198-200
    em outros, 210-12
Presença executiva, 180-81
Presença, 76-77, 100-101
    executiva, 181
    lidando com, 183-84
*Presence: An Exploration of Profound Change in
    People, Organizations and Society* (Senge), 93,
    169
Pretensão da Intenção Positiva (PIP), 95-97
Primal Leadership (Goleman), 37
Produtividade, 146
Propósito principal, 63
    compreendendo, 76-77
    revelando, 69-70
    Valores principais e, 74-75
Propósito, 22-24, 75-76
    consciência e, 152-53
    definição, 73-74
    definindo o fio condutor, 76-78
    fraquezas de, 52-53. Ver também Propósito
        principal
    objetivos versus, 72-74
    segurança versus, 48-49
Prosser, David, 79-80, 129
Proteção. *Ver* Segurança
Proust, Marcel, 178
Purpose: The Starting Point of Great Companies
    (Mourkogiannis), 67
Put Your Heart into It (Shultz), 44

Q

Questões, 206
*Quiet Leadership: Six Steps to Transforming
    Performance at Work* (Rock), 131, 168

R

Rauker, Dina, 152
Realização, 152
Reawakening the Spirit in Work (Hawley), 72
Reflexão, 162, 170

Índice Remissivo

lidando com presença e, 183
silêncio e, 168-69
Reilly, Paul, 187
Reinvenção, 129
Relacionamentos, 24-25
construindo, 89
nutrindo, 160
Resiliência, 129, 136-37
construindo, 163
da natureza, 151
desafios, 143
dinâmicas, 149
domínios, 149-50
eficácia versus, 146
energia sustentável e, 141
influenciando, 148-49
Resistência, mudar, 121-22
Respeito, 101-102
Respiração, 155-56
Responsabilidade, 211
Responsabilidade, 20
total, 56
Resultados: eficácia *versus*, 23-24
a longo prazo, 94
Riso, 157-58
Rochlin, Harriet, 157
Rock, David, 131, 168, 175
Rogers, Wills, 160
Roosevelt, Franklin, 135
Rumi, 96
Russel, Bertrand, 207

S

Santayana, George, 53
Saúde, 149-50
Schultz, Howard, 44, 76
Schuman, Al, 97-98
Schwartz, Jeffrey, 131, 169, 176
Schwartz, Tony, 145
Secord, Jim, 181-82
Segurança, propósito *versus*, 48
Seitz, Corey, 16
Seligman, Martin, 65
Senge, Peter, 33, 93-94, 169
Sentimento, 173-74
Ser
benefícios de, 182
caminho ao, 183
descobrindo, 173-76
explorando, 165-66
fazendo versus, 49

pensando versus, 171-72
valores do, 174-75
Servant Leadership (Greenleaf), 129
Serviço, 89; autêntico, 109-112
Sheehan, Gail, 117
Sheehan, George, 154
Siegel, Daniel J., 34
Significado, 207-08
Silêncio, 169
Sinergia, 85; equilíbrio, 91-95
Sistemas educacionais, 17-18
Snyder, Gary, 137-38
Sobrevivência do mais forte, 135-36
Sócrates, 16, 209
Solução rápida, 27
Sombra, 40
Spalding, John Lancaster, 68
Stewardship (Block), 95-96, 110-11, 128-29
Stress, 15, 152
gerenciamento, 157-58
"Stress & Recovery: Important Keys to Engagement"
(Loer & Groppel), 151-52
Sucesso: liderança *versus*, 22-23
busca de, 23-24
Swetchine, Anne Sophie, 207-208
Synchronicity – The Inner Path of Leadership
(Jaworski), 72

T

Tagore, 70
Talentos Principais, 63, 64-66
Talmud, 212
Tao Te Ching (Lao Tzu), 198
Tempo: excedente, 78-79
desperdiçando, 77-78
Tessien, Anne, 144
The Bhagavad-Gita, 162, 208
The Corporate Athlete (Groppel & Andelman), 151
The Corporate Mystic (Hendricks & Ludeman),
48-49, 180
The Developing Mind (Siegel), 34
The Dhammapada, 166, 202
The Ethical Imperative (Costa), 92
The Extraordinary Leader (Zenger e Folkman), 86
The Fifth Discipline (Senge), 33
The Heart Aroused (Whyte), 36
The Law of Success (Yogananda), 160-61
*The Mind and Brain: Neuroplasticity and the Power
of Mental Force* (Schwartz), 131, 168
The Power of Myth (Campbell), 28
The Power of Purpose (Leider), 64

Thompson, Joseph, 166
Thoureau, Henry David, 28, 118-19, 151-52
Thurber, James, 201
Tichy, Noel, 49, 195
Tomlin, Lily, 94
Toro, 93, 127
Toward a Psychology of Being (Maslow), 174
Toynbee, Arnold, 129
Trabalho semanal, 143-44
Train Your Mind, Change Your Brain (Begley), 190
Transformação spiritual, 38-39
Transformação, 204-05, 215-16
Transitions (Bridges), 119
Trauma, 180
Treinamento, 17-18
Twain, Mark, 156

U

Upgrading the Executive Brain (Arenander), 168
Valores internos, 26
Valores Principais, 23-24, 63, 67-69
    Propósito Principal e, 74-76
Valores: performance financeira e, 67
    domínio do propósito e, 78
Vasella, Daniel, 117-18, 160, 203
Viajando, 143
Vícios, 156-57
Vida: equilíbrio, 143-47
    demandas, 142-43

experiência, 32-43
simplificando, 160
trabalho, 65
Vidas de Fantasia, 69
Visão, 22-23
Voltaire, 121-22

W

Wallenda, Karl, 58-60
Walsh, Paul, 95, 171
Warriors of the Heart (Parry), 121-22
Weldon, Bill, 123
Wharton, Edith, 58
Wheatley, Margaret, 207
White, E. B., 143-44
Whitman, Walt, 56
Why Marriages Succeed and Why Marriages Fail
    (Gottman), 108
Whyte, David, 36, 179
Wilde, Kevin, 22
Williams, Ben, 128
Woods, Tiger, 199
Working with Emotional Intelligence (Goleman), 193

Y

Yogananda, Paramahansa, 161

Z

Zenger, John, 86